U0112581

清代官窑瓷器

保护与修复

南京博物院 编
周璐 田建花 著

江苏凤凰文艺出版社
JIANGSU PHOENIX LITERATURE AND ART PUBLISHING

图书在版编目（CIP）数据

清代官窑瓷器保护与修复 / 南京博物院编；周璐，田建花著. — 南京：江苏凤凰文艺出版社，2024.3
ISBN 978-7-5594-8081-1

Ⅰ. ① 清… Ⅱ. ① 南… ② 周… ③ 田… Ⅲ. ① 瓷器 — 文物保护 — 研究 — 中国 — 清代 ② 瓷器 — 器物修复 — 研究 — 中国 — 清代 Ⅳ. ① G264.3

中国国家版本馆 CIP 数据核字（2023）第215193号

清代官窑瓷器保护与修复

南京博物院 编
周 璐 田建花 著

出 版 人 张在健
策划编辑 费明燕
责任编辑 高竹君 赵卓娅
责任印制 杨 丹
书籍设计 宝 莉
出版发行 江苏凤凰文艺出版社
南京市中央路165号，邮编：210009
网 址 http://www.jswenyi.com
印 刷 苏州市越洋印刷有限公司
开 本 787毫米 × 1092毫米 1/16
印 张 15
字 数 280千字
版 次 2024 年 3 月第 1 版
印 次 2024 年 3 月第 1 次印刷
书 号 ISBN 978-7-5594-8081-1
定 价 120.00 元

《清代官窑瓷器保护与修复》编委会

编　者　南京博物院

主　编　张金萍

副主编　郑冬青

撰　稿　周　璐　田建花

序

根据2017年4月国家文物局发布的《第一次全国可移动文物普查工作报告》，全国国有瓷器类文物共计2 252 805件，占可移动文物的3.52%，仅次于钱币、古籍图书、档案文书、陶器，位列第五。从对文物保存状态的统计来看，全部10 815万件（套）文物中，38.93%存在腐蚀损毁现象，需要修复。然而，囿于我国瓷器类文物保护修复领域长期人才短缺、科技理论研究不足的现状，加上一直以来的师承制模式更倾向于技艺的言传身教，瓷器类文物保护修复的理论成果和技艺的整理记录都相对匮乏，严重制约了瓷器修复技艺的传播广度和传承力度。

2022年全国文物工作会议提出新时代文物工作的22字方针，即“保护第一、加强管理、挖掘价值、有效利用、让文物活起来”，要求我们从保护到活化，形成全链条工作思路。2023年11月，中央宣传部、文化和旅游部、国家文物局等13个部门联合印发《关于加强文物科技创新的意见》，目标之一就是更加有效地实现对文物本体及其历史、艺术、科学信息的永久保存和永续利用。在这样的时代背景和行业氛围下，对文物修复人员的要求已不仅仅局限于会修，也需要开拓科研视野和学术思想，有意识地主动参与科学研究，用现代理念指导修复工作，用实验数据去实证和修正修复经验，使对“病灶病因”的研判更趋准确，使修复材料和工艺的选择更有依据，所有修复环节知其然，更知其所以然。一个优秀的文物修复者，不仅要千锤百炼修复技艺使文物重现芳华，也要探索保护关键技术并应用推广。

南京博物院的前身是国立中央博物院筹备处，收藏着大量流传有序的官窑瓷器，这些瓷器品质之精良、造型之工巧、彩釉之丰富，无不登峰造极，其中以康熙、雍正、乾隆三朝为最。但是，1933年至1949年间南迁历程中的颠沛流离、曾经的使用流传等，使部分瓷器出现了或多或少的病害。基于博物馆展陈和研究的需求，以及探索此类文物保护修复技术路线和理念尺度的目的，南京博物院文保所精选了50件（套）具有典型病害的清代官窑瓷器，研究并制定了保护修复方案。方案批复后，项目组以“科研工作贯穿修复之始终、以精湛技艺保全文物之价值”为宗旨，基于文物安全性和保护有效性，细化并完善每个保护修复措施和工艺，在博物馆展陈需要的艺术性和完整性之间求平衡，在尊重文物本体真实性和最小干预的前提下完成修复，同时通过实践形成规范化、科学化且细节化的针对性技术模板，以期为此类文物的保护修复提供经验和示范案例。因此，《清代官窑瓷器保护与修复》一书应运而生。

《清代官窑瓷器保护与修复》是南京博物院瓷器类文物修复迈向科学化、规范化的重要一步，可能不论是创新度还是体系性，都难免疏漏和缺憾。但做永远比想重要，任重道远的理论建设之路、实践验证之路都是一步步趟出来的。从文物的价值认知和病害研判到大量修复材料的筛选实验，项目组成员一步步探索，一点点积累，克服时间的紧迫和人手的不足，反复实验反复斟酌，每一个环节和措施都在文物的安全性和修复的有效性之间寻求平衡，力求最小干预下的最佳效果。功夫不负有心人，修复效果和过程中的科研成果获得了验收专家的一致好评。更为难得的是，项目组用心记录过程中的每一个数据、每一张图片，并将有价值的部分整理凝练，形成了可供借鉴参考的案例和可供继续研究的基础，这对缺乏文献和理论研究的瓷器修复来说弥足珍贵。

道阻且长，行则将至。行而不辍，未来可期。所有积淀，时间看得见。

南京博物院副院长 张东晖

2024年1月于前半山园

目　录

第一章 概 述

一、项目背景

南京博物院现拥有各类藏品数量总计43万余件（套），藏品涵盖青铜、玉石、陶瓷、金银器皿、竹木牙角、漆器、丝织刺绣、书画、印玺、碑刻造像等文物品类，上至旧石器时代，下讫当代，既有全国性的，又有江苏地域性的，既有宫廷传世品，又有考古发掘品，还有一部分来自社会征集及捐赠，均为历朝历代的珍品佳作，无论在品种、数量还是质量上，均在全国名列前茅。其中，瓷器类文物是南京博物院馆藏文物的重要组成部分，藏品数量达20万余件（套），除明洪武釉里红岁寒三友纹带盖瓷梅瓶等国宝级文物外，还包括一级文物100余件（套）、二级文物9000余件（套）、三级文物16万余件（套），涵盖了瓷器发展史上的各个历史时期，是数千年中华文化发展史最为直接的见证。

在第一次全国可移动文物普查工作中，南京博物院发现大量极具史料价值与美学价值的瓷器类文物，因历史变迁、人类活动、保存环境等影响，存在不同种类、不同程度的病害。基于博物馆展陈和研究，以及探索此类文物保护修复技术路线和理念尺度的需求，南京博物院文保所精选了50件（套）具有典型病害的清代景德镇官窑瓷器文物，以“科研工作贯穿修复之始终、以精湛技艺保全文物之价值”为宗旨，完成保护修复工作的同时，通过实践形成规范化、科学化且细节化的针对性技术模板，为此类文物的保护修复提供经验和示范案例。

南京博物院文物保护修复工作起步于20世纪50年代，经过几代人的努力，南京博物院文保所现已成为全国具有重要影响力的文物保护修复机构，是国内文物保护修复的“三甲医院”，具有不可移动和可移动文物修复资质。2019年1月，根据国家文物局文物博函〔2007〕1004号文件要求，南京博物院文保所组织专业文保人员对部分馆藏瓷器文物进行了前期调研评估，依据文物基本信息等相关内容的调研情况，参照《陶质彩绘文物保护修复方案编写规范》（WW/T 0022—2010）的要求，编制了《南京博物院馆藏清代官窑瓷器保护修复方案》。2019年4月，该方案获得江苏省文物局批复通过（苏文物审〔2019〕 24号），并得到江苏省文物保护专项资金的支持。

2019年8月，南京博物院文保所组织专业文保人员从朝天宫库房提取文物，项目正式启动。2020年2月，项目组在充分开展前期研究的基础上，运用现代化分析检测设备，全方位、多角度地对文物本体及病害类型进行深入剖析，编制完成项目实施方案，确定每件（套）文物的具体保护修复技术路线。2022年11月，项目组完成了预定的全部文物的保护修复工作任务，包括50件（套）清代景德镇官窑瓷器文物的检测分析、保护修复材料筛选、保护修复具体实施以及保护修复档案、结项报告撰写等工作，并提请验收。2022年12月，项目通过了江苏省文物局组织召开的结项验收会。2023年1月，项目组将保护修复完成的瓷器文物运送至朝天宫库房。

二、文物信息调查

文物是历史和文化的现实载体，具有承载灿烂文明、传承历史文化、维系民族精神的不朽价值，保护文物就是保护其所承载的价值。因此，对文物基本信息、历史背景、流转情况、文化内涵与时代价值等进行梳理，是文物保护修复工作的重要组成部分，是科学保护、管理、研究的客观资料和依据。这些信息能够让人们认识到文物在历史和文化传承中的重要作用，以及文物为人类文明进步事业做出的巨大贡献，具有十分重要的现实意义。

本项目共保护修复瓷器文物50件（套），均是清代宫廷日用器具，以康熙、雍正、乾隆三朝为主，亦有道光、咸丰、同治三朝，其中，高温釉瓷器文物总计12件（套），低温釉瓷器文物总计38件（套）。装饰手法主要采用暗刻、锥刻、釉下彩等，题材主要包括云龙纹、云鹤纹、团凤纹、寿桃花鸟纹等，均是清代喜闻乐见的传统祥瑞装饰图样，其风格特点与文化内涵极为典型，为研究宫廷等级制度、皇室审美、统治阶级心理、政治文化背景等提供了珍贵的实物资料（表1-1、图1-1、图1-2）。

表1-1 清代景德镇官窑瓷器文物基本概况

年代	器物名称	数量
康熙	黄釉瓷碗	3
	黄釉暗刻云龙纹瓷碗	3
	黄釉暗刻云龙云鹤纹瓷碗	1
	内白外黄釉暗刻云龙纹瓷碗	4
	蓝地黄彩云龙纹瓷碗	1
	酱釉瓷碗	1
	釉里红团凤纹瓷碗	9
雍正	内白外黄釉暗刻花卉龙纹瓷碗	1
	内白外黄釉瓷碗	1
	内白外黄釉暗刻云龙纹瓷碗	1
	内白外黄釉暗刻缠枝花卉龙纹瓷碗	1
	内白外祭红釉瓷碗	1

续表

年代	器物名称	数量
乾隆	内白外黄釉瓷盘	5
	内白外黄釉暗刻云龙纹瓷碗	1
	黄地绿彩云龙纹瓷碗	8
	黄地绿彩寿桃花鸟纹瓷碗	1
	青花御题诗纹瓷烛台	1
道光	黄地绿彩折枝寿桃纹瓷碗	1
咸丰	内白外紫釉暗刻云龙纹瓷碗	1
同治	内白外紫釉瓷碗	1
	内白外紫釉暗刻云龙纹瓷碗	4

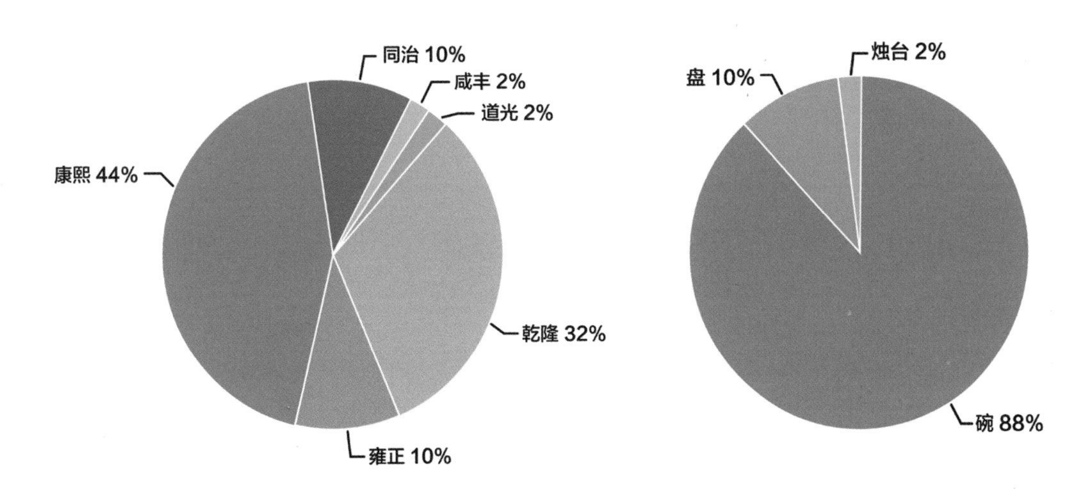

图1-1 各时期瓷器文物数量占比

图1-2 瓷器文物器型占比

本项目保护修复的瓷器文物均为南迁文物［“公”字编标45件（套），“沪”字编标5件（套）］，其背后是一场颠沛流离的文化长征。1933年至1949年间，故宫博物院1.3万余箱文物精品为防日寇劫毁，经编号分类（“沪”“上”“寓”“公”分别指代分属故宫博物院古物馆、图书馆、文献馆和秘书处的箱件），自1933年2月起迁存于上海、南京，1937年11月后又疏散于西南后方，至1947年6月全部东归南京，1948年底至1949年初，2972箱文物运往台湾，1950年（1500箱）、1953年（716箱）与1958年（4037箱）这批文物中的6253箱分三批运回北京紫禁城。目前，剩余的2000余箱、10万余件文物仍存放于南京朝天宫库房。南迁、西运、东归、北返，历时数十载，行程数万里，辗转十余省，这是中国20世纪30至50年代的一段重要历史，是抗日战争在文化领域的一场胜利，具有极为深远的意义与影响。

图1-3 文物南迁[①]

参考文献

[1]郑欣淼：《故宫文物南迁及其意义》，《华中师范大学学报（人文社会科学版）》2010年第5期。

[2]张乐：《传承与创新——解读南京博物院展览策划和策展人制度》，《东南文化》2022年第S1期。

[3]祝勇：《故宫文物南迁》，人民文学出版社，2023年。

① 引自彭海军：《抗战时期故宫文物北平南迁启运时间探析》，《文史杂志》2021年第5期。

第二章　文物价值评估

清代是中国瓷器发展史上一个极为重要的时期，同时也是景德镇制瓷史的繁盛阶段之一，瓷器品质之精良、造型之工巧、彩釉之丰富，无不登峰造极，尤其是康熙、雍正、乾隆三朝（以下简称“清三代”），内务府出于对皇室审美、宫廷御用以及器物保藏的考虑，对瓷器的设计、选材、烧制等环节倍加考究，因此，景德镇御窑厂的制瓷水平也达到了前所未有的高峰，不仅制瓷工艺追求瓷胎的细、薄、润，釉色的纯、透、净，造型工艺也要兼具实用功能与艺术审美，可谓精益至臻，充分展现了清代制瓷工艺的高度成就。自嘉庆始，清廷国力日衰，督陶官改由地方官员兼任，窑务废弛，由于资金的抑裁，御窑厂的生产规模不断缩减，瓷器质量大不如前。御窑厂于咸丰五年（1855）停烧，直至同治初年才重建，“同光中兴”的局面使得景德镇御窑厂瓷业有所复兴，虽远不及清三代旧貌，但也有着自己的辉煌和贡献。

自清朝以来，就有多部专论陶瓷的著作，如唐英在乾隆八年（1743）奉旨编写的《陶冶图说》，蓝浦编撰、其弟子郑廷桂补辑、于嘉庆二十年（1815）印刷出版的《景德镇陶录》，此外，《南窑笔记》、朱琰著《陶说》、程廷济著《浮梁县志》等文献对景德镇瓷器也都有论述。20世纪50年代至今，随着实地考察和考古发掘工作的深入开展，窑址中出土的标准器为古陶瓷的研究提供了可靠依据和有效补充，古陶瓷的研究迈入新的里程。国内学者在这一时期对清代景德镇官窑瓷器的发展脉络、体系变迁、装饰艺术、技术成就、典章制度、文化传承等方面进行了较为系统、深入的分析和探讨，其中不乏有价值的学术著作和论文，如叶喆民著《中国陶瓷史》、耿宝昌著《明清瓷器鉴定》、王光尧著《中国古代官窑制度》，以及林姝的《从造办处档案看雍正皇帝的审美情趣》、宁钢和孔铮桢的《清三代景德镇官窑瓷器设计思想研究》、张哲博和黄胜辉的《清代景德镇御窑厂生产体制研究》等。这些研究成果不仅全方位、多角度地丰富了人们对清代景德镇官窑瓷器的认识和理解，而且为研究该时期景德镇官窑瓷器的历史文化价值、艺术美学价值以及科学技术价值提供了翔实的文献、图像资料，更是对清代景德镇官窑瓷器的鉴赏、保护和传承起到了推动作用。

一、历史文化价值

清代景德镇官窑瓷器作为中国古代瓷器的瑰宝之一，其制作自顺治时期，在承袭明代官窑传统的基础上进行了恢复性的生产，康熙、雍正、乾隆时期达到鼎盛，形成了严密且完整的制瓷工艺体系。清代景德镇官窑瓷业在仿古和创新上取得了辉煌的成就，创造了丰富的物质和文化成果，究其原因，与社会政治和经济的稳定、皇室贵族的审美喜好、欧洲艺术思潮和中国传统艺术门类的渐染、景德镇官窑管理方式的变革等都有着密不可分的关系。

（一）制度创新

“官窑”的概念是一个动态的紧扣时代背景与政治变迁的概念，是我国古代制瓷行业的一种特殊模式。一般认为，中国瓷业中的“官窑”大致经历了三个阶段：地方官府为中央烧制“贡瓷”，中央政府直接设立“官窑”，仅为皇室设立烧制瓷器的“御窑”。清代官窑在制度上的最大创新在于设置了御窑厂，为保证御窑厂能够正常、有序地运行，清朝政府设立了诸如雇募制度、督陶官制度、官窑产品的运输和验收以及残次品处理制度等相应的官窑管理制度。这些制度的设立与实施，保障了御窑厂的生产效率和质量，同时也成为景德镇瓷业发展极为重要的推动力之一。

顺治二年（1645）明令废除匠籍，“免直省京班匠价，并除其匠籍”。《清文献通考》记载：“前明之例，民以籍分，故有官籍、民籍、军籍，医、匠、驿、灶籍，皆世其业，以应差役，至是（顺治二年）除之。”但由于财政拮据，朝廷仍以各种改头换面的形式无偿役使和利用工匠，直到康熙二十年（1681），朝廷开始将“班匠银”以“摊丁入亩”形式实施，至此，持续了长达四个半世纪的匠籍制度才正式退出历史舞台。此外，清代吸取了明代宦官、太监督陶的失败教训，革新了督陶官制度，督陶官一律由官员担当，“其后御窑兴工，每命工部或内务府司官往，专任其事”。于御窑厂的生产而言，督陶官的作用是不可替代的，他们深知“民以陶利，亦以陶病”的道理，而且明白“得其道则事半功倍，失其道则功废人劳”，本着“工匠疾苦宜恤，商户交易宜平”的宗旨，无论在陶政管理制度上还是在福利上，均采取了一系列利民、恤民的措施，充分调动了工匠和民窑生产的积极性、创造性，使清初御窑厂的陶政管理达到了“政善工精”的程度。景德镇官窑制度的不断发展与完善，保证了御窑厂高效、稳定的运作，促使瓷器在产量和质量上突飞猛进，进而将清代御窑厂的制瓷水平推向了技术和艺术的顶峰。

（二）工艺创新

在良好的社会环境和相对宽松的经济政策下，景德镇以其水土宜瓷的自然资源（如优质的瓷土资源、丰富的植被资源）和得天独厚的地理环境（如便利的水路交通），加上来自各地的能工巧匠，将南北诸窑的制瓷技艺与景德镇原有的制瓷技艺交流融合、代代相传，使得景德镇的制瓷技艺不断革新与进步，成为清代官方用瓷的供应者。皇室贵族对景德镇瓷器的钟爱近乎狂热，需求量激增，这也促使督陶官和窑工们不断地推陈出新，创造出中国瓷业史上的黄金盛世，为中国陶瓷史增添了光辉的篇章。

清代景德镇官窑瓷器在明代的基础上进一步发展，自康熙朝恢复并完善景德镇御窑厂，至雍正朝得以全面发展，乾隆朝达到历史顶峰，无论是在产品种类还是在装饰技法上，都表现出层出不穷的创新精神。康熙（1662—1722）是中国封建王朝执政时间最长的一位君主，其在位期间，不仅逐步恢复了明代永乐、宣德以来的所有瓷器品种，而且把釉里红的烧制技艺提高到了历史最高水平，还创烧出丰富多彩的品种，如胎质薄而细腻、釉色浓而不厚的珐琅彩，色彩缓和、过渡柔美的粉彩，素有“万缕金丝织白玉”美称的广彩，以及集青花、釉里红、豆青三种色彩于一器的釉里三色等。雍正（1678—1735）在位虽仅有短短十三年，但曾多次下诏规定瓷器的造型和图样装饰，是清代颜色釉瓷器发展最为成熟的阶段，举凡历朝历代的釉色，不仅在本朝瓷器上均有所表现，而且每种釉色又因其不同的色差而各成体系，这一时期打破了低温绿釉以孔雀绿、瓜皮绿为主流的格局，创烧出釉质莹润、色釉匀净的松石绿釉，此外，在仿制宋代钧釉瓷的基础上，创烧出在炉中低温焙烧的炉钧釉瓷。特种工艺瓷的制作，是乾隆时期官窑瓷器的杰出成就，不同于雍正时期的清秀雅致，这一时期中外贸易往来十分频繁，多元的文化与斑斓的色彩相融合，创烧出工艺极尽奇巧的各式器物。乾隆时期开创在色釉地上轧道工艺，清宫内务府的记事档中称其为“锦上添花”，又称为“轧道锦地”“雕地”，景德镇彩瓷艺人更形象地将其称为“扒花”，即是在红、绿、黄等各色釉彩地上满刻印极为细小的纹饰，以凤尾纹最为常见也最为典型（图2-1）。清三代皇室审美喜好的多样性，促使景德镇御窑厂的制瓷工业不断发展壮大，烧制出品种丰富、造型精巧的各式瓷器，这也充分反映了督陶官和窑工们高超的制瓷技艺与开拓进取的创新精神。

图2-1　从左至右：清康熙釉里三色花鸟纹花觚、清雍正炉钧釉水丞、清乾隆胭脂红蓝地轧道珐琅彩折枝花纹合欢瓶[①]

二、艺术审美价值

先进的制瓷技术、开阔的眼界以及规范的督陶官制度，使得清三代景德镇官窑瓷器的装饰艺术空前繁荣，创造了封建王朝最后一个盛世。清政府长期稳定的财政投入、御窑厂科学精细的瓷作分工以及严明规范的管理制度，促成了御窑厂制瓷技术和瓷器艺术的飞跃。督陶

① 图2-1—图2-5，引自故宫博物院官网。

官唐英于雍正十三年（1735）总结协理窑务八年成就所撰写的《陶成纪事碑记》载：“厂内所造各种釉水、款项甚多，不能备载。兹举其仿古、采今，宜于大小盘、杯、盅、碟、瓶、罍、尊、彝、岁例贡御者五十七种，开列与后，以志大概。”此记载规范记录了这一时期瓷器釉色创新、器型创新的种类和数量，既突出反映了清代景德镇御窑厂制瓷工业的繁荣盛况，又充分体现了人类艺术文明的蓬勃发展。

（一）造型艺术

清代初期是清王朝社会经济发展最繁荣的时期，生产工艺和技术的进步、生产设备和工具的改进、烧造技术的提高以及制瓷经验的积累，都为新造型的出现提供了不可或缺的物质基础和技术条件。与此同时，社会生活的富足使得皇室贵族的审美喜好不断发展和变化，这也促使景德镇御窑厂不断创烧新造型来满足统治阶级的审美需求。物质技术条件和思想意识体系的共同作用，造就了清三代景德镇御窑厂瓷器造型的多样性。

就瓷器而言，任何精美的装饰都依托于造型。清代景德镇官窑瓷器造型在承袭历代传统形制的基础上发展变化，展现出独有的艺术风格，其设计分为不同功能和相同功能的设计。在不同功能的设计中，除基于实用性设计的日用器外，还有专供皇室观赏把玩的陈设器、小巧古雅的文房器以及用于传统礼俗仪式的祭祀器。而在相同功能的设计中，瓶、尊、壶、罐的造型随着时代的变迁而不断演变。诸如瓶类器物有梅瓶、筒瓶、天球瓶、蒜头瓶、葫芦瓶、棒槌瓶、蟠螭耳方瓶、瓜棱双耳瓶等；尊类器物有观音尊、凤尾尊、橄榄尊、马蹄尊、摇铃尊、太白尊等，样式众多且具有鲜明的时代特色（表2-1、表2-2）。

表2-1　清代景德镇官窑瓷器的基本造型

类别	器型
日常生活	碗、盘、杯、碟、盅、盏、壶、瓶、罐、洗、缸、盒、凳、桌、枕、烛台等
陈设赏玩	花瓶、花尊、壁瓶、插屏、花盆、花托、各类动植物造型的像生瓷、各类仿工艺品瓷器、瓷雕、瓷塑等
文房器玩	砚台、水盂、印泥盒、笔筒、笔杆、笔架、墨床、棋具、蟋蟀罐等
祭祀礼制	仿古礼器、祭祀器皿、宗教法器等

表2-2　清三代景德镇官窑瓷器的创新器型

年代	创新器型
康熙	太白尊、马蹄尊、鹿头尊、摇铃尊、套杯、盖碗、棒槌瓶、油槌瓶、柳叶瓶、菊瓣瓶、荸荠扁瓶等
雍正	赏瓶、如意尊、石榴尊、三牺（羊）尊、云耳瓶、花囊等
乾隆	转旋瓶（转心瓶、转颈瓶、交泰瓶）、双连瓶、盒瓶等

清代初期景德镇官窑瓷器造型从明代的硬朗挺拔转向精巧秀美，更注重造型的浑圆柔和，虽各具特色，但每一时期的瓷器造型都表现出对传统的继承和创新。康熙瓷器一改顺治时期的敦厚粗笨，不论是造型还是样式，都有显著增加，达到了“制作日巧，无物不备”的境地，早期在明末器型的影响下，虽胎土精细、瓷质坚密，但瓷器造型仍显古拙凝重，至中晚期，胎体才逐渐变薄。康熙瓷器以直线为主体线型，即使是曲线，也是曲中含直、方圆结合，给人以硬朗向上之感，风格遒劲挺拔，富有阳刚之美，表现出蓬勃进取的时代精神。雍正朝继承了康熙时期的新政举措，除仿明代永乐、宣德、成化时期的造型外，亦创造出柔美含蓄、隽秀尔雅的新样式，这一时期追求器物各部分之间比例和谐，高矮相宜，注重器物实用性的同时更关注线条之美。雍正官窑瓷器的创新，最突出的特点是发掘出大自然中的美并以此作为创新的灵感附诸造型之上，新烧制了不少借鉴和模拟花卉、瓜果等自然形态的瓷器造型。乾隆朝是社会发展的鼎盛时期，也是“康乾盛世”的顶峰，由于乾隆皇帝本人热爱新奇品，故瓷器造型以奇巧出新，造型端庄规整，线条古拙方硬，尤以集镂空、旋转于一体的转旋瓶以及细腻逼真、宛如真物再现的像生瓷为代表（图2-2）。从嘉庆到宣统，制瓷工艺日趋衰落，虽然在光绪时期，长期不景气的制瓷业稍有复苏，但瓷器造型仍多显粗糙笨拙，继承多而创新少。

图2-2　从左至右：清康熙青花团花纹摇铃尊、清雍正画珐琅缠枝花卉纹六颈瓶、清乾隆粉彩像生果品高足盘

（二）胎釉彩装饰艺术

清王朝虽是满族统治下的政权，但清朝皇室对汉族文化、西方艺术表现出极大的热情。在最高统治者的直接影响下，清代景德镇官窑瓷器不断从中西方传统艺术中汲取养分并改良创新，通过督陶官与窑工们巧妙的设计和高超的技艺，成为集实用性和审美性于一体的完美艺术品。

清代景德镇官窑瓷器以其成熟且独特的装饰艺术成为中国瓷器发展史上的一抹亮色，按照瓷器装饰的部位和工艺，可分为胎装饰、绘画装饰以及釉色装饰。胎装饰主要有印花、刻花、划花、贴花、镂花、雕刻、堆塑等表现形式。绘画装饰主要包括釉下彩瓷器（青花、釉里红、青花釉里红、釉里三色）、釉上釉下结合彩瓷器（斗彩、青花加彩、釉里红加彩）、釉上彩瓷器（五彩、粉彩、墨彩、金彩、矾红、洒蓝、素三彩、珐琅彩、浅绛彩）。清代的釉上彩瓷取得了空前的成就，景德镇瓷业在经历了顺治时期的过渡后迅速崛起，大踏步地迈入规范化的生产轨道，创烧了别开生面的色地五彩、质感细腻的珐琅彩、色调淡雅柔和的粉彩、色泽纯正且层次丰富的釉里三色、因状如虎皮而得名的虎皮三彩、青红色对比柔和的豆青釉釉里红、构图疏朗大方的釉里红加彩等（图2-3）。

图2-3　从左至右：清康熙虎皮三彩撇口碗、清雍正青花釉里红缠枝莲纹双螭耳尊、清乾隆珐琅彩缠枝花卉蒜头瓶

颜色釉瓷是清代景德镇官窑瓷器的重要品种，雍正时期发展最为成熟，极大地丰富了传统的色釉种类。如果说清代的瓷器造型注重“天时”“地气”“材美”“工巧”的设计本质观，那么《考工记》中的“五色观”则在两千多年的积累沉淀中形成了具有中国传统特色的色彩文化体系，至清三代时期，伴随着工艺技术的进步，在中西审美文化的交融下，瓷器装饰焕然一新，独具东方特色（表2-3）。不仅如此，清代崇古尚古之风盛行，雍正官窑颜色釉瓷除继续烧制康熙朝创烧的颜色釉瓷外，还仿烧了大量前朝名窑的颜色釉瓷，如仿官釉、仿哥釉、仿汝釉、仿钧釉等，并且开创了官窑仿生釉瓷的烧制，有仿金、仿玉、仿铜、仿石、仿竹木、仿髹漆、仿螺钿、仿蚌壳等材质的颜色釉瓷（图2-4）。颜色釉瓷不仅在烧制上有严格的规定，在宫中的使用也有严苛的等级之分。据《国朝宫史》卷一七记载，除皇帝外，只有皇太后和皇后可用通体黄釉器，皇贵妃只能用白里黄釉器，贵妃、妃用黄地绿龙器，嫔用蓝地黄龙器，贵人用绿地紫龙器，常在用五彩红龙器，即通过瓷器上黄色所占面积的多少来体现宫廷内部等级身份的高低。

表2-3 清代颜色釉瓷一览表

种类	釉色	研制方式	创制年代	创新点
白釉	甜白	仿制	明永乐	
红釉	霁红（祭红）	仿制	明永宣	釉面无裂纹，不流淌
	豇豆红	新制	清康熙	重叠挂釉
	郎窑红	新制	清康熙	恢复了高温铜红釉的烧造
	胭脂红	新制	清康熙	以黄金为着色剂
	珊瑚红	新制	清康熙	将红釉吹在烧制好的白釉器上，再入窑二次低温烧成
黄釉	米黄	仿制	明成化	
	娇黄（浇黄）	仿制	明弘治	
	蜜蜡黄	仿制	明弘治	没有明代的兔丝痕
	淡黄（蛋黄/柠檬黄）	新制	清康熙	从西洋引进的以氧化锑为着色剂的低温锑黄釉
蓝釉	孔雀蓝	仿制	明宣德	无明显的棕眼和大块的色差
	霁蓝（祭蓝/积蓝/宝石蓝）	仿制	明宣德	呈色稳定，釉面不流不裂
	洒蓝	仿制	明宣德	康熙朝恢复烧造（明宣德以后中断），雍正朝有意模仿天然青金的色泽，釉面有浓重的青褐色
	天蓝	新制	清康熙	氧化钴含量仅为霁蓝釉中氧化钴含量的1%
绿釉	孔雀绿	仿制	明宣德	
	瓜皮绿	仿制	明宣德	
	湖水绿	新制	清康熙	釉面光润无开片
	郎窑绿（苹果绿）	新制	清康熙	以铜为着色剂的高温绿釉
	秋葵绿（黄绿）	新制	清雍正	绿中泛黄
	松石绿	新制	清雍正	打破了清代低温绿釉以孔雀绿、瓜皮绿为主流的格局
青釉	豆青	仿制	北宋	
	冬青	仿制	北宋	釉层薄、釉质亮
	天青	仿制	北宋	釉面透亮
	粉青	仿制	南宋	呈色极纯正，釉层中气泡不明显
	翠青	仿制	明永乐	
紫釉	茄皮紫	仿制	明弘治	釉面光亮、蓝中泛紫
酱釉	紫金釉	仿制	东汉	施釉厚而匀净，色泽光亮如紫金

图2-4　从左至右：清雍正秋葵绿釉如意耳瓶、清雍正仿哥釉塑贴三羊瓶、清乾隆仿木纹釉地粉彩松鹤纹笔筒

（三）图案纹样装饰艺术

清代景德镇官窑瓷器的图案纹样装饰在特殊的时代背景和艺术审美条件下，从中国传统图案结构和瓷器表面的特性出发，用点、线、面等图案造型要素，运用单独、边饰、连续等构图方式，整体结构上形成对比与统一、比例与平衡、节奏与韵律、简单与重复、条理与层次等形式美，以一种独特的艺术符号对阶级意识、伦理观念、风俗传说、宗教信仰以及历史哲学等方面进行了详尽的阐释，通过谐音寓意、托物寓意的特殊语言，表达着人类最古老、最淳朴的心理情感，形成了主题性强、主体形象突出、纹样组合多样化系统化、寓意浓厚深远的特征。

清代景德镇官窑瓷器上的纹饰，不仅内容丰富、题材广泛、技法巧妙，且“图必有意，意必吉祥”，随着青花“分水”技法的成熟、珐琅彩料的引入使用，以及统治阶级对“文人画”和西方绘画的推崇，清三代的瓷器装饰纹样设计越来越多地出现了以自由构成的绘画形式代替纯图案装饰的方法，增加了对情节性的表达和阐述。纹饰题材大致可分为吉祥主题（珍禽瑞兽）、自然主题（草木花果、山川水流）、人文主题（戏曲故事、日常生活）以及其他主题（文字、博古与几何纹饰）。康熙早期的纹饰风格仍留有顺治绘画的遗风，豪放粗犷与精细工丽并存，中期深受明末清初画家董其昌、陈洪绶、刘泮源、华嵒及“四王”（王鉴、王时敏、王翚、王原祁）等人的影响，构图舒展，意境深远。康熙三十年（1691）后，康熙皇帝广开科举，弘扬汉文化，因此瓷器上开始大量出现以清秀规整的小楷或行云流水的草书书写的诗词歌赋。此时，为倡导习文尚武，还出现较多刀马人物及清装人物射猎场景，晚期纹饰风格承上启下，缩小了人物景致的布局。雍正时期的宫廷艺术更崇尚细致、规整、妍丽，瓷器不论是造型外观，还是纹饰构图，都尽显清秀雅致。纹饰中，花卉内容最为丰富，以“皮球花”和“虞美人”盛行于世，创新了从器外延伸至器内的装饰方法，又称过枝花、过墙花或过墙龙，并影响及道光时期。此外，还创新了粉彩连枝八枚寿桃的装饰纹样，并有以花卉、树木、竹叶组成诗句文字的奇特纹饰。乾隆时期文化艺术得到长足发展，纹饰内容丰富多彩，除传统题材外，尤多见封建伦理和吉祥寓意的画面。百花地图案及色地轧道、锦地开光御题诗画等，亦为乾隆彩瓷常用的装饰纹样。其中一些花卉画面，逐渐演变为规矩图案或几何多方连续图案，绘工虽精细，却略显拘谨，彩色及图案的烦琐堆砌，呈现出乾隆时期典型的奢靡和绮艳风气，具有鲜明且强烈的时代特色（图2-5）。

图2-5 从左至右：清康熙五彩人物图瓶、清雍正粉彩过枝桃树纹盘、清乾隆粉彩加珐琅彩开光山水纹转颈瓶

三、科学技术价值

有学者认为，清代匠籍制度的彻底废除完全改变了社会生产关系，使工匠们获得了历史上前所未有的自由，其自主性和独立性大大增加，因而极大提高了工匠们的劳动生产主动性和积极性，不仅推动了清代手工业的全面发展，而且促进了制瓷技术的不断进步，加快了制瓷技术的革新和新釉彩装饰等技术的出现。此外，御窑厂对优质原料的垄断、任用具备专业素养的督陶官以及制瓷设备、坯釉配方的改进，使得此时景德镇御窑厂的制瓷技艺，在瓷器的外观造型和装饰艺术上不断创新，达到了前所未有的高度。

（一）窑炉及装烧技术

窑炉是瓷器从泥坯转化成瓷的重要设备，也是影响瓷器烧成的首要因素。清代受御窑厂“官搭民烧”管理制度的影响，景德镇窑工们为了适应瓷器产量大幅增多和瓷业精细分工的新形势，针对明代葫芦窑窑体较小、容积不大、前后温差较大的缺点进行改革，吸取馒头窑的长处，综合龙窑、葫芦窑的优点，形制上取消了葫芦窑的束腰部分，增高窑内高度以充分发挥松柴燃料的特性，创建了一种新型的窑炉。此种窑炉形式为景德镇地区所特有，故称镇窑（图2-6）；因其外形如半个鸭蛋覆于地面，又称蛋形窑；又因其以松柴为燃料，景德镇人还称其为柴窑。演变至雍正时期，镇窑无论是窑体、内部结构，还是装烧制度都更加成熟，并逐步规范而被固定下来，成为景德镇官窑瓷器如期产出的重要保障。

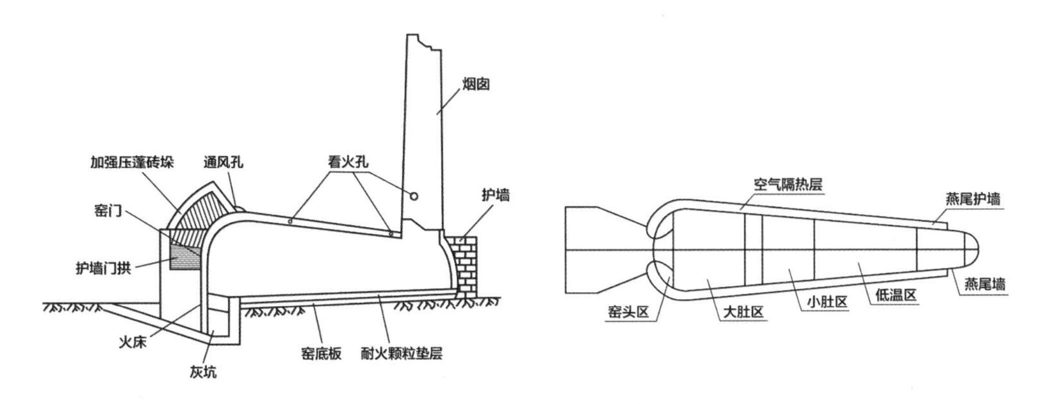

图2-6　镇窑构造示意图

镇窑以其独特的构造形式、巧妙的砌筑技术和优质低热耗的装烧工艺，为瓷器产量的提高和质量的改进服务。镇窑的最大特点是全窑的气氛和温度（1100℃~1350℃）变化存在一定规律，这种规律由把桩师傅和满窑工匠的经验掌控，而这些经验则来源于长期的烧造实践和试照过程。照子作为试验样本，自唐宋后，各朝均有使用，至明清时期，已从原本单一测定烧结的“火照”，逐步发展为试验多种因素对瓷器烧成影响的实验用具，如试窑位型照子、试火候型照子、试胎釉型照子等。基于前期的探索试验，借助烟囱的抽力和一边高出另一边许多的尖形设计，最大限度地减小窑内温差，以保持热能和几个温度区的相对稳定，这样方可同时装烧高火、中火、低火的瓷坯，使一个窑内同时烧成不同坯釉技术要求的产品。此时的装烧工艺仍为匣钵烧成，采用依窑形阶梯升高和依次错开的方法装窑，以避免形成直火道而造成热量的快速流失。据记载，窑室容积约260立方米，可装瓷坯20吨，匣钵柱约40排，随着窑内前后的递次温差，全窑总计可装20多个坯釉配方的产品，窑室前部装精细白瓷（1300℃），中间部位装普通白瓷（1250℃上下），后部装粗瓷（1200℃上下），烟囱底部装低温釉瓷（950℃~1000℃）。

（二）瓷坯及瓷釉配方

景德镇历代瓷胎由单一瓷石作为原料的一元配方演变为瓷石加高岭土的二元配方。自元代开始，为了拓宽瓷器的烧成温度范围，改善其高温下易发生形变的特性，在瓷胎中引入了高岭土，从而开创了二元坯料系统。高岭土是瓷器胎体中Al_2O_3的主要来源，Al_2O_3具有高熔点、高硬度以及高热稳定性等优良性能，因此，瓷土原料的品质，不仅直接影响最终产品的烧成温度和外观特征（如白度、透光性、色泽等），还决定了坯体成型性能、干坯强度以及产品强度等工艺和理化性能。相关研究表明，随着高岭土用量的逐渐增加，瓷胎中Al_2O_3的含量已由元代及明初的20%左右上升至清代的26%左右，个别可高达30%，如浆胎瓷器中Al_2O_3含量十分高，估计高岭土用量可高达60%。瓷石中掺以高含Al_2O_3的高岭土，能使瓷胎中的玻璃相相对减少，莫来石含量增加，进而提高产品的强度和热稳定性，减少瓷器变形。

景德镇精细上等瓷釉的传统配合方法有三种：（1）釉果+釉灰；（2）釉果+花乳石（即白云石）；（3）釉果+石灰石。其中，用釉果，即风化较浅的瓷石掺以釉灰的配合方法使用最多。瓷釉中的CaO含量主要来自釉灰，而K_2O和Na_2O的含量则主要来自釉果。不同时期的釉果和釉灰的比例也有所不同，清代为了适应Al_2O_3含量逐渐增高的瓷胎的烧成温度，釉灰的用量有很大程度的降低（2%~10%），使釉中CaO含量逐渐减少（3.5%~8.5%），而釉果的用量比例则相对增加，使釉中K_2O和Na_2O含量相应增加（5.7%~7.2%）。引用釉果中的K_2O和Na_2O代替部分CaO的含量，既可提高釉的高温黏度和熔融温度范围，又可减弱釉高温熔解瓷胎内Fe_2O_3的能力，从而提高釉面白度和光泽度。景德镇御窑厂瓷器坯、釉配方的改进，无疑是一项极为有利的技术措施，对景德镇瓷业的繁荣兴盛起到了至关重要的作用。

参考文献

[1]李纪贤：《论康雍乾瓷器造型艺术》，《景德镇陶瓷》1993年第Z1期。

[2]徐乃平、缪松兰、彭孝宝：《论形成景德镇瓷器传统特色的工艺基础与工艺技术》，《陶瓷研究》1997年第4期。

[3]齐彪：《略论景德镇瓷窑的变迁》，《东南大学学报（哲学社会科学版）》2005年第1期。

[4]刘淼：《督陶官与清代前期御窑的成就》，《中国历史文物》2007年第2期。

[5]王上海：《从景德镇制瓷工艺的发展谈葫芦形窑的演变》，《文物》2007年第3期。

[6]宁钢、孔铮桢：《清三代景德镇官窑瓷器设计思想研究》，《艺术百家》2008年第1期。

[7]李纪贤：《康熙瓷器造型艺术》，《收藏家》2000年第2期。

[8]宁钢：《康、雍、乾景德镇官窑瓷器设计艺术研究》，《装饰》2010年第8期。

[9]何炳钦、张甘霖：《清代陶瓷造型设计思想与制作》，《文艺研究》2010年第11期。

[10]林卫国：《清乾隆粉彩“轧道锦地”装饰特色与内涵解析》，《中国陶瓷》2012年第3期。

[11]李其江、张茂林、吴军明：《明清时期匠籍制度的变革对景德镇制瓷技术发展的影响》，《中国陶瓷工业》2012年第5期。

[12]郑乃章、王建保、裴亚静、张庆玉：《景德镇窑一组照子的形制与功能研究》，《中国陶瓷》2013年第2期。

[13]吴隽、万能、张茂林、李其江、吴军明：《元代景德镇瓷业兴盛原因初步探究》，《陶瓷学报》2013年第3期。

[14]张茂林、李其江、吴军明、吴隽、黄胜辉、陈世伟、曹建文：《明清时期陶瓷官窑文化及其当代价值初探》，《陶瓷学报》2013年第4期。

[15]陈宁、张俊娜：《试论中国古代颜色釉瓷的文化内涵与美学风格》，《中国陶瓷》2014年第2期。

[16]张哲博、黄胜辉：《清代景德镇御窑厂生产体制研究》，《中国陶瓷工业》2014年第2期。

[17]吴军明、黄薇、李其江、张茂林、吴琳：《缘何颜色釉瓷在明清景德镇得以大发展》，《中国陶瓷》2014年第11期。

[18]胡钟元：《景德镇古陶瓷窑炉的发展和演变》，硕士学位论文，景德镇陶瓷学院，2013年。

[19]阮富春：《乾隆皇帝的转旋瓶》，《文物天地》2016年第12期。

[20]孙晨露、钱永宁：《景德镇官窑瓷器的设计美学——以清代康、雍、乾时期为例》，《美术教育研究》2018年第17期。

[21]杜丽平：《美学视角下“康乾盛世”景德镇官窑颜色釉瓷评析》，《陶瓷研究》2019年第2期。

[22]李胜疆、黄胜辉：《旧碑新拭——〈陶成纪事碑记〉内容价值评析》，《中国陶瓷工业》2020年第3期。

[23]张璞、唐秀君、汤梦瑶、李亚萍：《景德镇粉彩轧道瓷的发展与展望》，《陶瓷研究》2020年第3期。

[24]张文江：《景德镇历代瓷窑窑炉考古发掘综述》，《景德镇陶瓷》2022年第6期。

[25]徐杰妤、赖艺璇：《景德镇清康熙外销五彩瓷装饰纹样与中国传统图案设计对比研究——以古巴国家装饰艺术博物馆收藏为例》，《江苏陶瓷》2023年第1期。

[26]乐明亮：《清代康、雍、乾时期景德镇官窑瓷器造型研究》，硕士学位论文，景德镇陶瓷学院，2010年。

[27]万能：《明清景德镇官窑制度及对景德镇瓷业的影响》，硕士学位论文，景德镇陶瓷学院，2013年。

[28]沈愈：《清三代时期景德镇官窑瓷器设计艺术思想研究》，硕士学位论文，景德镇陶瓷学院，2014年。

[29]《皇朝文献通考卷二十一·职役条》，台湾商务印书馆影印四库全书文渊阁本。

[30]耿宝昌：《明清瓷器鉴定》，紫禁城出版社·两木出版社，1993年。

[31]铁源：《清代康熙瓷器》，华龄出版社，2005年。

[32]铁源：《清代雍正瓷器·颜色釉卷》，华龄出版社，2006年。

[33]铁源：《清代乾隆瓷器·颜色釉卷》，华龄出版社，2006年。

[34]铁源：《清代乾隆瓷器·各色彩绘卷》，华龄出版社，2006年。

[35]叶喆民：《中国陶瓷史》，生活·读书·新知三联书店，2011年。

第三章　文物现状调查与病害评测

文物价值评估、现状调查、病害评测是文物保护修复的前置工作，也是国家文物局于2020年发布的《可移动文物修复管理办法》（文物政发〔2020〕6号）的主要内容之一。文物作为物质材料不可避免地受到外界环境因素的影响，向着衰败—损坏—消失的方向发展。文物自身材质的老化是内因，而外界环境因素的影响是加速文物老化的外因。调查该批清代景德镇官窑瓷器文物的保存状况，评估其病害类型、病害程度以及病害成因等，不仅是研究文物劣化原因的基础，更是科学、规范、针对性地开展文物保护修复工作的主要依据。

一、文物保存环境调查

（一）南京地区环境特点

南京位于中国东部、长江下游中部地区，濒江近海，地理坐标为北纬31° 14′ 至32° 37′ ，东经118° 22′ 至119° 14′ ，总面积6587.02平方千米，素有“天然地质博物馆”之称，长江漫滩、富水软土、岗地、岩溶等多种地貌单元并存，属宁镇扬丘陵地区，以低山缓岗为主，低山、丘陵、岗地约占全市总面积的60.8%，平原、洼地及河流湖泊占39.2%。宁镇山脉和江北的老山横亘市域中部，南部有秦淮流域丘陵岗地南界的横山、东庐山。南京平面位置南北长、东西窄，成正南北向，南面是低山、岗地、河谷平原、滨湖平原和沿江河地等地形单元构成的地貌综合体。南京地处中纬度地带，具有典型的北亚热带湿润气候特征，四季分明，雨水充沛，春秋短、冬夏长，年温差较大，属于极端天气频发地区（表3-1）。

表3-1　南京地区气候环境（2002—2022）

<table>
<tr><td rowspan="7">气候环境</td><td rowspan="4">气候</td><td>年平均气温（℃）</td><td>最高气温（℃）</td><td>最低气温（℃）</td></tr>
<tr><td>16.72</td><td>43</td><td>-14</td></tr>
<tr><td>年平均湿度（%）</td><td>最高相对湿度（%）</td><td>最低相对湿度（%）</td></tr>
<tr><td>76</td><td>81</td><td>50</td></tr>
<tr><td rowspan="3">污染状况</td><td>酸雨情况</td><td colspan="2">其他污染</td></tr>
<tr><td>平均pH值：5.87</td><td colspan="2" rowspan="2">颗粒物、气体</td></tr>
<tr><td>酸雨率（%）：9.9</td></tr>
</table>

（二）文物库房环境调查

此次保护修复工作涉及的50件（套）清代景德镇官窑瓷器文物均属南迁文物，一直存放于1936年建成的朝天宫库房。2016年全国可移动文物普查工作结束后，由于多种因素限制，瓷器文物主要保存在定制的箱子内，器物间用硫酸纸、泡沫纸等隔开。

朝天宫库房的建筑类型为砖混结构，地上三层。库房内无窗、无温湿度控制系统，也无空气净化装置，光源种类为白炽灯。如若开灯，库房光照强度49.5lx，紫外线强度3.6W/m^2，二者指数均达标。库房年平均温度25℃左右，相对湿度70%左右，相较瓷器类文物最佳保存环境各项参数指标建议值（表3-2），库房湿度较高，虽已采取相关的防护措施，但到了梅雨季节，降水日数多，降雨强度大，平均气温高，库房内始终维持较高的温湿度（图3-1）。在高温高湿的环境下，文物与周围环境发生作用，引起霉菌等微生物的滋生，日久天长不仅污染瓷器文物表面，而且存在诱发其他病害的隐患。

表3-2　瓷器类文物最佳保存环境各项参数指标建议值

参数	范围
温度	20℃，日波动差应控制在2℃~5℃
湿度	40%~50%，日波动值不应高于5%
光照	照度≤300lx，紫外线相对含量<20μW/lm
有害气体	≤10mg/m^3
可吸入颗粒物	≤0.15mg/m^3

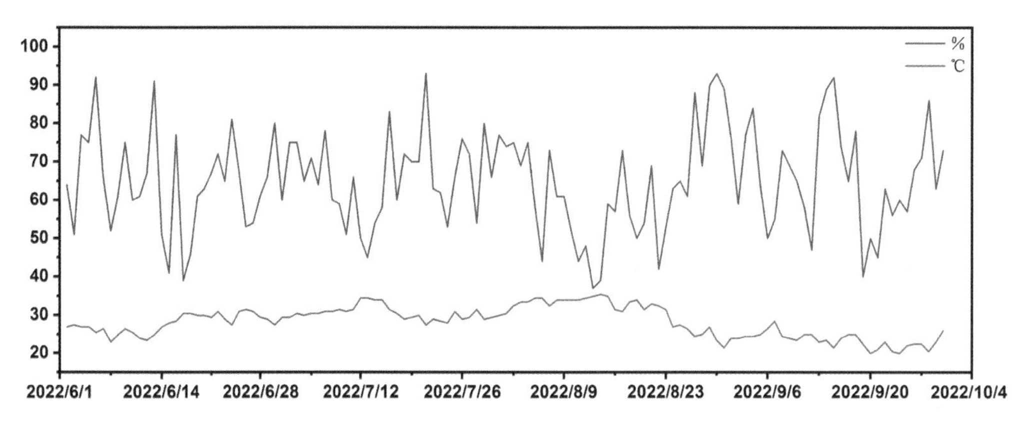

图3-1　2022年6—9月朝天宫库房温湿度曲线图

二、文物病害调查及成因分析

对症下药、对症施术往往事半功倍，也会避免不当修复，因此，病害调查和病因分析尤为重要。一方面，通过直接观察、仪器检测（无损），探究文物病害成因、发展趋势、影响因素等，为文物保护修复工作能够有的放矢地精准开展提供了前提和基础；另一方面，文物自身所承载的文化和历史突显了其独特的艺术魅力，这就使得当下的文物保护修复工作在恢复文物原貌的基础上，更趋向于对文物美学本质和艺术价值的完整呈现。鉴于此，对文物保存现状、病害症状进行分解、细化是极为必要的，只有在全面了解、熟知、掌握文物各类信息的基础上，才能确定保护修复工作实施的侧重方向，进而为保护修复每项工艺尺度提供依据和导向。

瓷器文物病害类型多样，受自然环境和人类活动的影响强烈。而古代的瓷器制品，受制作原料、成型工艺、烧成技术、窑炉气氛等方面的限制，几乎没有无缺陷的完美品。有学者按照造成病害的时间顺序将瓷器文物病害分为两大类：一类是受制作材料、生产工艺、烧成技术等条件限制而呈现的制作工艺缺陷，属于制瓷过程中产生的“病害”；另一类则是受使用方式、存放环境、外力作用等因素影响而呈现的病害，也就是《可移动文物病害评估技术规程 瓷器类文物》（WW/T 0057—2014）中明确规定的13类病害。前一类“病害”与瓷器文物在漫长的埋藏、保存过程中因物理、化学、生物等作用而导致的病害在具体表象特征上十分相似，极易产生混淆，因此，在保护修复工作正式实施之前，须采用目测或借助科学检测仪器的方式，对该批清代景德镇官窑瓷器文物的病害加以详细区分。辨别需要保护修复的病害和制作痕迹，能够有效避免因过度处理而损伤文物本体及其携带的历史信息，这不仅是实践保护修复原则的基础，更是一项重要性和必要性兼备的工作。

（一）制瓷过程中产生的“病害”

瓷器文物自身材质以及制作工艺等内因使其结构发生了变化，便会导致“病害”的产生。该类“病害”本质上属于制作工艺缺陷，不仅是鉴定瓷器真伪的重要依据之一，同时也是当时社会背景下制瓷材料、工艺、技术等历史和文化信息的体现，虽并未列入《可移动文物病害评估技术规程 瓷器类文物》（WW/T 0057—2014），但有学者认为，瓷器的制作工艺在每个环节中都会为病害的产生提供契机，增大病害发生的概率，又因其极易与行业标准规范中列明的13类病害混淆，故极有必要对该类“病害”进行深入剖析。与此同时，由于该类“病害”极易藏污纳垢，诱发其他类型的病害，为提高保护修复人员的重视程度，避免保护修复过当，本次调查运用图像学、历史学的研究方法，结合实物观察、超景深三维视频显微镜分析，对清代景德镇官窑瓷器文物在制作过程中产生的“病害”进行了分类和研究。

1. 变形

顾名思义，就是烧成的瓷器失圆或发生形变，不符合原先规定设计的形状（图3-2）。拉坯技术不足、坯体含水率较高、泥料过细、装钵不当、钵底与垫饼不平、烧制时胎釉收缩比不一致等都会导致瓷器发生变形。与金属类文物不同的是，瓷器类文物发生的变形，在保护修复时无须做矫形或补缺处理。

图3-2　变形

2. 窑裂

又称"窑缝"，是瓷器出窑时坯体出现的裂痕（图3-3），易与瓷器类文物病害判定标准中的"裂缝""冲口"混淆。瓷器各个部位都有发生的可能，但多见于足底。揉泥阶段有空气掺杂、瓷坯入窑时有水分残留、胎体中各部分含水量不同、烧制时升温或冷却速度太快、瓷坯在窑内受热不匀等都是瓷器出现窑裂的原因。开裂是瓷器变形时，承受的破坏应力超过坯体强度时在坯釉层同时出现的大小不同的裂纹。瓷器釉面出现头发丝粗细的裂纹称为惊釉，坯釉皆裂称为惊裂。瓷器文物上的胎裂部分，会因釉层不全抑或是釉层较薄，更容易被污染物侵蚀，进而成为活动病害和可诱发病害。保护修复时，虽因其为文物本身的制作工艺信息，不能进行覆盖处理，但为防止污染物渗入而诱发其他病害，须进行必要的加固处理。

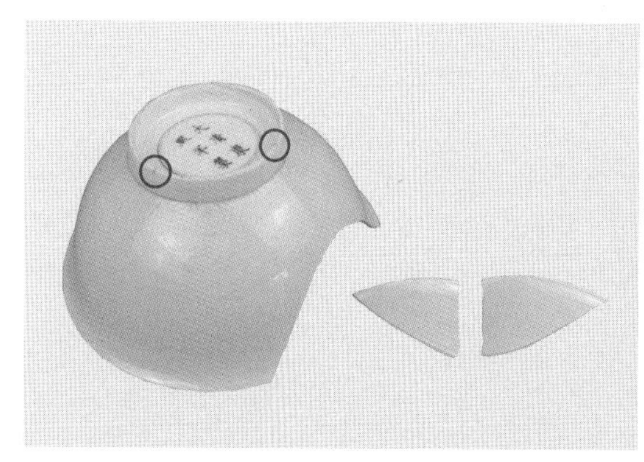

图3-3　窑裂

3. 落渣

与瓷器类文物病害判定标准中的“侵蚀”表征颇为相似，但侵蚀是文物在埋藏或保存过程中，受土壤环境、水环境、大气环境的影响，由外及内产生的或线状或片状的损伤，而落渣多被釉层覆盖，属于釉层下的点状污染物（图3-4）。由于瓷器与匣钵无论是在内壁还是外壁，都有很大的空间重叠部位，烧制时，匣钵颗粒较粗，质地相对疏松，在高温热力的影响下容易掉落粉质细渣，如果匣钵热稳定性能差，急冷急热时就容易开裂产生碎渣，掉落后黏附在瓷器表面，待瓷器烧成后，釉面就会有落渣的现象。另外，匣钵在重复使用前如果没有彻底清洁，部分瓷器，尤其是口沿处就会吸附匣钵内相对较细的粉末，烧成后，粉末往往已经融进釉层且无明显触感，故极易与瓷器类文物病害判定标准中的“侵蚀”混淆。这种“病害”在保护修复时，使用与瓷器文物相关的清洗试剂是无法去除的，应视为文物本身的制作工艺信息并予以保留。

图3-4　落渣

4. 缩釉

瓷器烧成出炉后器表出现的局部无釉现象称之为“缩釉”（图3-5），与瓷器类文物病害判定标准中的“伤釉”有一定相似性，都属于釉面损伤，但二者产生的原因不同。伤釉是因外力作用而产生的有明显断面的釉面损伤；缩釉则是由于瓷器釉层的收缩比生坯大，釉层受张力而开裂，入窑烧制时，坯体与釉层存在较大的收缩差，高温熔融状态就会产生相对滑动和移位，在坯体和釉层接触界面上产生剪切应力，减弱坯体和釉层的结合力，最终导致坯釉分离。缩釉现象较多出现在胎釉接触线的边缘部位，形状多为圆形、椭圆形或长条形，由于缩釉是总量不变的釉料再分配，无釉区边缘呈卷缩隆起状。缩釉的原因有多种：施釉技术、釉料颗粒、釉层厚度、釉料干燥时的收缩张力、釉料熔融时的黏度和表面张力、釉料中加入的色料影响、坯釉之间的结合力、烧成温度、烧成条件、窑炉气氛等。缩釉处容易造成污染物堆积，长此以往还有导致瓷器脱釉的风险，进而成为活动病害。但因其反映了瓷器的制作工艺特征，在保护修复时，不可将其填补，必须进行彻底清洗且采取必要的加固措施。

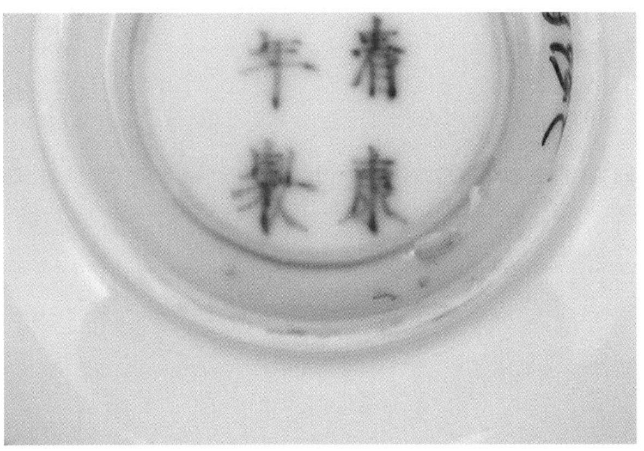

图3-5 缩釉

5. 惊釉

也称“风惊”。瓷器入窑高温烧制后，须经熄火、降温、冷却等步骤方可开窑，在石英晶型转变阶段（573℃左右），倘若降温速度过快，瓷器自身的内应力不能释放，在开窑时碰到微小的外力因素便会产生釉面惊裂，甚至在瓷器口沿最薄处会出现胎体扯裂的现象，尤其是距离窑门位置较近的瓷器，因打开窑门后最先接触外部环境，受外部冷空气的影响，与窑内环境的剧烈气温差更易使其产生釉面开裂（图3-6）。惊釉与瓷器类文物病害判定标准中的“惊纹”在具体表征上极为相似，但二者可从分布上进行辨识：惊釉主要是坯釉膨胀系数相差过大、釉层过稠或过厚、开窑阶段处理不当等原因造成的裂纹，是一个不断开裂的过程，因而惊釉的纹路往往分布较均匀、长短不一且走向各不相同，触感相对较弱甚至无明显触感；而惊纹则是在恶劣的保藏环境下形成的，因而多集中出现在瓷器釉层较薄的部位，或是受外部力量较集中的部位，且触感相对较强。无论是瓷器制作过程中产生的“惊釉”，还是瓷器类文物病害判定标准中的“惊纹”，都属于活动病害，有诱发其他病害的可能，因此，在保护修复期间须做好加固工作，避免病害蔓延。

图3-6 惊釉

6. 针孔

有别于瓷器类文物病害判定标准中的“伤釉”，又叫作“猪毛孔”或“棕眼”，是瓷器釉面上呈现的凹状小孔，一般把凹孔较大者（1mm以上）称为“针孔”（图3-7），凹孔较小者（0.5mm以下）称为“猪毛孔”或“棕眼”。已有实验证明，瓷釉针孔的形成机理，是由于坯釉原料中铁的杂质在高温状态下，Fe_2O_3、Fe_3O_4二次氧化从釉面放出氧而产生。瓷器烧成时的高温阶段，气氛介质是针孔形成的外因条件，另外，在制备坯料时，陈腐期不够或是打泥不充分、坯料的颗粒度、釉的始熔温度、施釉前坯体过湿、釉浆过稠、釉层过厚等，都与针孔的产生存在有密切关系。针孔与制瓷过程中产生的缩釉类似，会因污染物的不断堆积而成为一种活动病害。但针孔一般极为细小，容易被忽略，因此，在保护修复工作开展前，须对文物进行反复仔细观察，必要时可借助高倍显微镜进行判定，避免遗漏。

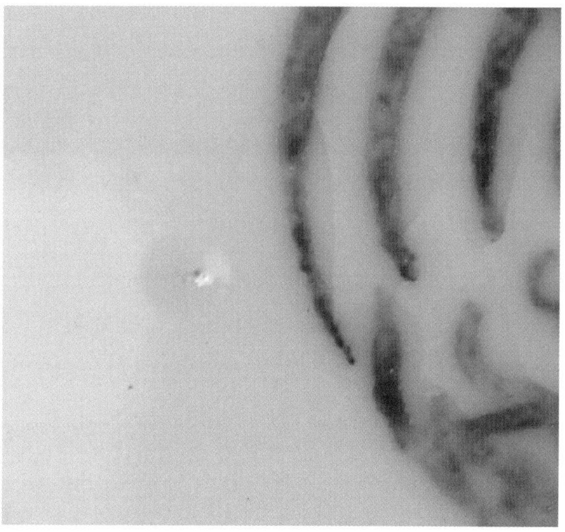

图3-7　针孔

7. 橘釉

因瓷器釉面不平整，侧光看呈现类似橘皮肌理的现象而得名，又名“橘皮纹”（图3-8），明、清各个时期都有，以明代宣德时期最为常见，是釉层中的气泡冲出釉面后而形成。由于瓷器釉面材料颗粒性较大，黏度较高，流平性就较差，加之釉层较薄时，气泡冲出釉面所留下的小坑无法在内聚力以及表面张力的作用下快速“填平”，也就形成了有一定流动感的“橘皮纹”。橘釉是瓷器文物本身的制作工艺信息，并不影响其完整性和美观性，一般无须干预。

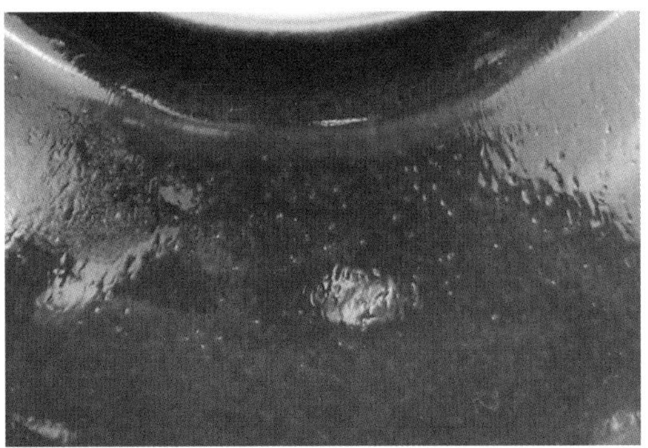

图3-8 橘釉

8. 爆釉

瓷器在制作过程中，由于施釉厚薄不匀，在窑内紧火烧成时产生部分釉层爆裂的现象（图3-9），与瓷器类文物病害判定标准中的“伤釉”较类似。瓷器的爆釉缺陷在各个朝代几乎都存在，究其原因，可能是釉料中的气体在窑内高温下突然膨胀，但最主要的原因仍要归结于瓷器胎体的原材料。当胎体原材料中CaO含量过高时，烧结后就会在局部析出多余量的CaO（俗称生石灰），CaO遇水后体积膨胀生成熟石灰，一般来说，在釉的保护下，CaO是遇不到水的，但在器物的棱角处或是施釉较薄的地方，难免有一些细孔，当细孔吸入水后，胎体中的CaO体积迅速膨胀，进而使釉面爆裂。爆釉与伤釉虽然都属于釉面损伤，但可从触感上进行区别判定：爆釉是由内向外的过程，因而往往有略微鼓起的触感；而伤釉则是外力作用造成的损伤，因而手触时大多有明显的凹陷之感。瓷器釉面爆裂处会成为污染物聚集的开放性通道，加之釉层较薄，更易转变成活动病害和可诱发病害，保护修复时应将污染物彻底清除干净，并进行适当的加固处理。

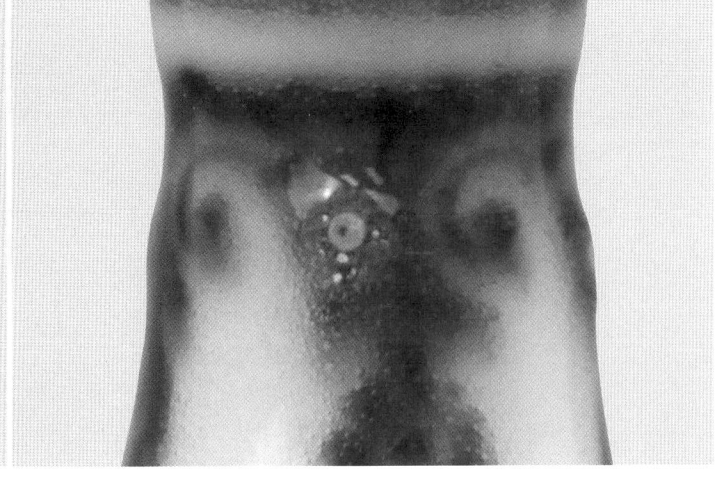

图3-9 爆釉

9. 流釉

瓷器釉料是含有金属元素的液体化合物，其流动性与釉在烧成温度下的高温黏度密切相关，倘若釉的黏度过小，则流动性过大，入窑烧制时，就容易因流动不均匀而造成流釉，进而形成聚釉痕（图3-10），易与瓷器类文物病害判定标准中的“侵蚀”混淆。流釉是瓷器文物本身的制作工艺信息，保护修复时应加以识别并予以保留。

图3-10 流釉

10. 斑点

瓷器釉面上出现不同于釉面颜色的斑点（图3-11），多见于青花、釉里红，斑点颜色多为黑褐色、棕褐色，易与瓷器类文物病害判定标准中的“侵蚀”“附着物”混淆。制瓷原料中含有铁质或铁质分布不均匀，烧成后就会在瓷器表面形成黑点。青花瓷的斑点取决于所用青花钴料的组成，经高温过程后，在釉熔体中偏析出铁或锰等的化合物晶体，含高铁低锰的钴料易形成主要由不同价态的铁的氧化物晶体构成的斑点，而低铁高锰的钴料则易形成由固溶了铁、钴离子的锰的氧化物晶体构成的斑点。瓷器文物上的斑点，不仅不影响器物的完整性，而且恰恰是鉴定某些器物的重要依据，因此，在保护修复过程中，一般不做任何干预。

图3-11 斑点

11. 断料

瓷器纹饰在原有绘画线上断开的现象（图3-12）。釉料颗粒过大、绘制纹饰前研磨不充分、釉料黏稠度掌握不到位、画师技术不精湛等都有可能引起“断料”现象，易与瓷器类文物病害判定标准中的“伤釉”“伤彩”混淆。断料是瓷器文物本身的制作工艺信息，在保护修复过程中，不可进行补绘。

图3-12　断料

12. 串烟

《匋雅》云：“良釉经火变为他色，浓烟熏翳乃如泼墨，则谓之串烟。”串烟又称“吃烟”“吸烟”“烟熏”，是指烧成后的瓷器釉面局部或整体呈现灰黑色或灰褐色（图3-13），易与瓷器类文物病害判定标准中的“侵蚀”“附着物”混淆。坯体入窑时水分过多、釉层较厚且坯体釉料中钙含量偏高，易引起烟熏；烧制时，操作不当致使烟气严重倒流，侵蚀釉面，引起釉面吸烟；另外，坯体氧化不彻底或还原过早，坯内碳素或低温沉碳未能完全燃尽就被釉层封闭，强还原气氛过浓、结束过迟，均能造成釉层内沉积碳素过多，导致串烟。串烟虽然会影响瓷器文物的整体美观性，但用清洗瓷器文物附着物的专业试剂是无法清除的，应与落渣同样视为文物本身的制作工艺信息而予以保留。

图3-13　串烟

13. 窑粘

瓷器入窑烧制时，与匣钵、垫饼、垫圈等外物粘接，烧成后分离时造成的缺陷（图3-14）。器物底足去釉不净、垫饼耐火度太低、装钵操作不当等都会造成器粘、匣粘、砂粘等现象，易与瓷器类文物病害判定标准中的“附着物”混淆。保护修复时，既不可用打磨工具将其去除，也不可做覆盖处理，应将表面附着物清洗干净后予以保留。

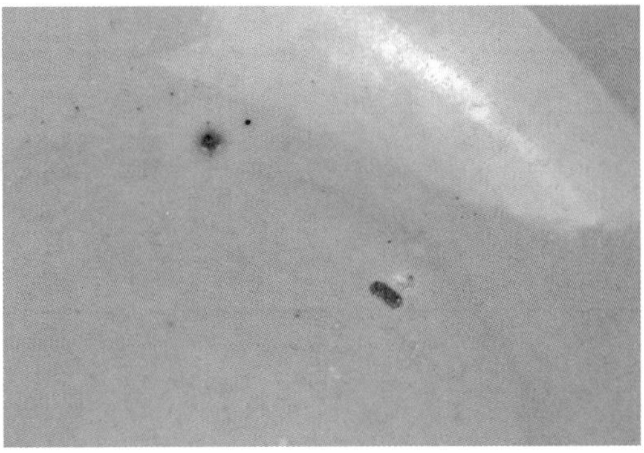

图3-14　窑粘

14. 窑红

又名“火石红”“枇杷红”，是胎中的铁质和可溶性盐类在干燥过程中，富集在露胎的器底处，烧窑结束后的冷却过程中，由于二次氧化而呈现出的色调（图3-15），或是有意涂的酱泥，到清代乾隆初期便渐行消失。其分布的特点是与胎釉结合处成平行的、宽窄不一的火石红圈，越靠近瓷器表面的胎釉结合线，火石红晶体密度就越大，颜色就越浓重，随着远离釉面，露胎部位火石红晶体的密度和颜色也就越浅淡直至消失。外观上易与铁锈侵蚀相混淆，应加以识别。窑红的颜色浓淡是辨别瓷器文物年代的主要特征之一，因此，在保护修复过程中，一般不做任何干预。

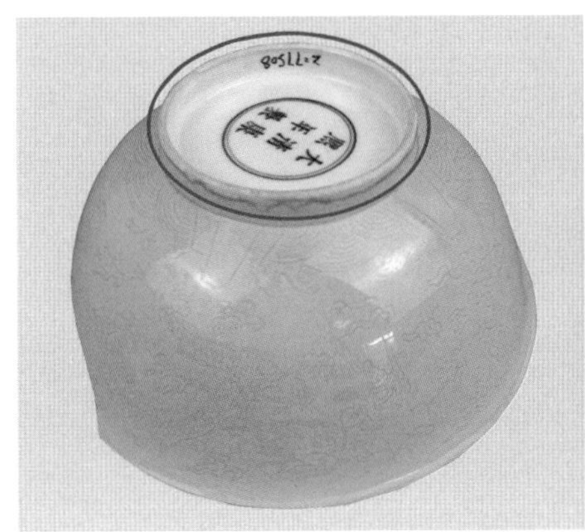

图3-15　窑红

（二）使用、流转、保管过程中产生的病害

瓷器文物在使用、流转、保管过程中，受环境因素、人为因素影响，与文物自身材质、制作缺陷相互影响、相互伴生、相互叠加，共同作用导致文物发生不同程度的劣化。国家文物局颁布的文物保护行业标准《可移动文物病害评估技术规程　瓷器类文物》（WW/T 0057—2014）是科学分析、评估瓷器类文物保存状况的基础标准，该标准明确规定了可移动瓷器类文物病害评估程序、评估内容、评估方法以及评估报告的撰写格式，并将瓷器类文物病害归纳总结为13类，同时根据不同病害发展趋势及其对瓷器类文物稳定性的影响，将病害活动性质划分为稳定病害、活动病害和可诱发病害三类（表3-3）。

表3-3　瓷器类文物病害种类及活动性质

序号	病害名称	定义	病害类型		
			稳定病害	活动病害	可诱发病害
1	毛边	口、足等边沿因外力作用造成的釉层损伤	√		
2	惊纹	表面因外力作用出现的不穿透胎的纹路		√	√
3	冲口	口部因外力作用出现的长短不等、穿透胎的纹路		√	√
4	裂缝	因外力作用出现的穿透胎的纹路		√	√
5	破碎	因外力作用造成的碎裂、但没有缺失	√		
6	缺损	因外力作用造成的碎裂、局部缺失	√		
7	伤釉	釉面因外力作用造成的划痕、剥落、磕釉等损伤	√		√
8	伤彩	彩绘因刮、磨等外力作用而造成的损伤或剥落	√		√
9	侵蚀	土壤环境和水环境等因素对器物造成的损害		√	√
10	附着物	出土、出水器物上黏附的影响器物外观的物质	√		√
11	生物损害	生物的滋生或其代谢物对器物造成的损害		√	√
12	盐析	在文物表面析出形成结晶影响器物外观的结晶盐		√	√
13	其他病害	由于不当修复或其他原因造成的损害			

虽然景德镇御窑厂制瓷原料和工艺极佳，但在南迁途中以及欠佳的保存环境下，不仅加重了制瓷过程中产生的“病害”，而且诱发了新病害。本次调查通过直接观察、取样分析、无损检测等手段，识别、判定该批清代景德镇官窑瓷器文物的病害呈现多样性、复杂性，且一件器物存在多种病害叠加，兼具稳定病害、活动病害和可诱发病害，表观特征各不相同。

1. 破碎

在病害总数中占约14.81%。文物南迁时，为躲避途中不可预知的各种险情，该批瓷器文物出现与器物主体断开、分离的现象（图3-16），破碎情况严重且相互混淆。清洗完成后，须先依据残片釉色、厚度、形状、纹饰进行分类、预拼，以免漏粘、错粘。

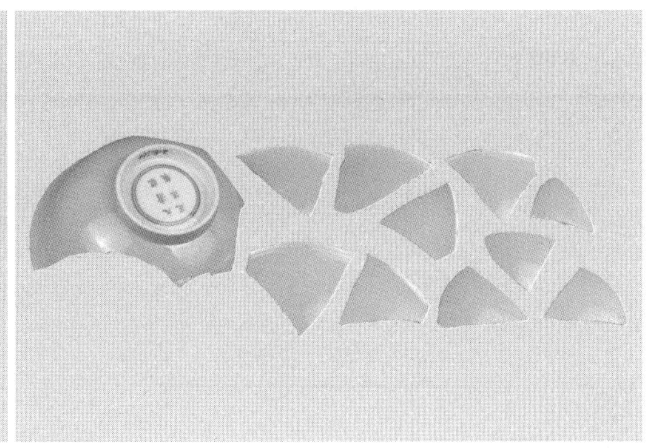

图3-16 破碎

2. 缺损

在病害总数中占约13.99%。瓷器文物受不同程度、不同方向的外力作用导致碎裂，加之流转、移交、保管过程中，受当时客观条件制约，器物整体结构被破坏，局部存在缺失且部分器物的缺失面积较大，导致器物丧失连续性和完整性（图3-17）。恢复器物立体结构时，须参照文物本体以及同类器物的造型，预先对缺失部位的形制进行判定。

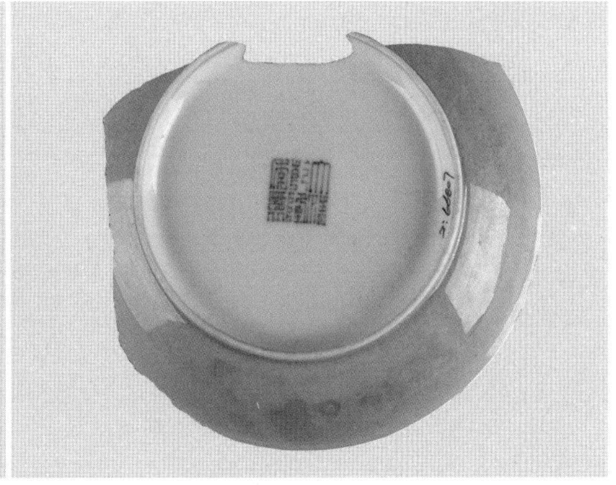

图3-17 缺损

3. 毛边

在病害总数中占约1.65%。多集中在器物的口沿及圈足部分，用指腹顺着捋，略有棱刺之感（图3-18）。经超景深三维视频显微镜分析，该批清代景德镇官窑瓷器文物胎釉较薄，因此，在运输途中极易造成器物口沿釉层的损伤。保护修复时，须进行补配及釉色复原。

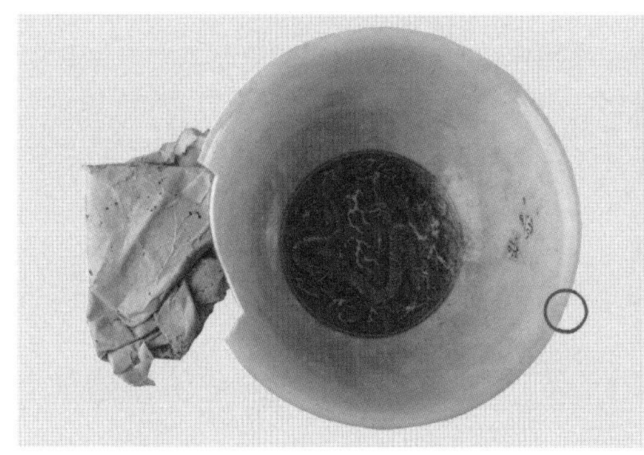
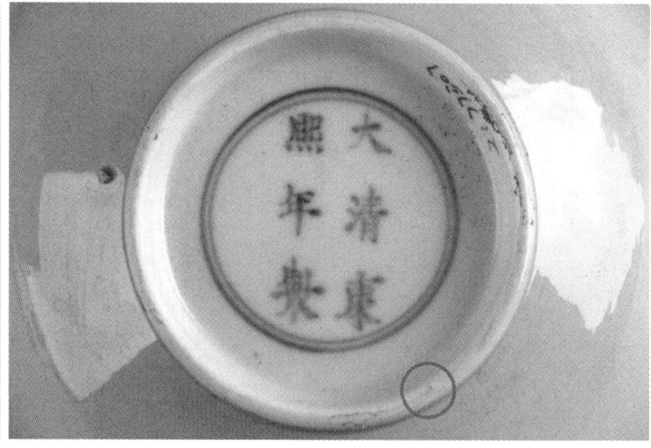

图3-18　毛边

4. 惊纹

在病害总数中占约2.46%。此次保护修复的清代景德镇官窑瓷器文物中，低温颜色釉瓷的占比较大，其烧成温度在700℃~900℃之间，坯体表面的釉层并不能完全瓷化，釉面强度较低，当遇到外力作用时，不仅极易产生惊纹，而且随着时间推移、环境变化，仍会继续发展和蔓延（图3-19）。与制瓷过程中产生的“惊釉”一样，都属于活动病害，因此，在保护修复期间须做好加固工作，避免进一步形成并发性病害。

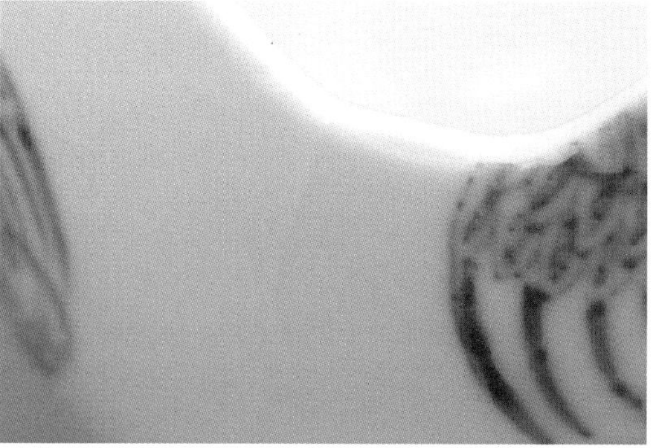

图3-19　惊纹

5. 裂缝

在病害总数中占约4.53%，是介于残缺和断裂之间的一种存在（图3-20）。当受到外部环境影响，比如冷热变化、外力震荡等，仍会继续开裂。低温烧制的瓷器，在裂缝周围有时还会伴有一些釉面裂隙，应该是撞击后在釉面上产生应力释放的结果。裂缝是活动病害，因此，保护修复时须进行加固和填补，以免诱发其他病害。

图3-20 裂缝

6. 伤釉（彩）

在病害总数中占约12.76%。瓷器文物在使用、包装、运输过程中，由于失误、碰撞、刮磨等因素在器物表面造成的条状划痕或者较大面积的片状损伤（图3-21）。保护修复的尺度需视具体情况而定，如若只是轻微的划痕或磨痕，仅需清洗后加固即可；如若损伤面积较大或较深，则需进行填补及釉色、纹饰的复原。

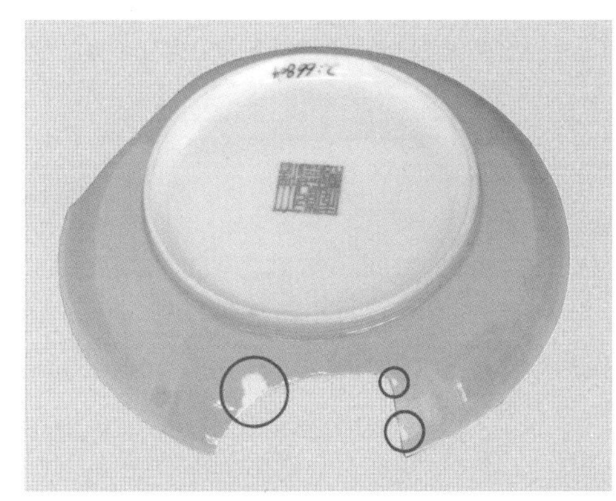
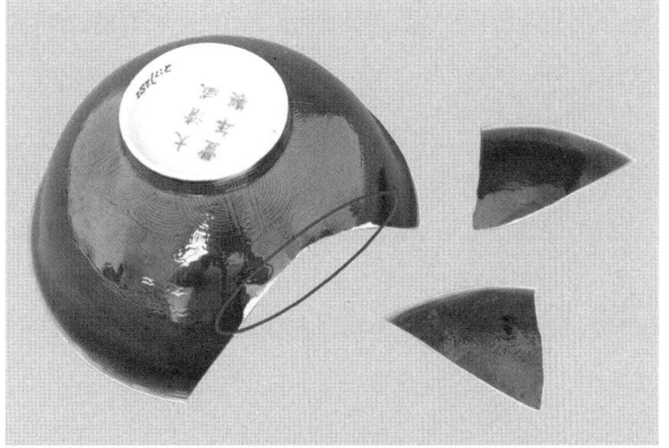

图3-21 伤釉（彩）

7. 附着物

在病害总数中占约20.58%。有学者根据瓷器文物污染物的位置、状态、种类、物质、成因和对器物的影响，将特征特别明显的瓷器附着物按照独立成类的分类原则，梳理总结为灰尘、泥土、多层沉积物、薄层沉积物、硬结物、凝结物、包裹物、锈蚀物、冲口、惊纹、裂缝杂质、孔隙填充物（图3-22）。文物表面沉降的颗粒物会覆盖、污损器物原有面貌，严重影响其外观。保护修复时，须遵循先物理后化学的清洗方法，同时依据实际操作经验及相关实验研究，有针对性地选用清洗试剂进行安全、有效的清除。

图3-22　附着物

8. 生物损害

该批清代景德镇官窑瓷器文物的生物损害主要是微生物造成的（图3-23），在病害总数中占约20.58%。瓷器文物在运输、保管过程中，一直存放于木箱内，并用纸张、棉花、稻草、麻绳等包裹，为微生物的滋长提供了适宜的环境及食物源，加之南京梅雨时期的湿热气候，又给微生物的生长、发育提供了有利的环境条件，导致微生物大量繁殖，破坏文物的外观，而微生物的代谢产物不仅带有颜色，还含有酸性物质，会对文物产生腐蚀作用。因此，保护修复实施期间，不仅要将生物损害彻底清除，而且还要采取相应的预防性保护措施，同时营造适宜的保存环境，防止微生物的再次污染。

图3-23　生物损害

9. 其他病害

在病害总数中占约8.64%。文物在运输或临时保护过程中，因加固等使表面出现黏附污染物而形成的薄膜物质，以及粘接错位、粘接缝隙处的胶粘剂外溢等。此外，受灰尘中有机物质、紫外线以及空气环境中温度、湿度、有害气体等影响，文物自身材质、保护修复材料也会发生老化、劣化。针对这些病害，在文物信息调查和科学检测分析的前提下，应先开展有关实验筛选出适宜的保护修复试剂，然后再对症施治，同时还要避免试剂残留。基于文物自身材质，保护修复后的瓷器文物应参照相应标准进行保藏、展陈，以减缓其老化速率。

三、文物病害调查归类总结

保护修复工作开展前，根据清代景德镇官窑瓷器文物受损程度和病害种类进行调查研究及成因分析，按照产生病害的时间顺序可将病害分为两大类，总计23种病害，其中，制瓷过程中产生的“病害”总计14种，使用、流转、保管过程中产生的病害总计9种，每种病害在病害总数中的占比如图3-24所示。在对该批瓷器文物存在的各种病害进行种类识别的基础上，依据《可移动文物病害评估技术规程　瓷器类文物》（WW/T 0057—2014），进一步确定各种病害的数量、总长度、总面积等，并详细记录每件（套）瓷器文物的病害种类（表3-4）。

瓷器文物的病害评估不仅仅是确定病害种类、数量、总长度、总面积等，更是对病害程度加以明晰，以此建立文物病害的综合评测，为保护修复工作提供科学、翔实的客观依据。该部分工作参照《陶质彩绘文物病害与图示》（WW/T 0021—2010）和国家文物局“全国馆藏文物腐蚀损失调查”课题中的病害分级，将瓷器文物病害程度按基本完好、轻度、中度、重度四级划分。经统计，50件（套）清代景德镇官窑瓷器文物中，中度病害占比24%，重度病害占比66%。各方面数据均显示该批瓷器文物的损伤状况十分严重，亟须展开系统、全面的保护修复，阻止病害的进一步发展和蔓延。

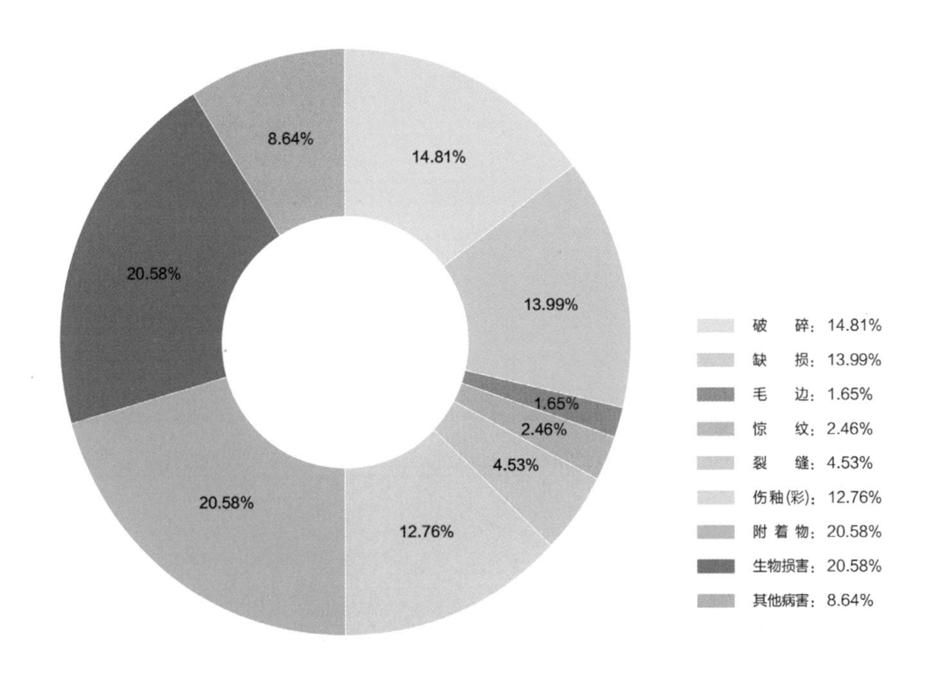

图3-24　清代景德镇官窑瓷器文物主要病害占比

表3-4 清代景德镇官窑瓷器文物主要病害统计

序号	登录号	文物名称	病害种类								
			破碎	缺损	毛边	惊纹	裂缝	伤釉（彩）	附着物	生物损害	其他病害
1	2:66804	清乾隆景德镇官窑内白外黄釉瓷盘		√				√	√	√	
2	2:66805	清乾隆景德镇官窑内白外黄釉瓷盘		√				√	√	√	
3	2:66806	清乾隆景德镇官窑内白外黄釉瓷盘		√				√	√	√	
4	2:66807	清乾隆景德镇官窑内白外黄釉瓷盘		√				√	√	√	
5	2:66808	清乾隆景德镇官窑内白外黄釉瓷盘		√				√	√	√	
6	2:66942	清康熙景德镇官窑釉里红团凤纹瓷碗		√		√			√	√	√
7	2:66943	清康熙景德镇官窑釉里红团凤纹瓷碗	√				√		√	√	
8	2:66944	清康熙景德镇官窑釉里红团凤纹瓷碗		√			√		√	√	√
9	2:66945	清康熙景德镇官窑釉里红团凤纹瓷碗		√					√	√	
10	2:66946	清康熙景德镇官窑釉里红团凤纹瓷碗	√	√			√		√	√	
11	2:66947	清康熙景德镇官窑釉里红团凤纹瓷碗	√	√		√			√	√	
12	2:66948	清康熙景德镇官窑釉里红团凤纹瓷碗		√	√		√		√	√	
13	2:66949	清康熙景德镇官窑釉里红团凤纹瓷碗	√	√					√	√	√
14	2:66950	清康熙景德镇官窑釉里红团凤纹瓷碗	√	√					√	√	
15	2:71922	清雍正景德镇官窑内白外黄釉暗刻缠枝花卉龙纹瓷碗	√	√					√	√	
16	2:71974	清雍正景德镇官窑内白外黄釉暗刻云龙纹瓷碗	√	√					√	√	√

续表

序号	登录号	文物名称	病害种类								
			破碎	缺损	毛边	惊纹	裂缝	伤釉（彩）	附着物	生物损害	其他病害
17	2:76645	清乾隆景德镇官窑黄地绿彩云龙纹瓷碗	√	√		√		√	√	√	
18	2:76646	清乾隆景德镇官窑黄地绿彩云龙纹瓷碗	√	√		√		√	√	√	
19	2:76647	清乾隆景德镇官窑黄地绿彩云龙纹瓷碗	√	√			√	√	√	√	
20	2:76648	清乾隆景德镇官窑黄地绿彩云龙纹瓷碗	√	√				√	√	√	
21	2:76649	清乾隆景德镇官窑黄地绿彩云龙纹瓷碗	√	√		√	√	√	√	√	
22	2:76650	清乾隆景德镇官窑黄地绿彩云龙纹瓷碗	√	√			√	√	√	√	√
23	2:76651	清乾隆景德镇官窑黄地绿彩云龙纹瓷碗	√	√		√		√	√	√	
24	2:76652	清乾隆景德镇官窑黄地绿彩云龙纹瓷碗		√			√	√	√	√	√
25	2:76736	清乾隆景德镇官窑内白外黄釉暗刻云龙纹瓷碗	√						√	√	
26	2:76874	清康熙景德镇官窑内白外黄釉暗刻云龙纹瓷碗	√	√				√	√	√	√
27	2:76875	清康熙景德镇官窑内白外黄釉暗刻云龙纹瓷碗	√					√	√	√	√
28	2:76876	清康熙景德镇官窑内白外黄釉暗刻云龙纹瓷碗	√					√	√	√	√
29	2:76883	清康熙景德镇官窑内白外黄釉暗刻云龙纹瓷碗	√					√	√	√	√
30	2:77251	清同治景德镇官窑内白外紫釉暗刻云龙纹瓷碗		√				√	√	√	
31	2:77252	清咸丰景德镇官窑内白外紫釉暗刻云龙纹瓷碗	√					√	√	√	
32	2:77253	清同治景德镇官窑内白外紫釉暗刻云龙纹瓷碗	√					√	√	√	√
33	2:77254	清同治景德镇官窑内白外紫釉暗刻云龙纹瓷碗	√					√	√	√	

续表

序号	登录号	文物名称	病害种类								
			破碎	缺损	毛边	惊纹	裂缝	伤釉（彩）	附着物	生物损害	其他病害
34	2:77255	清同治景德镇官窑内白外紫釉暗刻云龙纹瓷碗	√	√				√	√	√	√
35	2:77256	清同治景德镇官窑内白外紫釉瓷碗		√				√	√	√	√
36	2:77507	清康熙景德镇官窑黄釉瓷碗	√		√			√	√	√	√
37	2:77508	清康熙景德镇官窑黄釉暗刻云龙纹瓷碗	√		√		√		√	√	√
38	2:77509	清康熙景德镇官窑黄釉暗刻云龙纹瓷碗	√	√					√	√	
39	2:80963	清康熙景德镇官窑蓝地黄彩云龙纹瓷碗	√		√	√		√	√	√	
40	2:81349	清雍正景德镇官窑内白外祭红釉瓷碗	√	√					√	√	√
41	2:81371	清雍正景德镇官窑内白外黄釉瓷碗	√	√			√	√	√	√	
42	2:81566	清雍正景德镇官窑内白外黄釉暗刻花卉龙纹瓷碗	√					√	√	√	√
43	2:83703	清康熙景德镇官窑黄釉瓷碗		√					√	√	√
44	2:83713	清康熙景德镇官窑黄釉暗刻云龙云鹤纹瓷碗	√			√			√	√	√
45	2:84373	清道光景德镇官窑黄地绿彩折枝寿桃纹瓷碗		√				√	√	√	√
46	2:84689	清康熙景德镇官窑黄釉瓷碗	√						√	√	
47	2:84718	清康熙景德镇官窑黄釉暗刻云龙纹瓷碗	√	√				√	√	√	√
48	2:84931	清康熙景德镇官窑酱釉瓷碗	√					√	√	√	
49	2:85104	清乾隆景德镇官窑青花御题诗纹瓷烛台	√	√					√	√	
50	2:85242	清乾隆景德镇官窑黄地绿彩寿桃花鸟纹瓷碗	√					√	√	√	

参考文献

[1]方子修：《瓷釉针孔形成机理的研究》，《中国陶瓷》1981年第4期。

[2]何长海：《认识与分析烟熏缺陷的诸因素》，《陶瓷》1985年第1期。

[3]吴隽、李家治、郭景坤：《景德镇青花瓷彩上斑点显微结构的研究》，《无机材料学报》1999年第1期。

[4]王世兴：《炻瓷釉面产生针孔的原因及克服措施》，《陶瓷工程》2000年第1期。

[5]周正付：《缩釉的成因及解决方法》，《佛山陶瓷》2001年第10期。

[6]陈元生、解玉林：《博物馆文物保存环境质量标准研究》，《文物保护与考古科学》2002年第S1期。

[7]罗日军：《日用细瓷烟熏与阴黄现象的克服》，《陶瓷科学与艺术》2002年第2期。

[8]李木子：《缩釉与爆釉——看瓷器的原材料与年代的特征》，《艺术市场》2006年第5期。

[9]詹益州：《解决高温强化瓷釉面针孔缺陷的研究》，《中国陶瓷工业》2009年第4期。

[10]刘军：《鉴赏——宣德青花地矾红缠枝莲花纹金钟碗》，《陶瓷科学与艺术》2011年第1期。

[11]李申盛、付建文：《景德镇高温颜色釉陶瓷缩釉现象分析》，《陶瓷研究》2012年第1期。

[12]张尚欣、付倩丽：《彩绘陶质文物病害及其劣化因素探析》，《秦始皇帝陵博物院》2012年。

[13]徐福刚：《近50年来南京梅雨期降雨量变化特征分析》，《科技创新导报》2012年第23期。

[14]楼署红：《临安水丘氏墓出土越窑青瓷的病害评估与成因分析探讨》，《文物保护与考古科学》2013年第2期。

[15]刘长焕、许嘉伟、陈婕、方文维、陈宏、张叶晖：《近62年南京地区气温变化趋势及其分析》，《安徽农业科学》2013年第31期。

[16]龚玉武：《谈〈可移动文物病害评估技术规程·瓷器类文物〉编制工作》，《中国文物科学研究》2014年第1期。

[17]杨玉洁、刘慧茹：《瓷质文物制作工艺缺陷与病害辨识刍议——以“南海一号”出水的景德镇窑青白釉婴戏纹碗为例》，《中国文物科学研究》2017年第3期。

[18]刘慧茹：《浅析陶瓷制作工艺对出水瓷器病害的影响——以“南海Ⅰ号”出水德化窑大碗为例》，《全面腐蚀控制》2018年第7期。

[19]程晓平、张静怡：《陶器彩绘病害及其机理研究综述》，《洛阳考古》2020年第1期。

[20]刘慧茹：《浅析陶瓷制作工艺缺陷与文物病害辨识——以“南海Ⅰ号”出水龙泉窑青釉碗为例》，《文物天地》2020年第2期。

[21]潘坤容：《关于瓷器污染物的研究》，《中国国家博物馆馆刊》2020年第6期。

[22]〔清〕寂园叟撰，杜斌校注：《匋雅》，山东画报出版社，2010年。

[23]李家驹：《日用陶瓷工艺学》，武汉理工大学出版社，1992年。

[24]郭宏：《文物保存环境概论》，科学出版社，2001年。

[25]陆小荣：《陶瓷工艺学》，湖南大学出版社，2005年。

[26]王蕙贞：《文物保护学》，文物出版社，2009年。

[27]（英）加瑞·汤姆森著，国家文物局博物馆司、甘肃省文物局译：《博物馆环境》，科学出版社，2007年。

[28]（加）Nathan Stolow著，宋燕、卢燕玲、黄晓宏等译：《博物馆藏品保护与展览：包装、运输、存储及环境考量》，科学出版社，2010年。

[29]中华人民共和国国家文物局：中华人民共和国文物保护行业标准之《可移动文物病害评估技术规程 瓷器类文物》（WW/T 0057—2014），2014年4月24日发布，2014年6月1日实施。

第四章　制作工艺研究

瓷器是中国古代文明的重要象征，自商周时期原始青瓷成功烧制，迄今已有3600多年的历史。早期的瓷器大多用于日常生活或祭祀丧葬，随着人类社会生活方式的改变以及制瓷技术水平的提高，瓷器的类型逐渐广泛化、多样化，在满足人们日常生活需求的基础上，更注重外观造型、纹样装饰的美观，并且在人类文明的不断进步下，兼具实用功能与审美功能的瓷器成为出口品，经陆上和海上丝绸之路，源源不断地向外输出，传至世界各地，逐渐成为中国文化走向世界的物质载体，架构起东西方文化交流的桥梁，对中华文明乃至世界文明都产生了极为深远的影响。

文以载道，物传精神。瓷器是科技与艺术的统一，不仅是了解古代人类行为活动、审美观念、价值崇拜、风俗习惯等方面最直接的实物资料，更是揭示古代社会生产技术、制度体系、历史传承等重要信息的珍贵遗物。本项目保护修复的50件（套）清代景德镇官窑瓷器文物，造型多元、釉色华丽、纹饰丰富，具备典型的清代皇室风采，是证实文献记载、校正文献谬误、补充文献记载缺失的重要实物。在经历了数万里的南迁路程后，虽受各种因素的影响，部分瓷器文物出现病害程度不一的损坏，但为研究其制作工艺提供了便利。通过文物信息调查、文献研究、超景深三维视频显微镜观察以及无损检测分析，将该批清代景德镇官窑瓷器文物的制作工艺总结为原料淘练、制坯成型、施釉绘彩、焙烧成器四个环节。

一、原料淘练

（一）坯料制备

瓷器制作的第一步便是“取土练泥”。景德镇位于江西省东北部，四面青山三面水，特殊的地理环境和自然条件，为景德镇的瓷器生产提供了丰富的资源（图4-1）。清代的制瓷原料在明代的基础上有所扩展，据《陶冶图说》记载，景德镇烧瓷用石采自离御窑厂200里的徽州祁门县的坪里山和谷口山，掘洞开采。高岭土产于江西浮梁县东乡高岭村。采取回来的瓷土不能即刻用来制瓷，因为没有经过淘练的瓷土，质地粗糙且容易干燥开裂，缺乏可塑性，难以制成理想的器形。正如清代督陶官唐英在《陶冶图说》中所说：“造瓷首需泥土，淘练尤在精纯。”

相较明代，清代瓷泥的淘练方法更加科学。从矿区采取的瓷石和高岭土，需根据其不同的特性分别进行加工（图4-2）。瓷石属于致密的岩石状矿物，含有大量的粗颗粒矿物，如石英等，此外还有金红石和铁质矿物等杂质，这些粗颗粒矿物和杂质必须先用水碓舂细，经多次淘洗去除后瓷石才能使用。而高岭土是一种土状原料，其矿物组成除高岭石外，还含有大量的水白云母和少量的长石、石英等，因此，在矿区采取后无须粉碎，仅需淘洗、沉淀。《陶冶图说》中详细记载了炼制精纯瓷泥的步骤："淘练之法，多以水缸浸泥，木钯翻搅，标起渣沉过，以马尾细箩，再澄双层绢袋，始分注过泥匣钵，俾水渗浆稠。用无底木匣，下铺新砖数层，内以细布大单，将稠浆倾入，紧包砖压吸水，水渗成泥，移贮大石片上，用铁锹翻铺结实以便制器。"

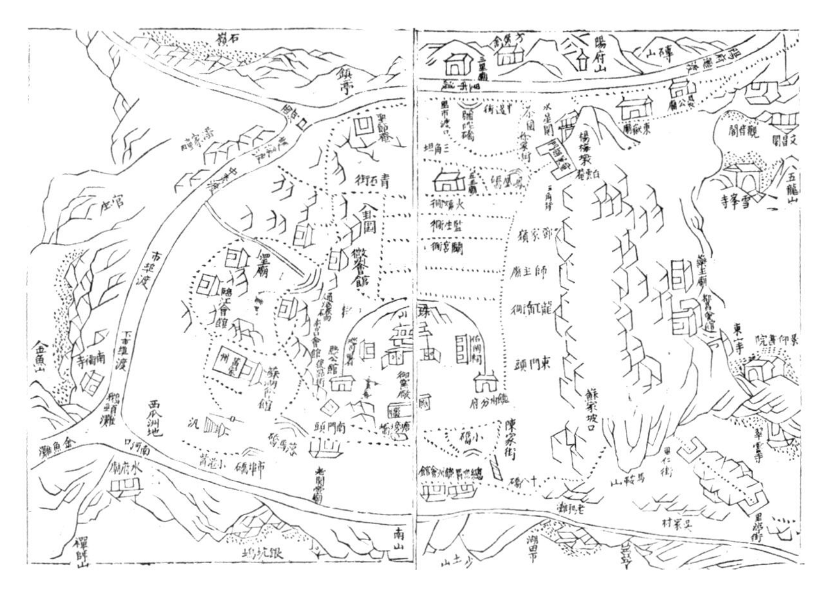

图4-1 景德镇御窑厂地理位置[①]

图4-2 取土

① 除图4-10，本章其余图片均引自〔清〕蓝浦、郑廷桂：《景德镇陶录》，浙江人民美术出版社，2019年。

清代增加了瓷泥的炼制工序，加工处理好的瓷石（俗称“不子”，也叫“白不子”）经陈腐后，先按颜色进行划分，“同一不也，而有红、黄、白之分。红、白不皆器之细者，用黄不则惟粗器用之。然有一种淡黄带白色者颇佳，又不止粗器用也”。而后根据所制瓷器胎体的精细程度与高岭土按不同比例混合，再精练、加工，这样制备好的瓷泥不仅更加精纯，而且更具针对性，实现了瓷土淘练技术理论化（图4-3）。“凡各种坯胎不外此泥，惟分类按方加配材料，以别其用。”“不子性软，高岭性硬，用二种配合成泥，或不子七分，高岭三分，或四六分，各种配搭不同。入水淘澄极细，其粗渣取漂赋者，和匀如湿面相似，凡一切瓷器坯胎骨子，俱用合泥做造。”高岭土的引入，一方面扩大了瓷石的适用面，使泥料的工艺性能更加适宜成型和加工，另一方面提高了瓷胎的耐火度，降低了成品的变形率。

图4-3　练泥

（二）釉料制备

“陶制各器，惟釉是需，而一切釉水，无灰不成其釉。”景德镇传统釉料，多以釉果、釉灰配制而成（图4-4）。清代釉石的开采地由乐平县转至浮梁县，釉石粉碎后制成的不子原料称“釉果”。釉灰是一种助熔剂，主要成分是$CaCO_3$，在釉料中占比6%~20%。“盖釉无灰则枯槁无色泽矣。凡一切釉，俱入灰为本，如销银不离于硝也。”其重要性由此可见一斑。“灰出乐平县，在景德镇南百四十里。以青白石与凤尾草迭垒烧炼，用水淘细即成釉灰。”釉灰的制备工艺为：先将山中的石灰石用火烧炼成石灰，再和凤尾草相间迭叠并反复几次煅烧（石灰与凤尾草的比例为6：4），最后将所得之物舂细，用水澄净即为釉灰。《陶冶图说》中不仅记载了釉灰的制备方法，还认识到釉料的品质可依据釉果作浆与釉灰的盆数比例来计算。“配以‘白不’细泥，与釉灰调和成浆，稀稠相等，各按瓷之种类，以成方加减。盛之缸内，用曲木横贯铁锅之耳，以为舀注之具，其名曰‘盆’。如泥十盆灰一盆，为上品瓷器之釉；泥七八而灰二三，为中品之釉；若泥灰平对或灰多于泥，则成粗釉。”由此可见，釉灰的用量与瓷釉的品质成反比，要配制精细的上等釉料，就必须减少釉灰的用量。“凡釉多陈，贮久愈妙。”制备好的釉料，陈腐时间越长品质越佳。

图4-4　洗料

清代景德镇御窑厂的颜色釉瓷大放异彩，其釉料的配制需要多一道工序，即是在调配好的基础釉料中加入所需的呈色原料，或是由特殊的方法配制而成（表4-1）。呈色原料主要是着色矿物原料、黏土、红土、绿柱石、孔雀石、赭石和钴矿等。此时的着色元素十分丰富，督陶官和窑工们已经可以熟练掌握并利用不同的原料烧制出缤纷的釉色。

表4-1　清代景德镇御窑厂色釉的配制方法

色釉种类	配制方法
紫金釉	用罐水炼灰，紫金石水合成
翠色釉	用炼成古铜水、硝石合成
金黄釉	用黑铅末碾赭石合成
矾红釉	用青矾炼红加铅粉、广胶合成
紫色釉	用黑铅末加石子青、石末合成
浇青釉	用釉水炼灰、石子青合成
浇绿釉	用炼过黑铅末加古铜末、石末合成
豆油釉	用豆青油水炼灰、黄土合成

续表

色釉种类	配制方法
纯白釉	用釉水炼灰合成
浇黄釉	用牙硝、赭石合成
霁红釉	用红铜条、紫英石合成，兼配碎器、宝石、玛瑙
霁青釉	用青料配泑合成
冬青釉	用紫金釉水合成
龙泉釉	用紫金釉微掺青料合成
炉钧釉	用牙硝、晶料配釉合成

二、制坯成型

清代历史性地完成了手工圆器制瓷和琢器制瓷的专业化分工。唐英在其所撰的《陶冶图说》中，首次按照成型工艺特征将瓷器品种归纳为“圆器”和“琢器”两大类。圆器需要在辘轳车上经过拉坯、过范两套工序。所谓“过范”，即将拉好的坯稍做收水干燥，然后扣在一个黄泥做成的模范上，从外壁拍打，使泥坯结实，防止烧制时变形，如碗、盘、碟、盅等。琢器则是指不能完全依靠辘轳车一次性拉坯成型，需分段成型的器物，如瓶、尊、罍、彝等。

（一）拉制坯体

清代的陶车结构在前朝的基础上更趋完整。“车如木盘，下设机轴，俾旋转无滞，则所拉之坯，无厚薄偏侧之患。”陶车由木盘和机轴构成，已基本落于地下，仅木盘略高于地面（图4-5）。陶车安放位置的变化使窑工由站姿操作转变为坐姿操作，与旋转的陶车之间形成了良好的空间状态，不仅手臂活动区域更加广而灵活，而且无论是用小竹竿拨车使其疾转，还是用双手拉坯，都可以最大限度地发挥指力和臂力。此外，坐着拉坯，两腿可支撑两肘，能防止手臂抖动使坯体不规整。“拉者坐于车上，以小竹竿拨车使疾转，双手按泥随拉之，千百不差毫黍。”这样的变化，极大地提高了生产效率和坯体成型质量。

不仅如此，清代还减少了圆器的制坯工序，大幅提升了制瓷效能。“圆器就轮车拉坯，盘、碗、钟、楪等器，大小分二作。大者主一尺至二三尺，小者主一尺以下……双手按泥，随其手法之屈伸收放，以定圆器款式。”圆器可直接用轮车手工拉坯成型，仅需按所制器物的尺寸大小，分两个作坊拉制瓷坯。清代景德镇御窑厂制瓷讲求模式化、批量化，“圆器之造，每一器必有一模，大小款式方能画一”。圆器为保持规格的统一，除拉坯外还需在模子上进行修造（图4-6）。“景德镇碗楪式也。即此以推，器不一式。而式之同者，必贵画一，有模子以定其规制，有轮车以使之整齐。条理之始，精密如此。”朱琰在其所撰的《陶说》中更是高度肯定了“以模定规制”这一专业化工序。“其模子必须与原样相似，但尺寸不能计算，大抵一尺之坯经烧后得七八寸，亦收缩之理然也。故模子必须先修模……一模必修数次，然后无大小参差之异……盖必熟谙土性、窑火者，乃推能事。”模子的尺寸，须按照瓷坯入窑烧制的收缩率进行反复调整，这就要求修模匠必须熟知土料、窑火的性能，才能将模子修至规整。

图4-5　做坯

图4-6　修模

琢器的制坯工序较圆器要复杂得多。“瓶、罍、尊、彝，皆名琢器。其圆者，如造圆器之法，用轮车拉坯……其镶方棱角之坯，用布包泥，以平板压之成片，以刀裁之成段，用原泥调和粘合。又有印坯一种，从模中印出，制法与镶方同。镶、印二种，洗补磨擦，与圆琢器同。凡有应锥拱、雕镂者，候干定付样，与专门工匠为之。”琢器中的浑圆器制作方法与圆器相同，而方形器的制作难度极大，制坯时，棱角要笔直，接合要紧密，内部要修整，上下、前后、左右不能有厚薄凹凸，整体造型必须匀称协调，足可见景德镇窑工们的技艺之精湛。

（二）旋坯修饰

已成型的粗坯，还需进行旋坯（也称“利坯”“修坯”）和挖足两道工序。成型的圆器在阴干时，如坯子有裂缝，需印坯修补以使泥坯匀称周正（图4-7）。“圆器拉成坯，必俟阴干，不可令见日色，恐日晒则有坼裂之患，故有印坯一行。坯稍干，则用修就模子，以手拍按，使泥坯周正匀结。”圆器的大小款式，有模具进行规制，而坯体的厚薄粗细，则需窑工借助旋坯车进行修整。“圆器尺寸既定于模，而光平必须于旋，故复有旋坯之作。作内设有旋坯之车，形与拉坯车相等，惟中心立一木桩，桩视坯为粗细，其顶浑圆竹以丝绵，恐损坯里也。”旋坯车形似拉坯车，不同的是在木盘的中心位置固定一根木桩，且木桩的粗细依坯而定，不仅如此，窑工们还考虑到旋坯时可能损伤坯体，因此在呈圆球形的木桩顶端包裹丝绵。

图4-7 印坯

“旋坯为抟埴之终，至此而坯成矣。”旋坯是坯体成型的最后一道工序，是开展后续制瓷工序的重要基石（图4-8）。坯的厚度是否得当、表面是否光滑、造型是否匀称，完全取决于旋坯工的技术水平。“将坯扣合桩上，拨轮转旋，用刀旋削，则器之里外皆得光平。其式款粗细，关乎旋手之高下，故旋匠为紧要之工。”唐英更是在其所撰的《陶冶图说》中充分肯定了旋坯工的重要性。挖足、写款则须在画坯、蘸釉之后。“拉坯之时，坯足必留一靶，长二三寸，便于把握，以画坯、蘸釉，工毕始旋去其柄，挖足写款。”坯足留靶是为了在画坯、蘸釉时能够操作顺畅，避免釉彩不匀，这一工序结束后即会将底部的泥坯挖掉、写款。用具体的数字来说明坯足底部留靶的长短，这也从侧面反映了景德镇窑工们成熟的制瓷技艺。

图4-8　旋坯

三、施釉绘彩

清代对瓷器的制作提出了明确的标准：“仿旧须宗其典雅，肇新务审其渊源，器自陶成矩规……或万物以赋形，亦范质而施彩。”唐英在《陶冶图说》中精辟地概括了制瓷艺术中继承与创新的关键所在，既要依据物品的存在样貌而造形，也要按照物品的样式种类而加彩，这是清代在瓷器艺术设计中朴素的唯物主义思维的体现。

（一）施釉

清代景德镇御窑厂的督陶官和窑工们十分善于发挥主观能动性，不仅总结了前朝上釉方法的不足之处，而且在此基础上突破以往施釉技术的桎梏，创新了吹釉技法（图4-9）。“圆琢各器，凡青花与观、哥、汝等，均须上釉入窑。上釉之法，古制：将琢器之方长棱角者，用毛笔拓釉，弊每失于不匀。至大小圆器及浑圆之琢器，俱在缸内蘸釉，其弊又失于体重多破，故全器倍为难得。”前朝的上釉方法，针对长方有棱角的琢器，多是用毛笔蘸取釉浆涂刷在器表，因刷釉时较难掌握釉料厚度，釉面往往不匀。而针对圆器和浑圆的琢器，不论尺寸大小，均采用在缸内蘸取釉浆的方法上釉，因蘸釉时坯体重量增大，再加上从釉浆中取出时的阻力，往往导致坯体破损，难得全器。

图4-9　施釉

有鉴于此，清代取前朝之精华并去其糟粕。“今圆器之小者，仍于缸内蘸釉。其琢器与圆器大件，俱用吹釉法，以径寸竹筒，截长七寸，头蒙细纱，蘸釉以吹，俱视坯之大小与釉之等类，别其吹之遍数，有自三四遍至十七八遍者，此吹蘸所由分也。”小件圆器仍沿用前朝上釉之法，而琢器与大件圆器则使用吹釉法。用直径约3cm、长度约23cm的一节小竹筒，一端蒙上细纱后蘸取釉浆，对准坯体需要施釉的部位，用嘴吹竹筒的另一端，釉浆即可通过细纱的孔隙均匀地附着在坯体表面，如此反复即可得到厚薄适宜的釉层。而吹釉的次数，则要根据坯体大小以及釉浆种类而变化，少则三四遍，多则十七八遍。清代吹釉技术的发明与使用，成功解决了琢器与大件圆器上釉不匀的难题。

（二）绘彩

清代皇权的高度极化，使景德镇御窑厂对瓷器的造型规范、釉料色彩以及图案装饰等都有严格的制度把控。“凡上用瓷器，照内颁式样、数目，行江西饶州府烧造解送。”康、雍、乾时期，内务府根据皇帝的旨意，由宫廷画师先在纸上绘制瓷器样式，包括器型、纹饰以及款识的写法等内容，再交往九江关由督陶官负责监督烧制。“（乾隆二年）十月十六日，太监高玉交篆字款纸样一张，传旨：以后烧造尊、瓶、罐、盘、盅、碗、碟瓷器等，俱照此篆字款式轻重成造。”从档案记载和传世实物看，画样是清代景德镇制瓷官样的主要形式，而刘源是见于记载的清代绘制瓷样的第一人。“时江西景德镇开御窑，源呈瓷样数百种。参古今之式，运以新意，备诸巧妙。于彩绘人物山水花鸟，尤各极其胜。及成，其精美过于明代诸窑。”自康熙时期刘源进呈瓷样至清晚期，瓷样主题在借鉴古今样式的基础上加以创新，纹饰类别多达数百种（图4-10）。

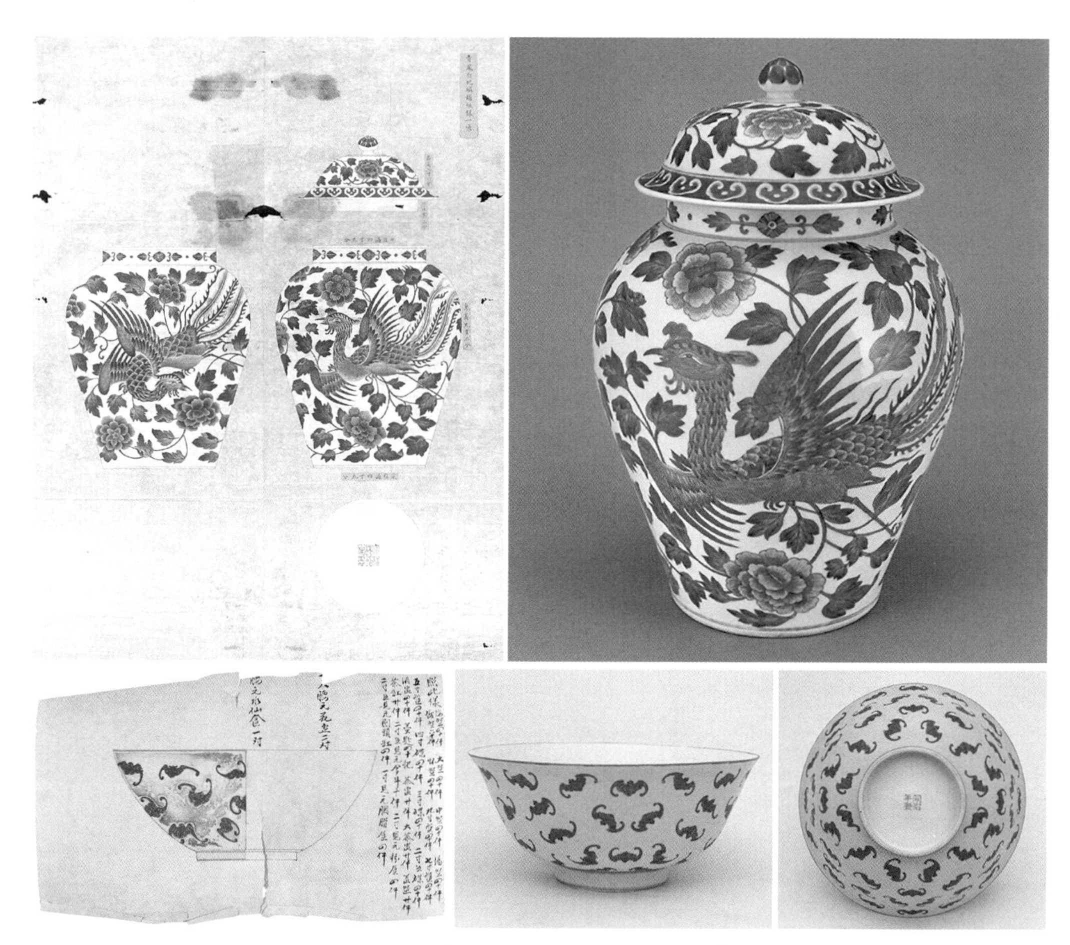

图4-10 清代景德镇御窑厂制瓷官样[2]

1. 釉上彩绘

唐英于乾隆八年（1743）编撰的《陶冶图说》，是最早详细记载彩瓷绘画技术的专著。“圆琢白器，五采绘画，摹仿西洋，故曰洋采。须选素习绘事将手，将各种颜料研细调合，以白瓷片画染、烧试，必熟谙颜料、火候之性，始可由粗及细，熟中生巧，总以眼明、心细、手准为佳。”洋彩的绘制以西洋绘画技法为主要摹仿对象，对画匠的绘制技术有极高要求，不仅要做到眼明、心细、手准，而且在正式绘制前，要用调配好的颜料画染白瓷片经火

② 引自王光尧，孙悦：《妙笔丹青 清代御窑的官样》，《紫禁城》2016年第11期。

试烧，同时还要对各种颜料、火候的性能了然于心（图4-11）。“其调色之法有三：一用芸香油，一用胶水，一用清水。盖油色便于渲染，胶水所调便于拓抹，而清水之色则便于堆填也。”颜料的调制以芸香油、胶水、清水为介质，每种介质在绘制纹饰时的作用各不相同：芸香油调色便于渲染，可增加色彩的柔和度；胶水调色可以控制色料中的水分，便于抹拓；而清水可稀释色料，便于堆积填补，提高色彩的透亮度。“画时，有就桌者，有手持者，亦有眠侧于低处者，各因器之大小，以就运笔之便。”画匠在描绘纹饰时，根据器物的不同尺寸适时调整绘画姿势，以保证运笔流畅，纹饰绘制自然。

图4-11　绘彩

2. 釉下彩绘

清代景德镇御窑厂釉下彩绘瓷器，圆、琢器皆有之，以青花最为突出。“青花绘于圆器，一号动累百千”，足见青花瓷器的需求量之大。“画者则画而不染，染者则染而不画，所以一其手而不分其心也……至如器上之边线、青箍，原出旋坯之手；底心之识铭、书记，独归落款之工。”御窑厂为保证青花瓷器的质量，画匠、染匠各司其职，专攻一艺。器物上的边线、弦纹，由旋坯匠负责绘制，而铭文、款识，则由落款匠负责书写，分工明确，互相协作（图4-12）。“花鸟禽鱼写生，以肖物为上；宣成嘉万仿古，以多见方精。此青花之异于五采也。”青花瓷器上的纹饰，花鸟禽鱼贵在写实逼真，至于仿古器的绘制，则应多观摩原作。“其青花一色，见深见浅，有一瓶一罐，而分至七色九色之多，娇翠欲滴。”至康熙时期，由于青花色料提炼精纯，加上画匠、染匠的高超技艺，青花分水技法已从量变走向质变，形成了固定的“料分五色”模式，即头浓、正浓、二浓、正淡、影淡，并创造了“渐变性分水”，使青花色料浓淡过渡自然，色阶层次丰富多变，淡处近似水痕，极富节奏感和立体感，更具水墨丹青之韵。

图4-12 画坯

四、焙烧成器

（一）成坯入窑

瓷器是土与火的艺术，成型的泥坯须入窑经火烧制方可成器。“瓷坯既成，装以匣钵，送至窑户家。”制作完成的瓷坯，为降低成品的瑕疵率，须放置在洁净的环境里才可入窑烧制（图4-13）。“瓷坯入窑，最宜洁净，一沾泥渣，便成斑驳，且窑风火气冲突，易于伤坯，此坯胎之所必用匣钵套装也。”“火烈土柔，匣所以护坯者，故必专事而后可应用……土未入火则柔，非护不受治。”匣钵的使用，可以避免器物与窑内烟火、灰尘以及窑顶落渣等直接接触，从而起到防止瓷器在烧制过程中被污染的作用。另外，匣钵可使瓷器在烧制时受热均匀，进而保障瓷器质量，使成品率得到显著提升。

清代的满窑（即“装窑”）方法与明代大致相同。自康熙十九年（1680）开始实施“官搭民烧”制度，官窑、民窑相互促进，相互影响，共同发展。随着技术融合的不断强化，不同主体间的信息交流和知识要素互换，促进了创新能力的有效提升，出现了“官民竞市”的盛况。民窑辅助官窑烧制的搭烧坯瓷，必须遵循“满烧之规”。“烧窑户搭烧坯瓷，其满烧之规：当窑门前一二行皆以粗器障搪怒火，三行后始有细器，其左右火眼处，则用填白器拥燎搪焰，正中几行则满官、古、东青等器，尾后三四行又用粗器拥焰。若窑冲，惟排砖靠砌而已。”烧窑匠将窑内从窑门至窑尾大致分七八行，从第三行开始，才是放置细器的最佳位置，处理烈火的最佳方式则是用粗器或者砌砖排砖的方式进行阻挡。而官窑的摆放方式略有不同。“窑门前用空匣满排以障火，如昔厂官窑满法者；三行后，始用坯器；尾后亦满粗器以搪火焰。”相较于民窑的满窑方法，官窑为求瓷器烧成之精，选用最佳火力进行烧制，因此一窑的利用率较低。无论是民窑还是官窑，烧窑匠的满窑技术都已十分纯熟（图4-14）。“入窑时，以匣钵叠累罩套，分行排列，中间疏散，以通火路。其窑火有前、中、后之分，前火烈、中火缓、后火微，凡安放坯胎者，量釉之软硬，以配合窑位俟。”烧窑匠根据所烧器物的精细程度、釉的软硬以及对温度的不同要求，统筹安排窑内各处火力、气氛，合理分配窑位的同时拉开匣钵柱之间的距离，以保证通风流畅，窑火能够充分燃烧，进而达到一窑烧成的目的。

图4-13　镀匣

图4-14　满窑

（二）烧坯开窑

“共计一坯工力，过手七十二，方克成器。其中微细节目，尚不能尽也。”明代著名科学家宋应星在《天工开物》第七卷《陶埏·白瓷》中描述了制瓷工序之繁多。这些工序虽各有其重要性，但对火候大小和时长的掌控至关重要。“瓷器之成，窑火是赖。”清代对窑火的掌控已经到了驾轻就熟的地步，在持续不断的烧窑实践中，烧窑匠们总结了窑内火候对瓷器成色的影响。“火不紧洪，则不能一气成熟；火不小溜，则水气不由渐干，成熟色不漂亮；火不沟疏，则中后左右不能烧透，而生甀所不免矣。”火候欠缺或是疏通不畅，都会导致烧成的瓷器品相欠佳。烧窑匠利用窑炉上的火眼，照着火焰来的方向泼水，以保证火路畅通，窑内温度均匀。“烧夫有泼水一法，要火路周通，使烧不到处能回焰向彼，全恃泼火手段。凡窑皆有火眼，照来焰泼去，颇为工巧。”瓷坯入窑后，火候生熟不可确定，为避免生烧，保证窑内能够达到所需的成瓷温度，烧窑匠便使用“火照”来检验窑炉内的温度。“盖坯器入窑，火候生熟究不可定。因取破坯一大片，中乞一圆孔，置窑眼内，用钩探验生熟。”每烧一窑要验火照数次，每验一次，就钩出一个火照。

“满窑昼夜火冲天”，这是清代龚鉽在其所撰《景德镇陶歌》中描述的景德镇御窑厂昼夜不息的烧瓷盛景。瓷坯入窑前，须对坯体、图样进行全面细致的检查，确认完好后，装入匣钵，封实入窑。“瓷器入窑，必详视坯胎堪否，然后盖匣，封固起火。如绘画小器，亦细看上下四周，有无疵谬。必体质完美，方可入窑。”从入窑到出窑，以三天为准，至第四天清晨方可开窑（图4-15）。与放置瓷坯讲究前、中、后方位一样，烧火也讲究紧火、溜火、沟火之分，由于需要昼夜不停地烧制，景德镇御窑厂会安排轮班掌火，约烧三十六点钟为度。《陶冶图说》中不仅明确记载了烧窑和开窑时间，还规定了搬取瓷器时必须注意的事项。“计入窑至窑出，类以三日为率，至第四日清晨开窑。其窑中套装瓷器之匣钵，尚带紫红色，人不能近，惟开窑之匠，用布十数层制成手套，蘸以冷水护手，复用湿布包裹头面肩背，方能入窑搬取瓷器。”开窑后，窑内及匣钵温度较高，须由开窑匠用湿布包裹好头、面、肩、背、手后，再进行搬运瓷匣的工作。“瓷器既出，乘热窑以安放新坯，因新坯潮湿，就热窑烘焙，可免火后折裂穿漏之病。”刚制好的坯子会有一些潮湿，所以窑工们在取出烧好的瓷匣后，会趁着窑内温度还未散去，将下一窑的新坯放入窑内烘烤，防止直接装匣烧制产生破裂，可谓物尽其用，充分体现了窑工们缜密的制瓷逻辑。

此外，对于加彩的瓷器，还需入窑进行复烧，以巩固颜色。“白胎瓷器，于窑内烧成，始施采画。采画后复须烧煤，以固颜色。”按照器物大小，用不同类型的低温炉对瓷器的釉上彩饰进行烘烧（图4-16）。“爰有明、暗炉之设。小件则用明炉，炉类法瑯所用，口角向外，周围炭火，器置铁轮，其下托以铁叉，将瓷器送入炉中，傍以铁钩拨轮，令其转旋，以匀火气，以画料光亮为度。”明炉是开放式的，清代前期由西方传入，专烧脱胎小件瓷器。炉膛似匣横卧，围砌窑砖，周围炭火，口门向外，瓷器则置于铁轮上，渐次送入炉中，旁边用铁钩拨轮令其旋转，使温度均匀，彩色光亮后即可出炉，再用一个匣覆盖，待冷即成。“大件则用暗炉，炉高三尺，径二尺六七寸，周围夹层以贮炭火，下留风眼，将瓷器贮于炉膛，人执圆板以避火气，炉顶盖版，黄泥固封，烧一昼夜为度。”暗炉，景德镇称“红炉”，也称“彩炉”或“彩花炉”，是一种直立圆筒形的封闭式炉子，大小稍有不同。大致高三尺，直径二尺余，中间为炉膛，与外壁周围形成的夹层，用以纳炭藏火，下留风眼。烘烧时，将瓷器放入炉膛内，炉顶用匣钵土做的薄片覆盖，再用泥浆封固，留一可以启闭的小孔查看火色，烧成时间约一天，此种炉亦烧浇黄、绿、紫等低温釉器物。瓷器烧成出窑后，按类挑选，划定品级，再由装桶匠、蒌草匠进行包扎装桶或“蒌草直缚于内，竹篾横缠于外”，水陆运送入宫。

图4-15　开窑

图4-16　烘烧

参考文献

[1]李勇：《从清嘉庆粉彩窑工制瓷图瓶看景德镇制瓷工艺》，《文物季刊》1999年第1期。

[2]王光尧：《从故宫藏清代制瓷官样看中国古代官样制度——清代御窑厂研究之二》，《故宫博物院院刊》2006年第6期。

[3]李其江、张茂林、吴军明、吴隽、郑乃章：《明清以来景德镇陶瓷施釉工艺的演变研究》，《陶瓷学报》2012年第3期。

[4]李其江、吴军明、张茂林、吴隽、郑乃章：《明清时期景德镇陶瓷轮制成型技艺的演变成因探析》，《中国陶瓷》2012年第10期。

[5]刘江辉：《论景德镇青花分水技法的演变》，《美术教育研究》2016年第11期。

[6]刘卓群、吕成龙：《“遣词”与“造句”：中国古陶瓷上铭文和纹饰的文化符号表达——以故宫博物院藏“清三代”青花瓷为例》，《美术观察》2022年第3期。

[7]刘娟娟：《明清景德镇制瓷技术理论化研究》，硕士学位论文，苏州大学，2010年。

[8]许昆红：《通过法国传教士殷弘绪两封信研究景德镇清早期民窑制瓷工艺》，硕士学位论文，景德镇陶瓷学院，2010年。

[9]王豆：《清代景德镇陶瓷业的工艺制度研究》，硕士学位论文，武汉理工大学，2021年。

[10]〔清〕赵尔巽：《清史稿》，中华书局，1976年。

[11]〔清〕唐英：《陶冶图说》，中国书店出版社，1993年。

[12]〔清〕朱琰：《陶说》，山东画报出版社，2010年。

[13]〔清〕张九钺：《南窑笔记》，广西师范大学出版社，2012年。

[14]〔清〕龚鉽：《景德镇陶歌》，中国海洋大学出版社，2014年。

[15]〔清〕蓝浦、郑廷桂：《景德镇陶录》，浙江人民美术出版社，2019年。

[16]许绍银、许可：《中国陶瓷辞典》，中国文史出版社，2013年。

第五章 理化检测分析

瓷器在制作过程中，会发生脱水、分解、熔融、化合、氧化、还原、二次氧化、析晶、晶型转变、液相分离、烧结等一系列复杂的物理化学变化。瓷器胎、釉中所含的各种原料，其化学性质大多为惰性，常温下极为稳定，但高温烧制时，原先的一些物质会因理化反应，在组成、性能、结构以及外观上发生改变，生成完全不同的新物质。利用现代科学技术和先进的仪器设备，对瓷器的物理性质、化学组成、内部结构、外观特征等展开全面、系统的检测分析，不仅可以从客观的角度揭示瓷器原料配方、制作工艺、烧成技术等方面的信息，为研究瓷器起源、制瓷工艺水平及发展过程和中国历代名窑瓷器胎、釉化学组成及其演变规律等重大学术问题提供重要的科学依据，同时基于显微形貌分析，对制瓷过程中形成的某些胎釉特征和缺陷进行比较研究，能够为瓷器类文物的保护修复工作提供严谨的数据支撑，确保实施的精准度。针对南京博物院馆藏清代景德镇官窑瓷器文物，本项目的科学检测分析工作主要囊括了瓷器文物胎、釉、自然断面的显微形貌检测及工艺特征分析，胎釉化学组成及性能分析、瓷釉色差值检测及类比分析等方面，为清代景德镇官窑瓷器文物的研究提供了基础数据。

一、瓷器胎釉显微形貌检测与分析

（一）超景深三维视频显微镜工作原理及应用现状

瓷器胎、釉结构是影响其外观的关键性因素，因此，分析瓷器胎、釉的显微结构，研究瓷釉外观与内部结构之间的对应关系，在古代制瓷原料配方及烧成工艺的研究领域有着十分重要的意义。显微结构分析是一种利用光学系统或电子光学系统显微镜，将肉眼不能分辨的微小物体或物体的细微部分高倍放大，以观测、研究其形态结构及特性的方法。由于制瓷过程中受淘练技术、原料配方、烧成温度、窑炉气氛等变化的影响，即使是同一时期、同种配方、相同外观的瓷器，其内在结构也有可能大不相同。超景深三维视频显微镜就是基于光干涉的原理，对激光束进行控制，使不同深度处的样品产生不同的同相或反相干涉现象，从而得到相应深度处瓷器胎、釉中存在的结晶、气泡、未熔物料的形貌信息和分布情况。其最大优势在于即使被测样品表面不平整，也能消除目标上的盲点，进而把不同对焦位置的图像汇集起来得到完全对焦的图像。

瓷器是由不同的晶相、玻璃相、气相等组成的复合体，利用显微结构分析技术可以探索瓷器的化学成分、结构性能、制作工艺之间的关系，是研究影响瓷器特殊性的不可或缺的方法和手段。故宫博物院文保科技部李媛等人从显微分析的角度，总结出高温釉中的高磷高钙相是以微粒集合体形式存在，与草木灰中的磷元素含量密切相关，且随烧制温度的变化而变化。景德镇陶瓷学院吴隽等人对越窑、龙泉及南宋官窑青瓷标本的显微结构进行分析测试，得出老虎洞南宋官窑标本瓷釉具有玉质感的重要原因之一是钙长石析晶不仅出现在胎釉中间层，而且在釉层中也大量出现。西北大学文化遗产研究与保护技术教育部重点实验室王文轩等人采用显微结构分析技术，对五件景德镇御窑永宣时期青花样品中“铁锈斑”处晶体的显微形貌与结构进行解析，指出“铁锈斑”呈现众多视感的主要原因是不同“铁锈斑”区域析晶形态及分布的多样性，且同一斑点的析晶区域内伴生有多种形态的晶体，并首次揭示了“锡光”物理结构色的呈色机理。结合前人研究，遵循文物保护修复原则，以无损检测为前提，选用超景深三维视频显微镜对该批南京博物院馆藏清代景德镇官窑瓷器文物胎、釉、自然断面进行检测，系统对比不同时期瓷器文物胎、釉气孔、气泡、结晶等显微结构的异同点，初步总结不同瓷器文物品种的内部结构特征、呈色机理以及制作工艺等信息，为清代景德镇御窑厂制瓷工艺、生产技术、历史文化等方面的研究提供客观依据。

（二）评定方法

（1）检测依据：《古代陶瓷科技信息提取规范　方法与原则》（WW/T 0053—2014）、《古代陶瓷科技信息提取规范　形貌结构分析方法》（WW/T 0055—2014）。

（2）检测设备：超景深三维视频显微镜（型号：VHX-1000，生产厂家：基恩士）。

（3）检测条件：采用高亮度LED照明，色温5700K，冷光源，光强可调。多角度观察系统支架（Z轴自动）。带有去除材料表面反光的超扩散照明功能，可直接物理方式消除样品表面眩光，并且可在三维合成时消除晕光。大景深变焦镜头：放大倍数20×~200×，视场范围（对角线）≥19mm~1.9mm，20倍景深≥32mm，200倍景深≥0.44mm，工作距离≥25mm；中倍率变焦镜头：放大倍数250×~2500×，视场范围（对角线）≥1.52mm~0.15mm，工作距离≥6.6mm。可自动识别倍率，二维和三维测量精度可达1μm。

（4）检测方法：将测试样品用蒸馏水清洗干净后，放入电热鼓风烘箱中，调至50℃恒温烘5h，取出后冷却至常温，用免钉无痕胶将被测样品固定在载物台上，手动调整载物台及变焦镜头以获得最适画像位置，消除晕光并逐层聚焦，深度合成后提取成像并进行尺寸和面积测量。瓷器文物的制作工艺缺陷（详见第三章）用大景深变焦镜头进行信息提取；瓷器文物胎、釉、自然断面的显微形貌用中倍率变焦镜头进行成像提取及测量记录。

（三）结果与讨论

1. 清代景德镇官窑内白外黄釉瓷器文物的显微形貌分析

白釉显微形貌的图像采集区域为碗内底、盘内底。在超景深三维视频显微镜下可见，康、雍、乾时期釉面清澈，气泡清晰可见，但也存在局部区域釉色不匀的现象。康熙、雍正时期釉面有大小不一的黑褐色、黄棕色斑点，这些斑点可能是原料研磨不精纯、施釉不均匀等情况下，铁离子在釉面富集析出所致，也有可能是入窑烧制时釉面沾染到的某些物质。康熙、乾隆时期瓷釉气泡丰富密集且较为清晰，康熙时期多数气泡直径集中在99.83μm~205.60μm，最小直径为65.92μm，最大直径为319.89μm；乾隆时期多数气泡直径集中在94.63μm~227.23μm，最小直径为65.82μm，最大直径为357.49μm。雍正时期瓷釉气泡不明显且气泡直径较小，多数气泡直径集中在66.76μm~161.76μm，最小直径为38.26μm，最大直径为238.29μm。白釉是将釉料中的含铁量控制在0.7%以下，再将其施于含铁量同样很低且胎骨洁白的坯胎上，入窑经高温烧制而成的透明釉，所谓“白”，实质上是白色胎体的颜色。气泡是瓷釉和胎体内的水分以及空间气体在高温烧制运动过程中，受到釉面阻挡而形成的一种特殊现象，大致位于瓷釉釉层中，其与瓷釉的折射率、透光度等密切相关。一般来说，釉中气泡大而稀，则瓷釉的玻化程度较高，釉层较通透；釉中气泡小而密，则瓷釉的乳浊度、玉质感较强。

黄釉显微形貌的图像采集区域为碗外壁及盘外壁的中间位置。在超景深三维视频显微镜下可见，康、雍、乾时期黄釉光亮透明，无乳浊感，均是直接在素胎上施釉。黄釉表面有少量黑色气孔和大小、深浅不同的色斑，以乾隆时期最为明显，与上述白釉斑点的形成原因类似，亦不排除匣钵内不洁净或是气泡破裂、釉层受损而导致的可能性。

自然断面显微形貌的图像采集区域为碗腹中间位置的残片以及盘腹断面。在超景深三维视频显微镜下可见，康、雍、乾时期景德镇官窑瓷器胎釉结合紧密，施釉均匀。据不完全统计，康熙时期内白釉釉层厚度为42.97μm~76.96μm，平均值为61.55μm，外黄釉釉层厚度为13.44μm~34.12μm，平均值为19.86μm；雍正时期内白釉釉层厚度为52.71μm~58.78μm，平均值为56.27μm，外黄釉釉层厚度为11.61μm~14.55μm，平均值为13.40μm；乾隆时期内白釉釉层厚度为47.88μm~69.76μm，平均值为56.27μm，外黄釉釉层厚度为14.19μm~23.26μm，平均值为17.28μm。康、雍、乾时期景德镇官窑瓷器内白釉的釉层厚度均大于外黄釉的釉层厚度，内白釉、外黄釉的釉层厚度之比约为3.3∶1。

在超景深三维视频显微镜下可见，康、雍、乾时期景德镇官窑瓷器胎体致密性较高，残留石英等粗颗粒较少，结合样品外观观察，清三代以白胎为主，胎体洁白细腻，烧结程度较高，气孔小且少。据不完全统计，康熙时期胎体厚度为301.79μm~497.49μm，平均值为402.24μm，气孔面积为857.48μm^2~6440.57μm^2，平均值为2618.85 μm^2；雍正时期胎体厚度为299.21 μm~487.42 μm，平均值为381.71 μm，气孔面积为1222.26 μm^2~5813.82 μm^2，平均值为2978.88 μm^2；乾隆时期胎体厚度为298.68 μm~580.32 μm，平均值为423.68 μm，气孔面积为492.16 μm^2~22425.35 μm^2，平均值为5499.12 μm^2。由此可见，康、雍、乾时期景德镇御窑厂对制瓷工艺的把控尤为严格，不仅胎料淘练精纯，而且制坯极为规整。

综合分析表5-1，同时结合前人相关研究，可知康、雍、乾时期景德镇官窑内白外黄釉瓷器须经二次复烧，其制作工艺是先在器物内壁施透明釉，入窑高温烧结后，再在器物外壁施黄釉，经窑炉低温烘烧而成。除光素器外，尚有清代宫廷专用的暗刻云龙纹饰、缠枝花卉纹饰等，其纹饰透过黄釉釉层清晰可辨。

表5-1 清代康、雍、乾时期景德镇官窑内白外黄釉瓷器文物样品的显微形貌

序号	登录号	年代	器型	显微形貌			
				白釉	黄釉	胎、釉厚度	胎体气孔面积
1	2:76874	康熙	碗		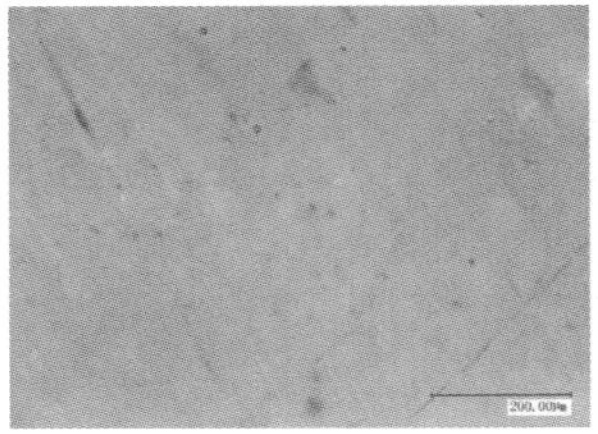	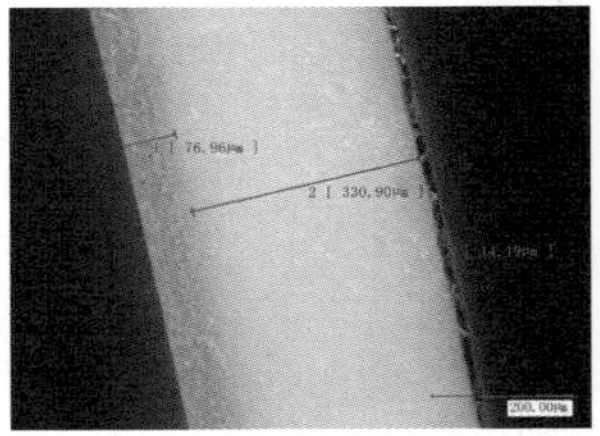	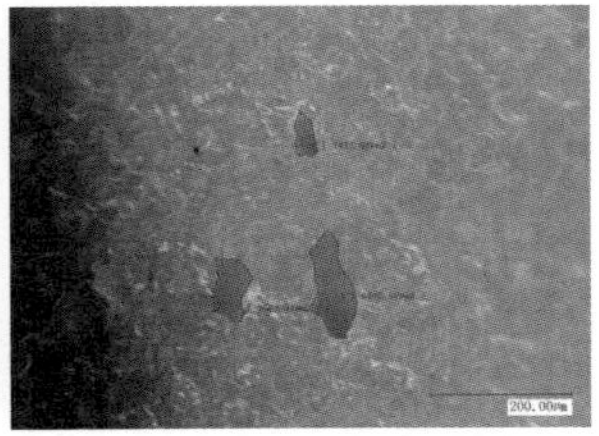
2	2:76875	康熙	碗	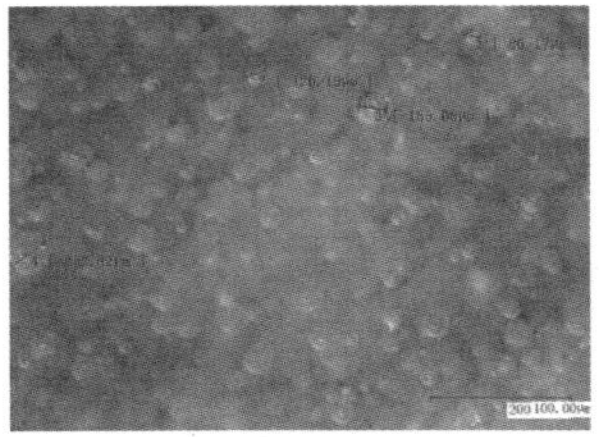	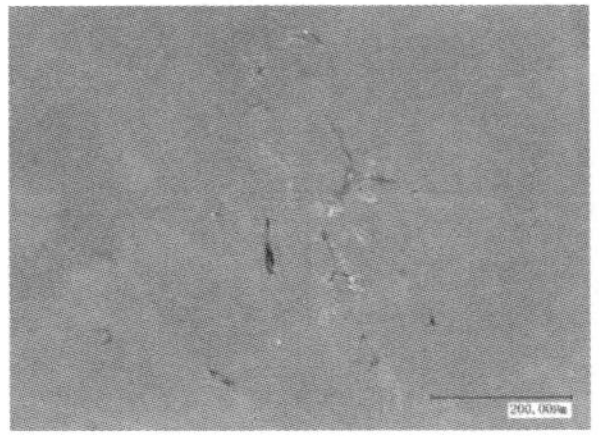	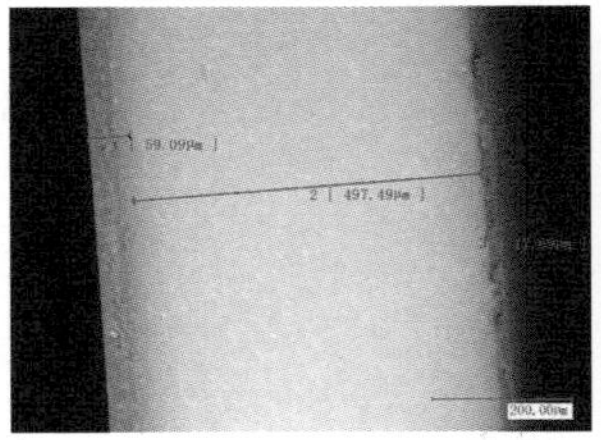	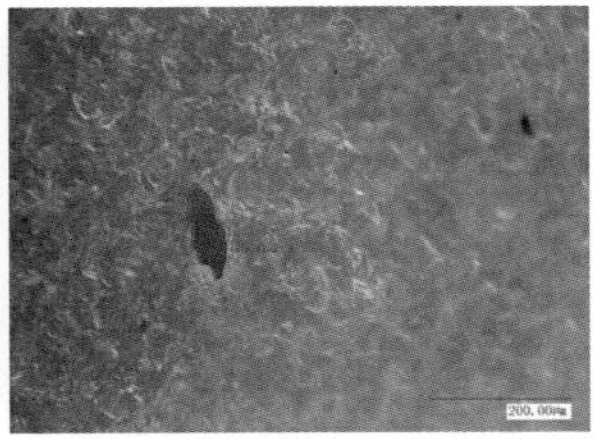
3	2:76876	康熙	碗	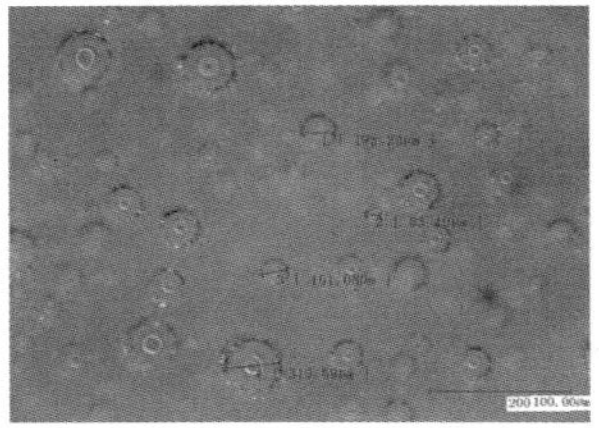	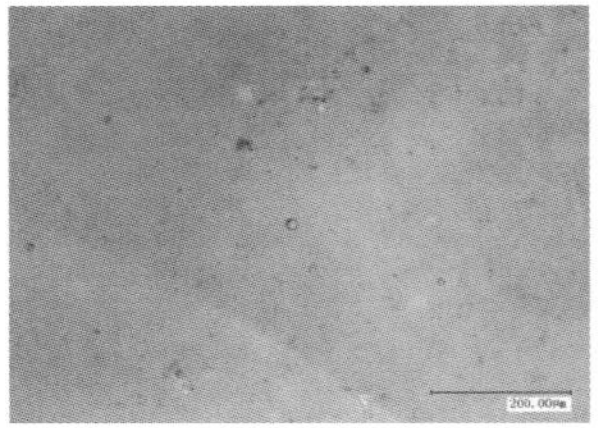	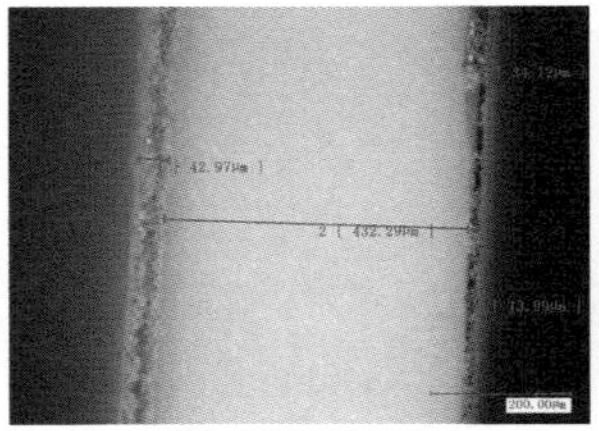	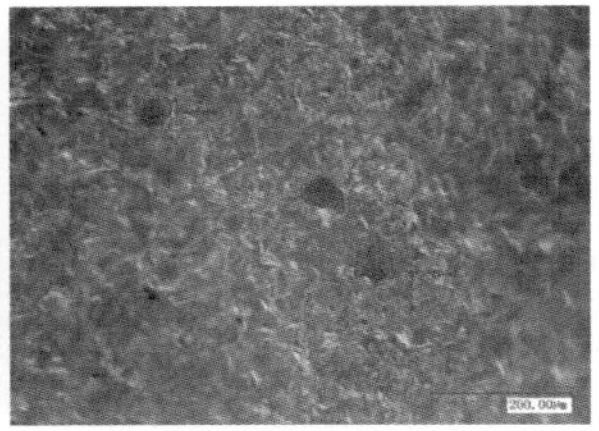

序号	登录号	年代	器型	显微形貌			
				白釉	黄釉	胎、釉厚度	胎体气孔面积
4	2:76883	康熙	碗	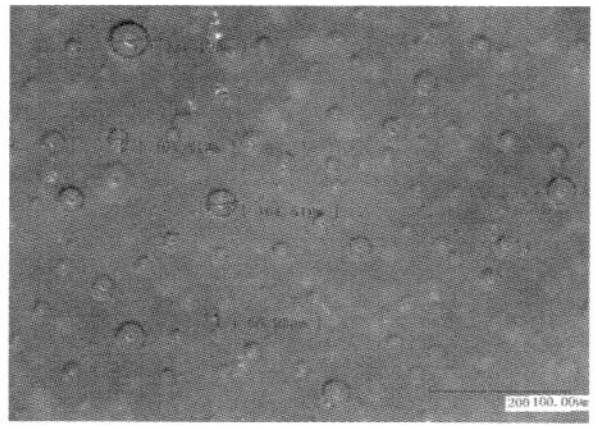	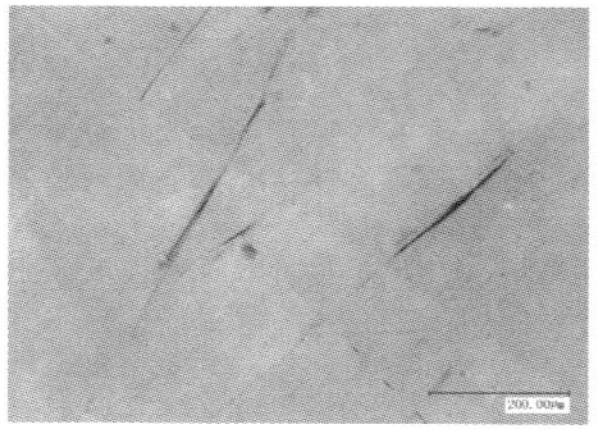	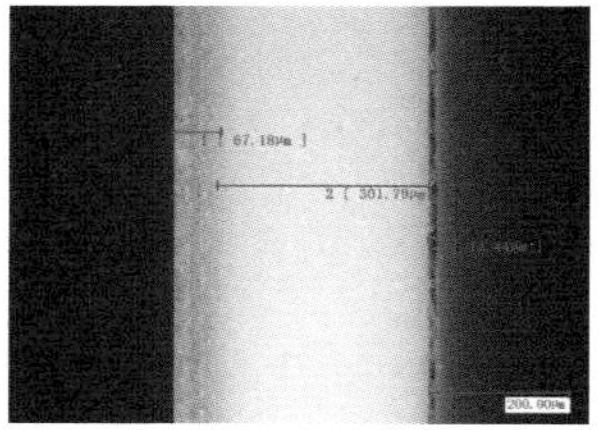	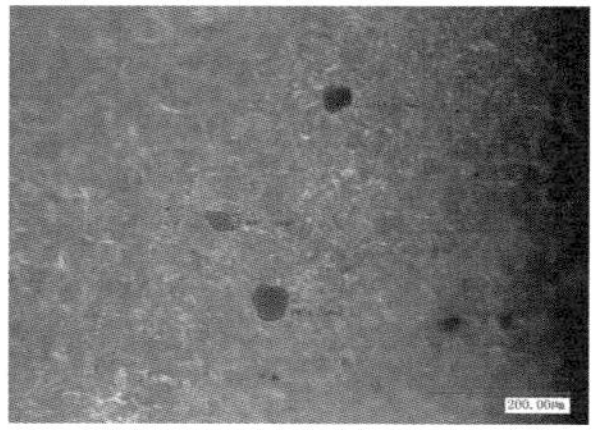
5	2:71922	雍正	碗	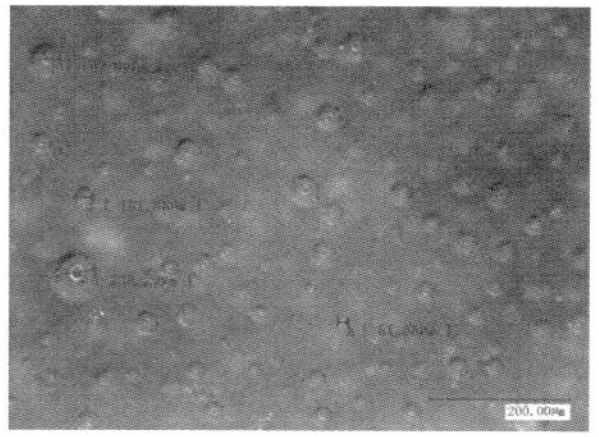	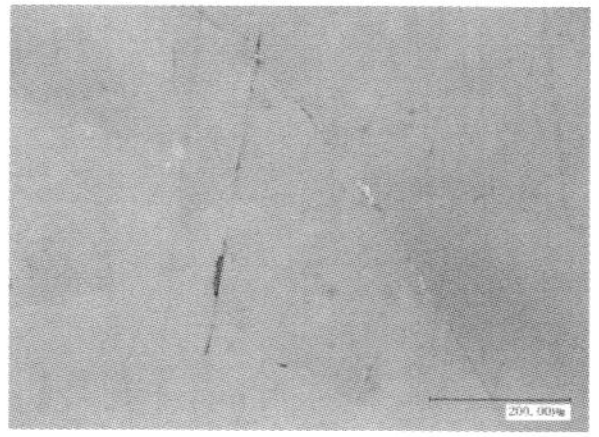	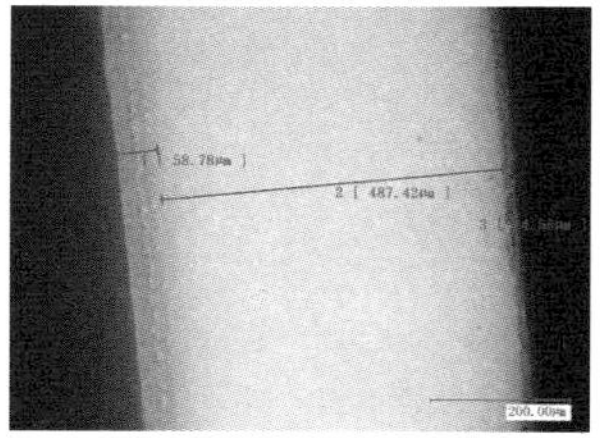	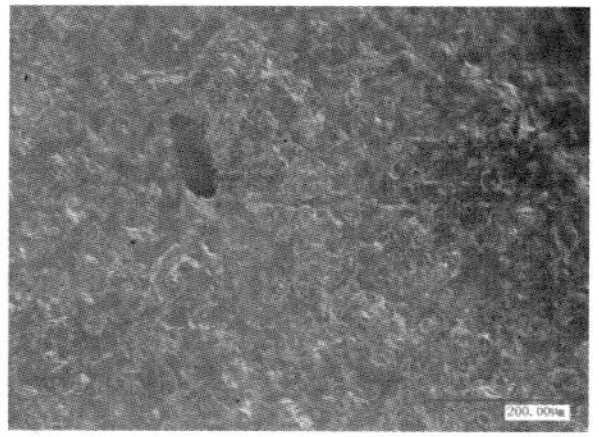
6	2:71974		碗	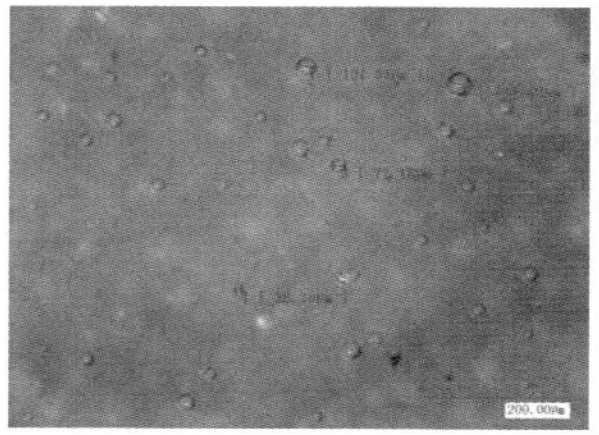	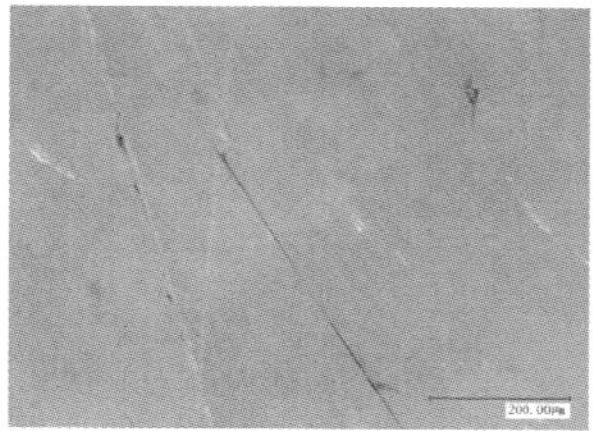	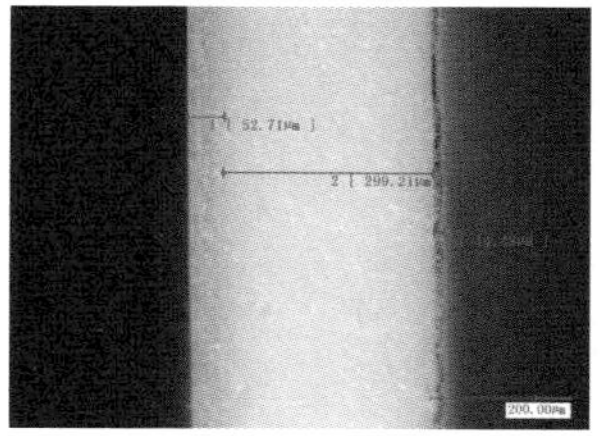	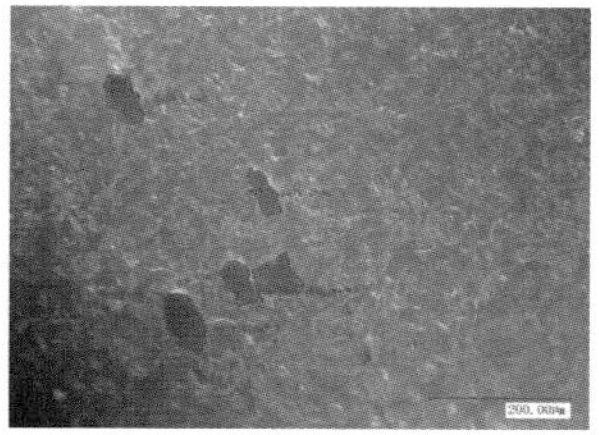

续表

序号	登录号	年代	器型	显微形貌			
				白釉	黄釉	胎、釉厚度	胎体气孔面积
7	2:81371	雍正	碗	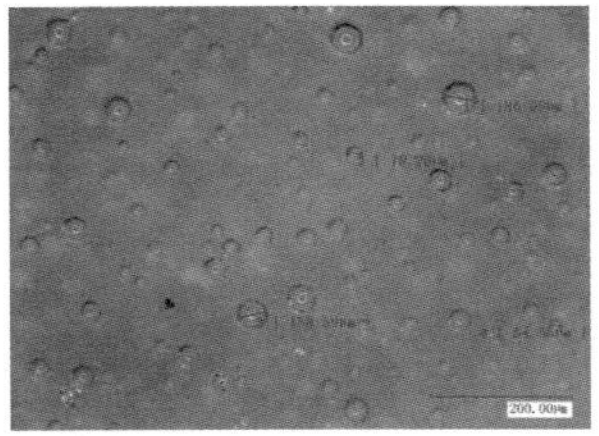	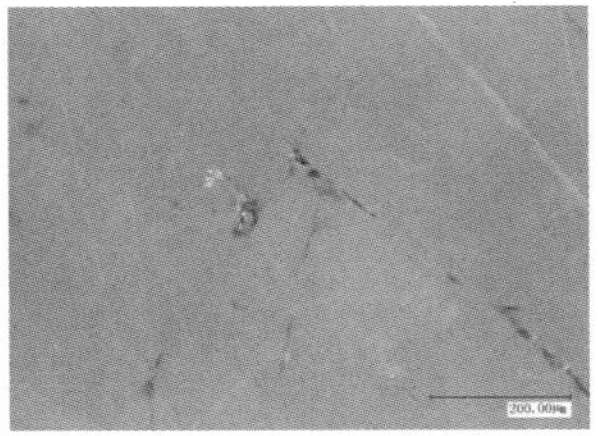	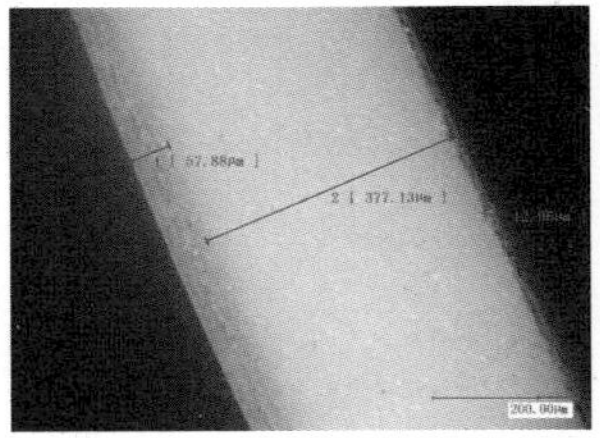	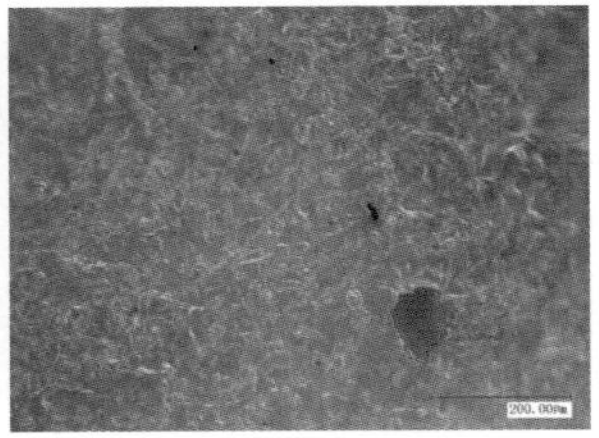
8	2:81566	雍正	碗	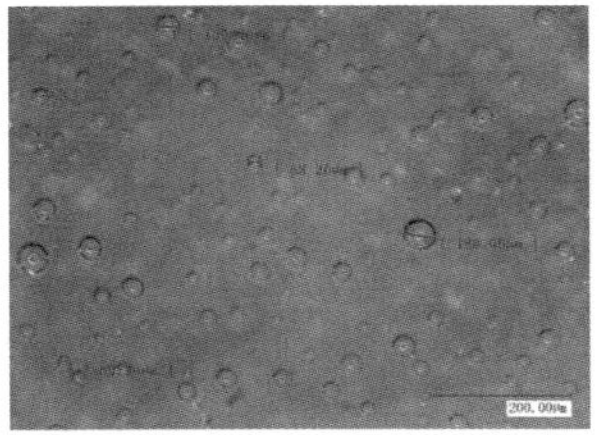	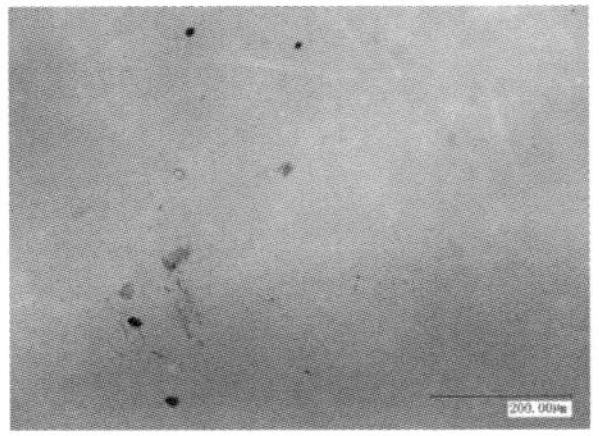	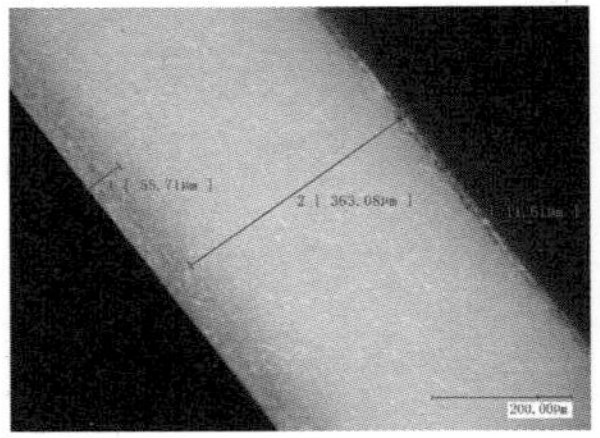	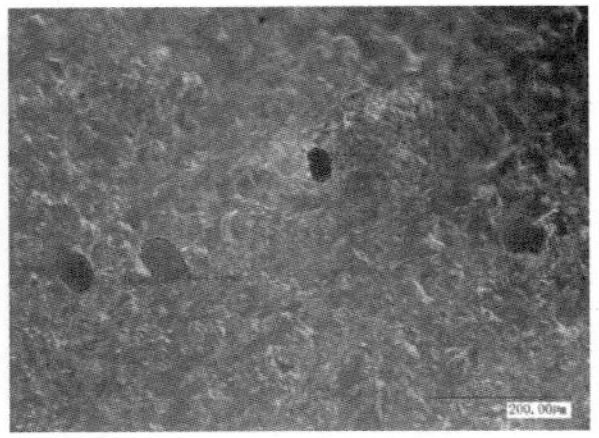
9	2:66804	乾隆	盘	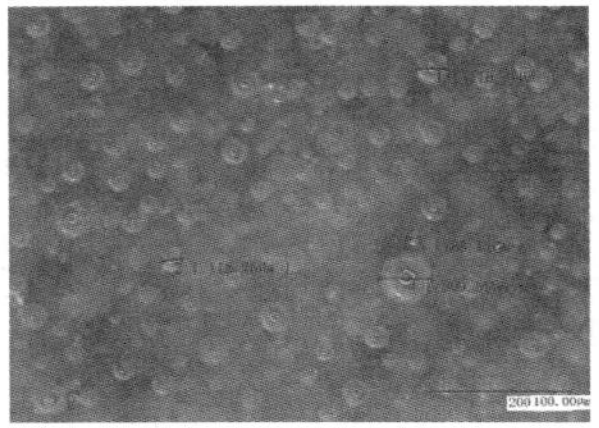	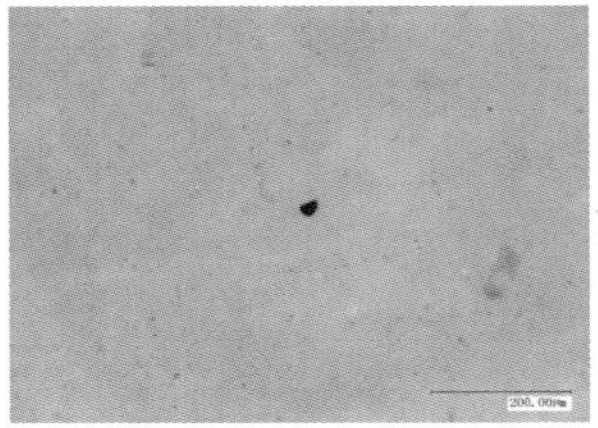	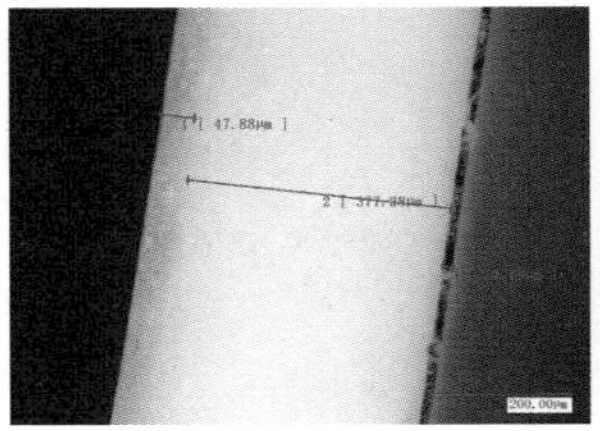	

续表

序号	登录号	年代	器型	显微形貌			
				白釉	黄釉	胎、釉厚度	胎体气孔面积
10	2:66805	乾隆	盘	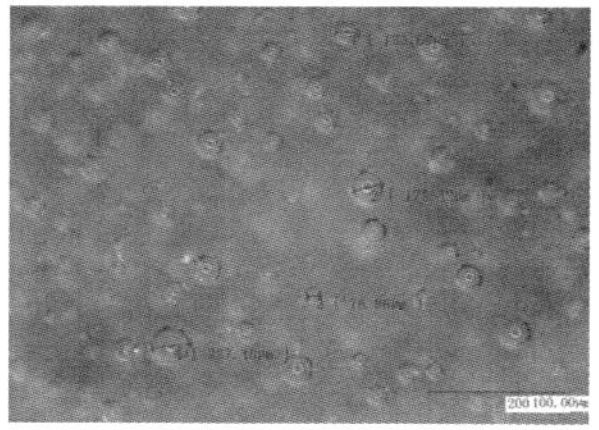	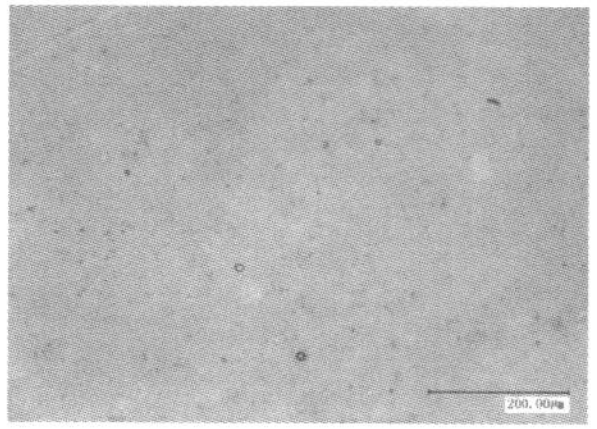	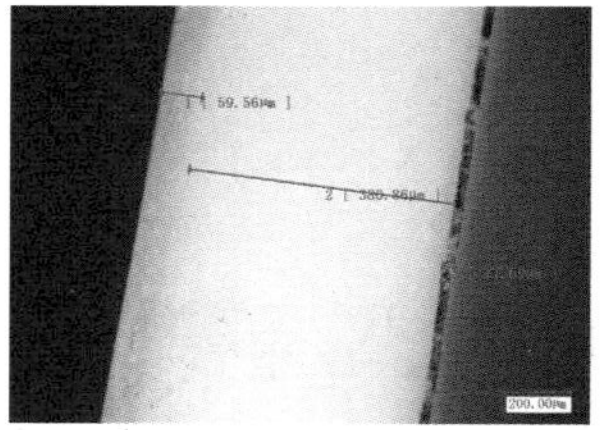	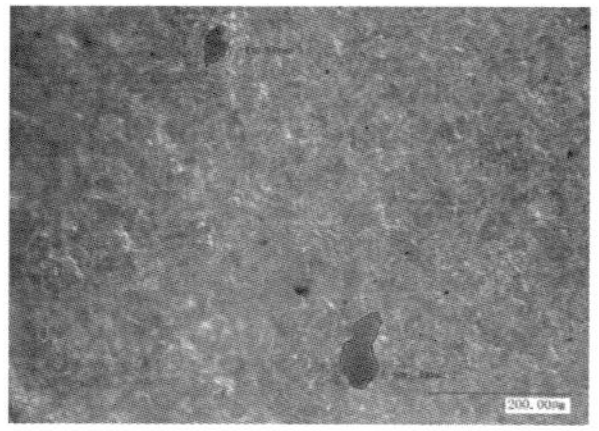
11	2:66806		盘	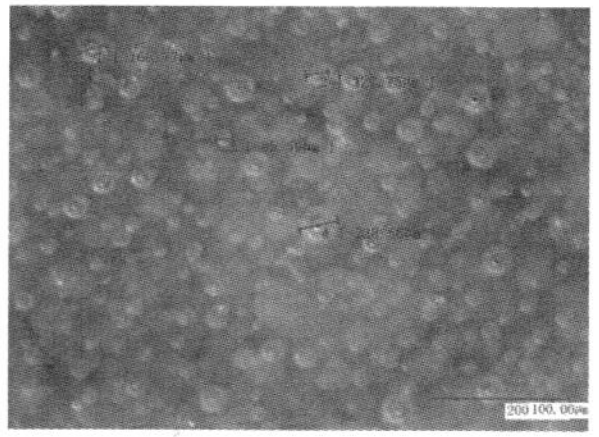	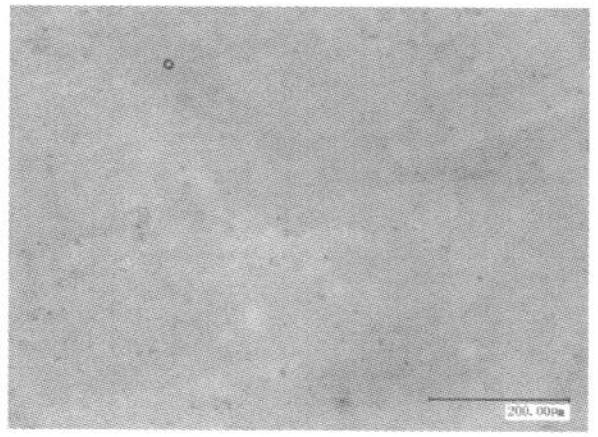	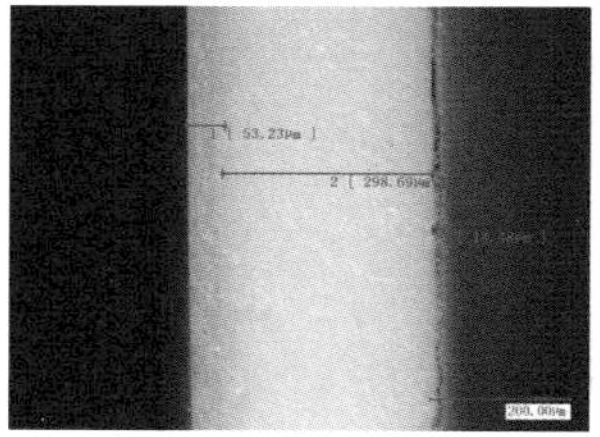	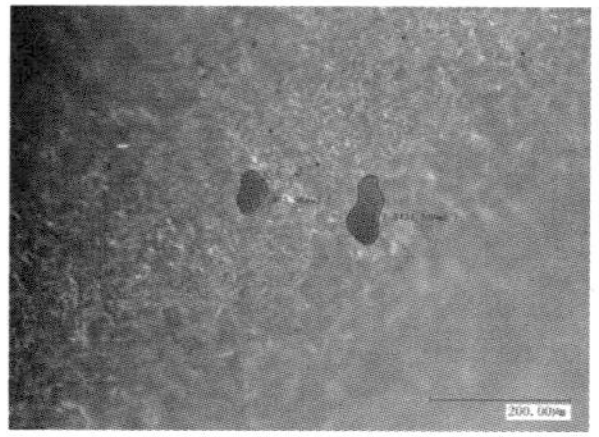
12	2:66807		盘	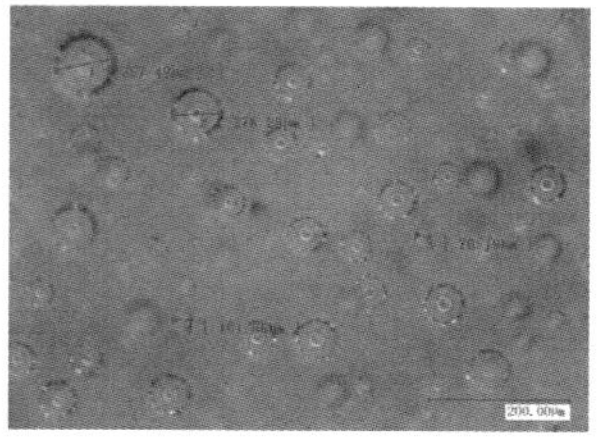	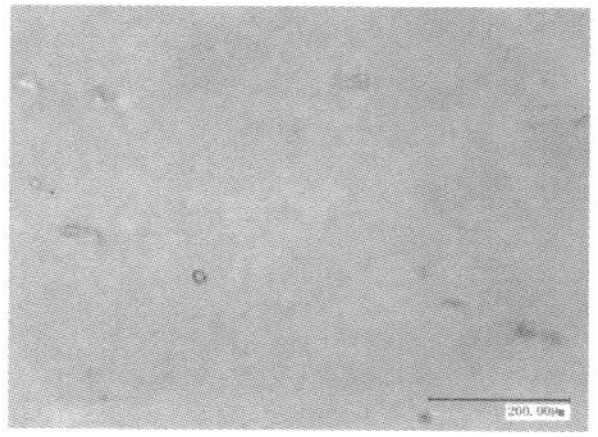	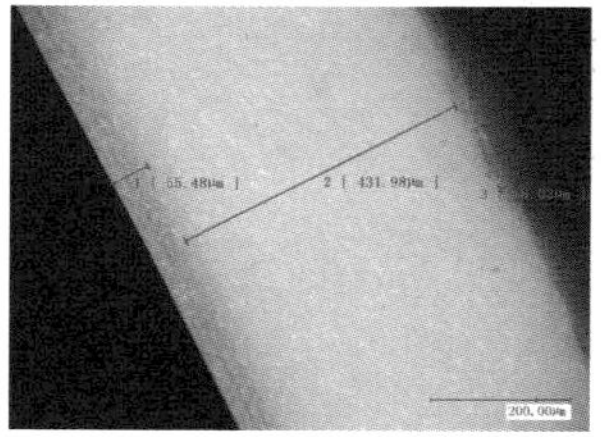	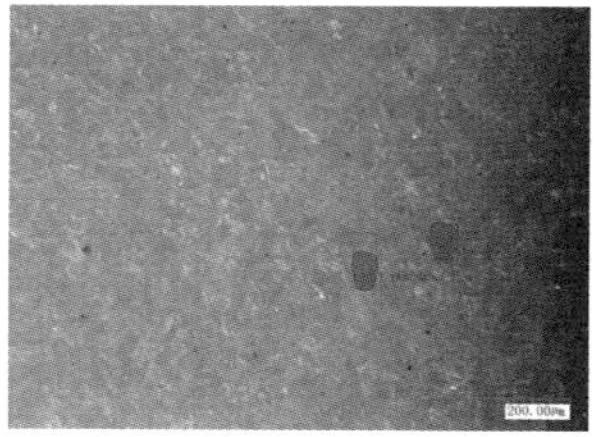

续表

序号	登录号	年代	器型	显微形貌			
				白釉	黄釉	胎、釉厚度	胎体气孔面积
13	2:66808	乾隆	盘	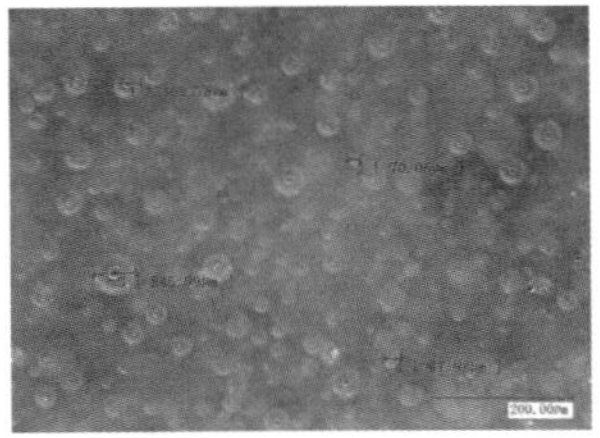	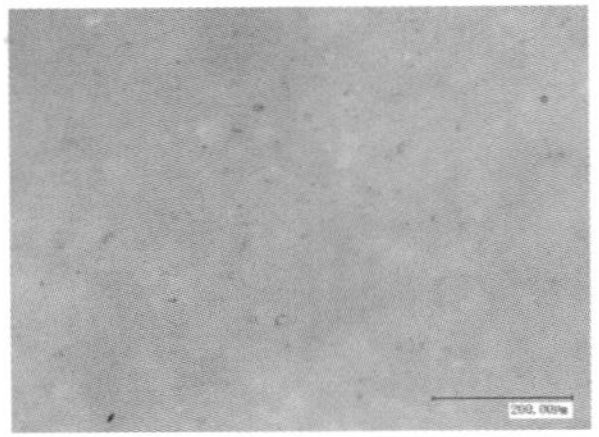	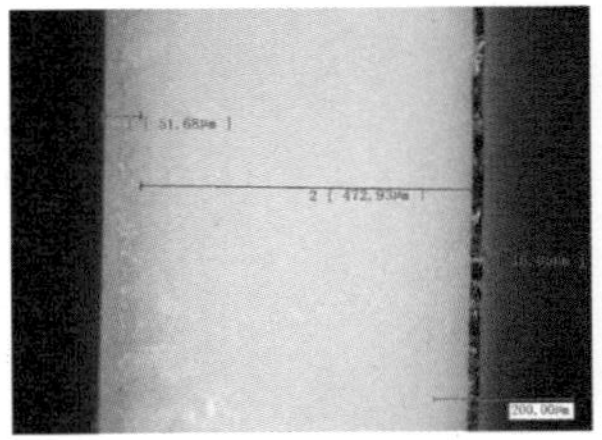	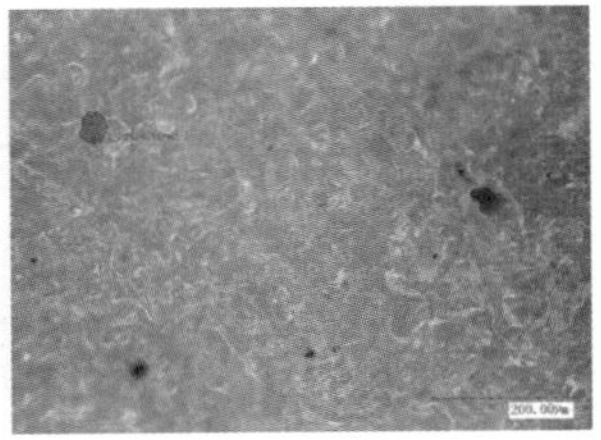
14	2:76736		碗	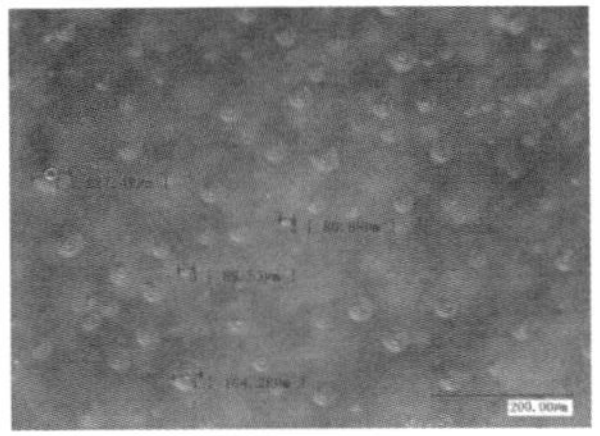	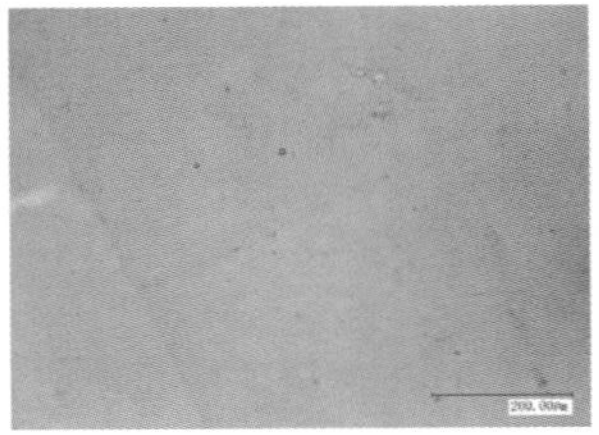	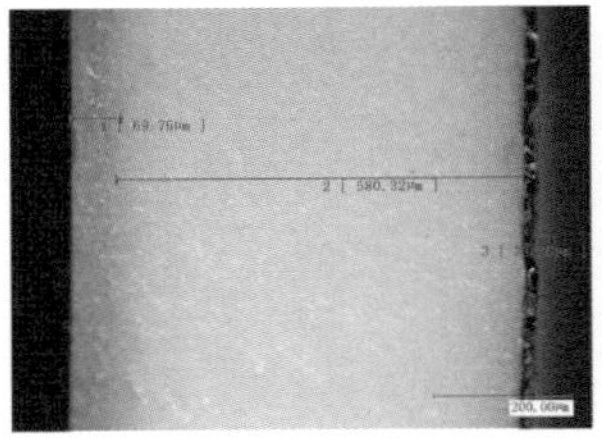	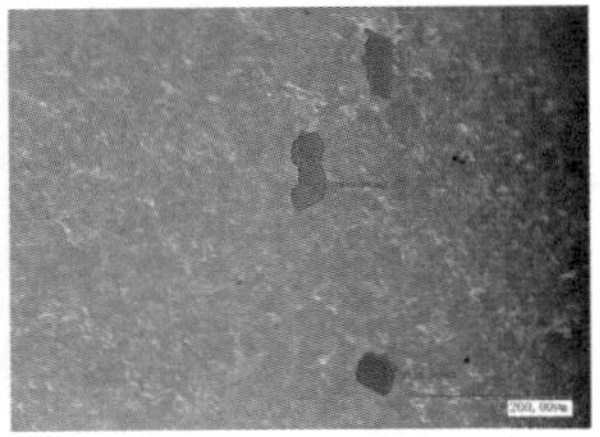

2. 清代景德镇官窑黄釉瓷器文物的显微形貌分析

黄釉显微形貌的图像采集区域为碗内底及碗外壁的中间位置。在超景深三维视频显微镜下可见，康熙时期黄釉色调基本一致，釉面平整且有较好的光泽度和透明度，均是直接施釉于素胎上。釉面有不同形貌的色斑，其形成原因与原料成分、烧成气氛等密切相关，推测可能是釉料中的铁离子在釉面玻化时，从釉熔体中聚集析出所致。黄釉表面有少量的黑色气孔和磕釉，划痕处有熔融痕迹，因此，划痕应该是在入窑烧制前造成的。此外，由于瓷器在烧成冷却时，胎、釉的热膨胀系数不匹配，釉受到张应力，导致黄釉表面出现肉眼不可见的极细开片，这些开片细长稀疏，弯曲度较小，且并未贯穿黄釉釉层。

自然断面显微形貌的图像采集区域为碗腹中间位置的残片。在超景深三维视频显微镜下可见，康熙时期景德镇官窑黄釉瓷器胎釉结合紧密，施釉均匀且釉层晶莹透彻。据不完全统计，内黄釉釉层厚度为8.85μm~17.33μm，平均值为14.35μm；外黄釉釉层厚度为8.33μm~21.81μm，平均值为15.26μm。瓷器内、外黄釉的釉层厚度基本保持一致，二者厚度之比约为1：1。

在超景深三维视频显微镜下可见，瓷器胎料中虽含有少量杂质，但胎体白度和致密性仍较高，残留石英等粗颗粒较少，烧结程度较高，气孔大小不一，数量较少。据不完全统计，康熙时期景德镇官窑黄釉瓷器胎体厚度为309.36μm~457.56μm，平均值为376.34μm，气孔面积为309.24μm^2~6963.17μm^2，平均值为2145.67μm^2。

综合分析表5-2，同时结合前人相关研究，可知康熙时期景德镇官窑黄釉瓷器为素胎施釉，黄釉之下无底釉，须分两次才可烧成，即先高温烧成涩胎，然后在器物表面以浇釉法或吹釉法施一层含适量氧化铁的釉料，再入窑以低温烘烧而成。除光素器外，尚有清代宫廷专用的暗刻云龙纹饰、暗刻云龙云鹤纹饰等，其纹饰透过黄釉釉层清晰可辨。

表5-2　清康熙景德镇官窑黄釉瓷器文物样品的显微形貌

序号	登录号	年代	器型	显微形貌			
				黄釉		胎、釉厚度	胎体气孔面积
1	2:77507	康熙	碗	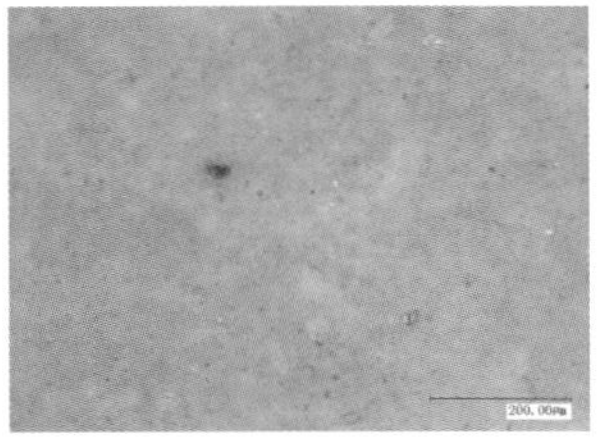		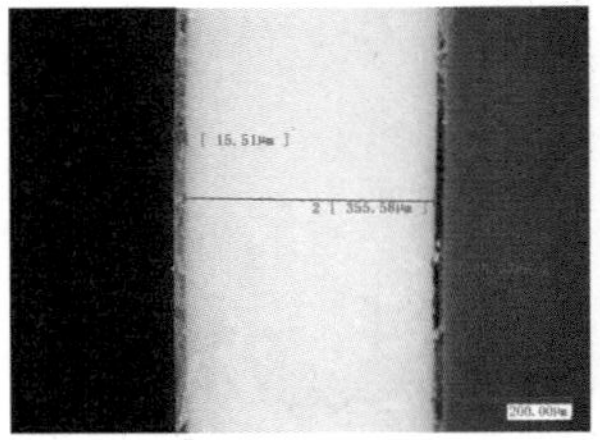	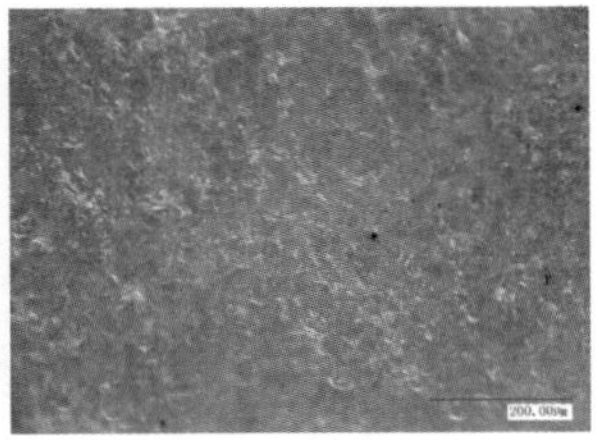
2	2:77508	康熙	碗	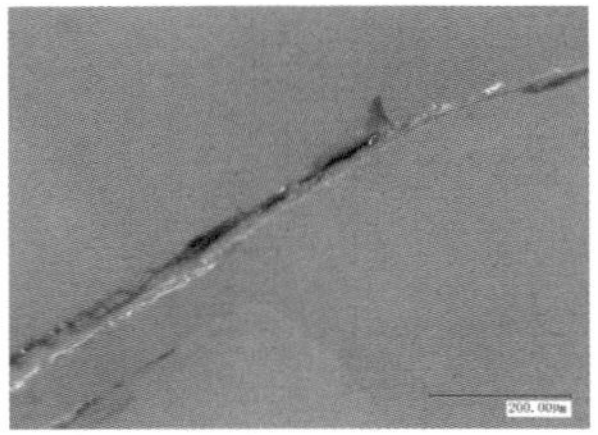	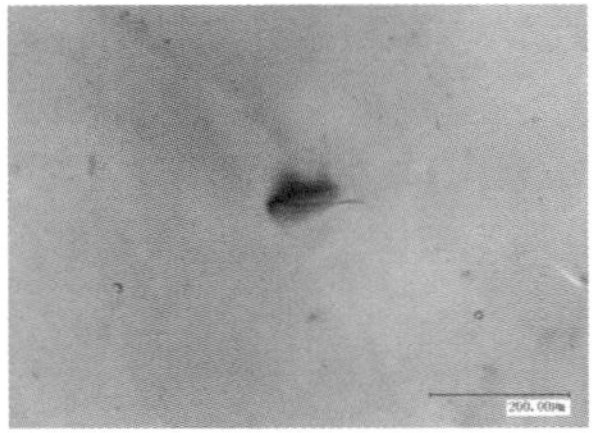	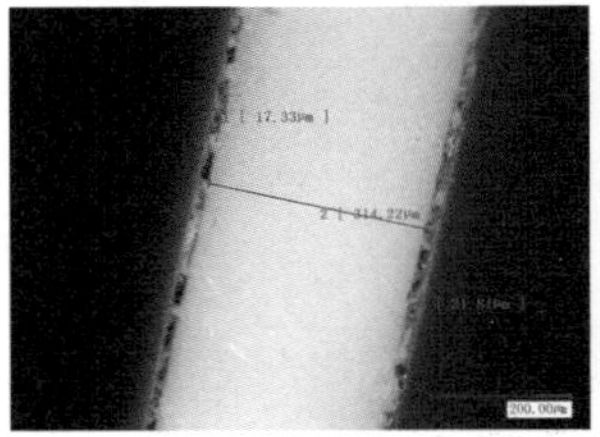	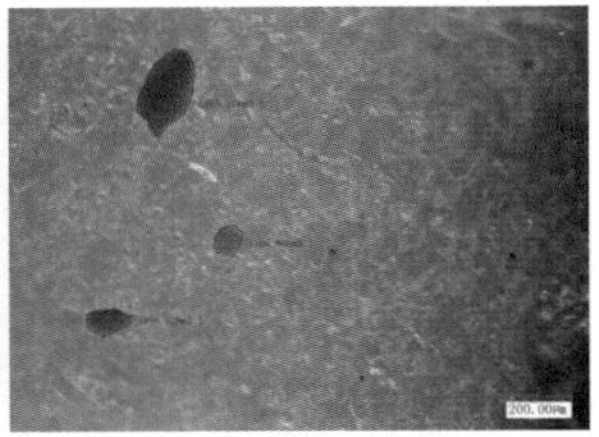
3	2:77509	康熙	碗	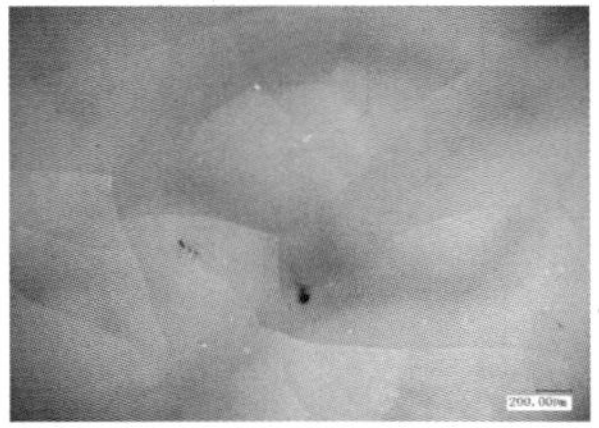	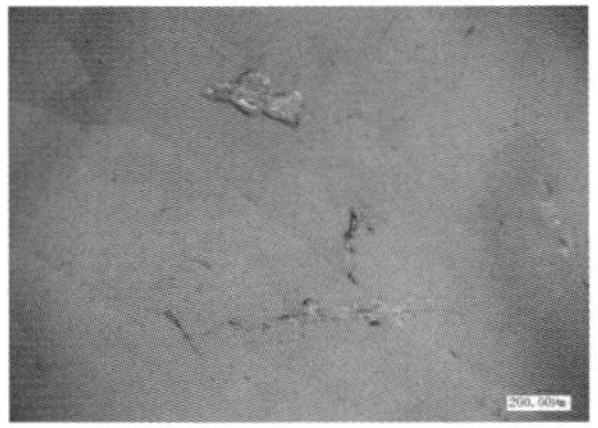	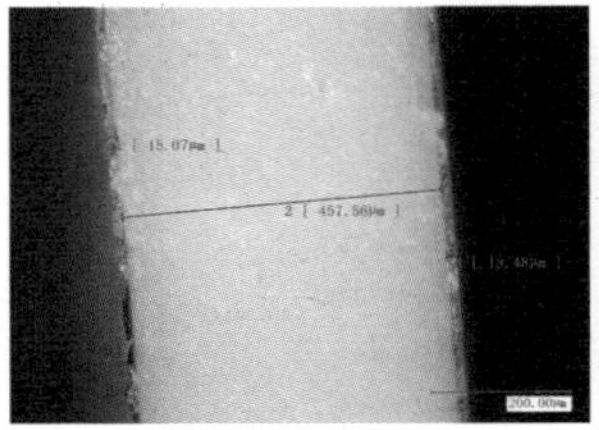	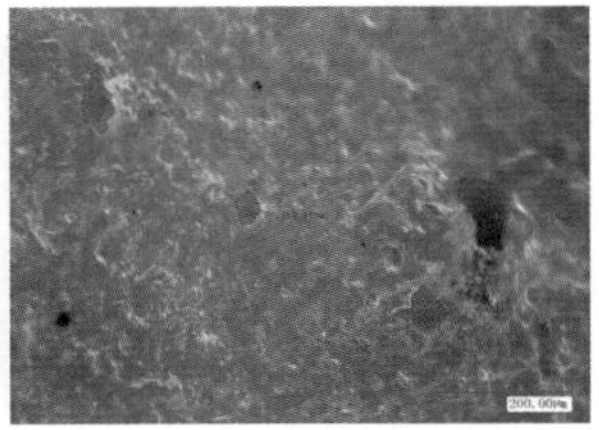

续表

序号	登录号	年代	器型	显微形貌			
				黄釉		胎、釉厚度	胎体气孔面积
4	2:83703	康熙	碗	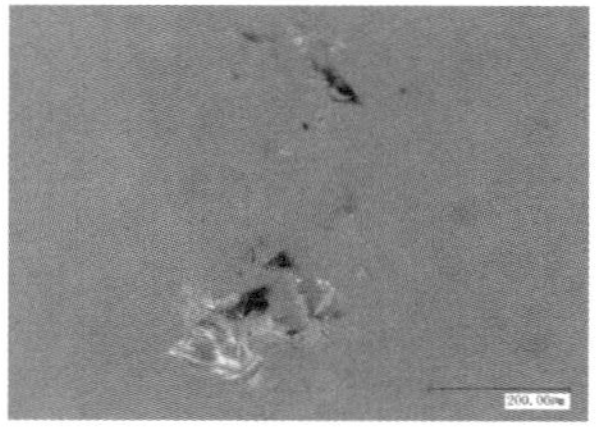	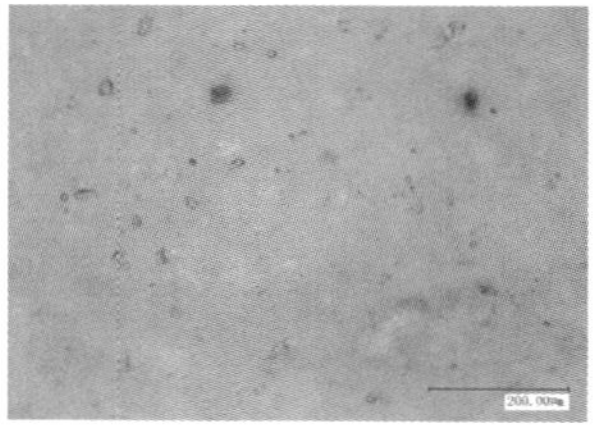	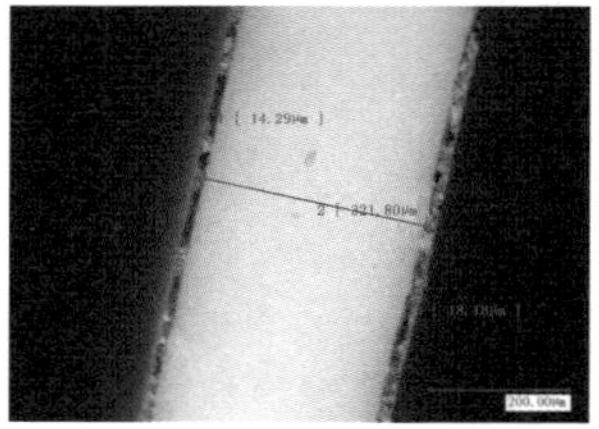	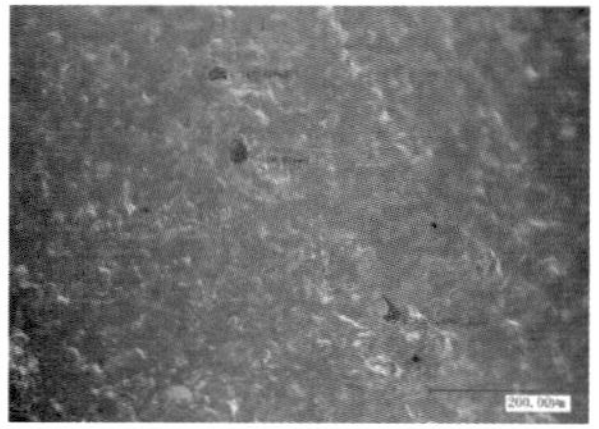
5	2:83713		碗	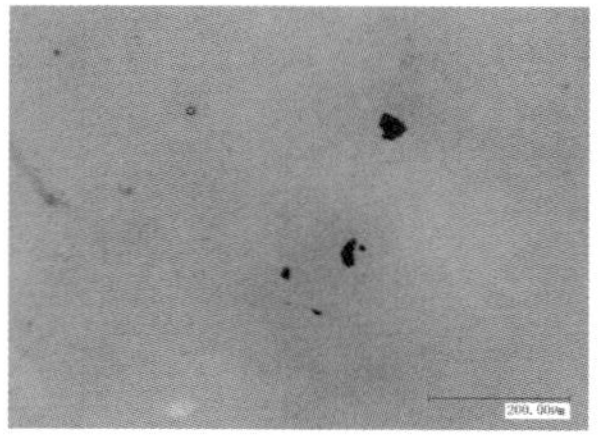	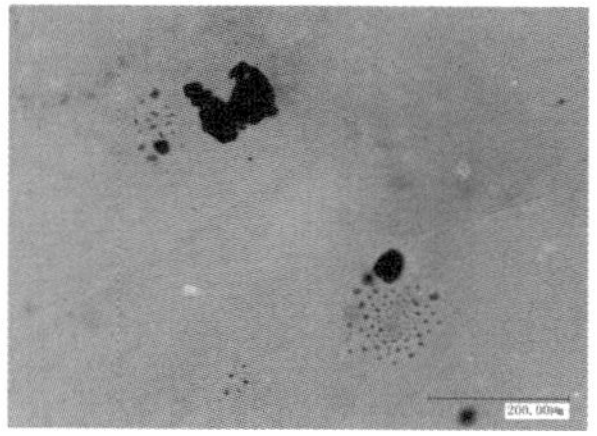	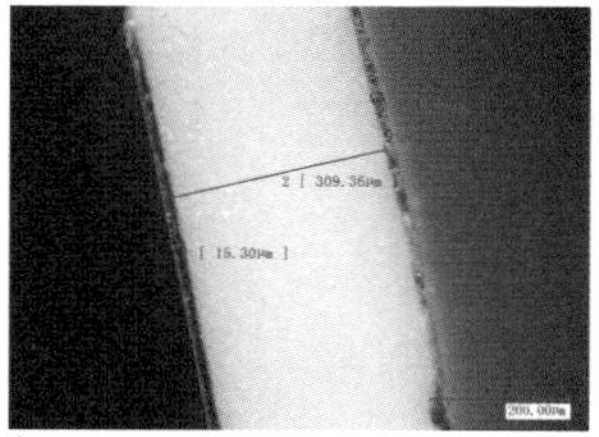	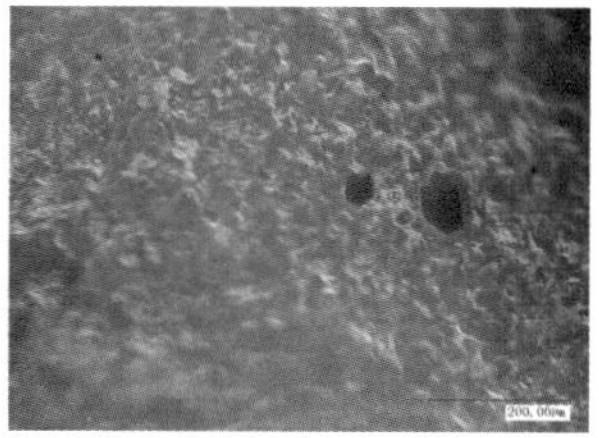
6	2:84689		碗	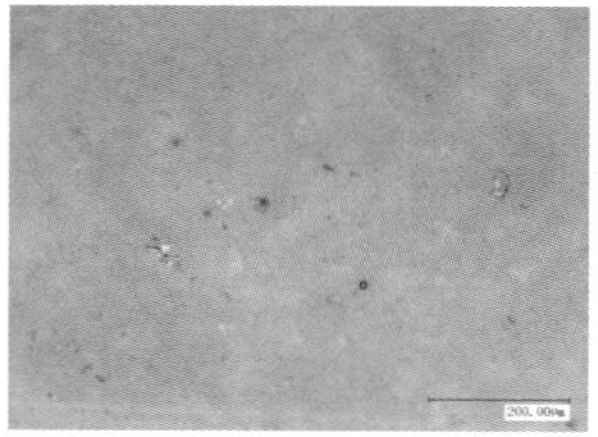	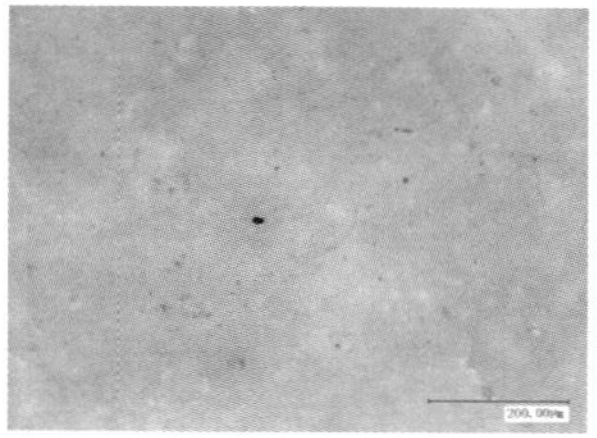	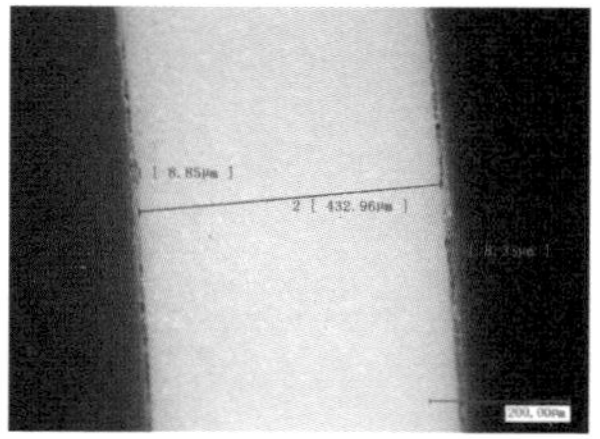	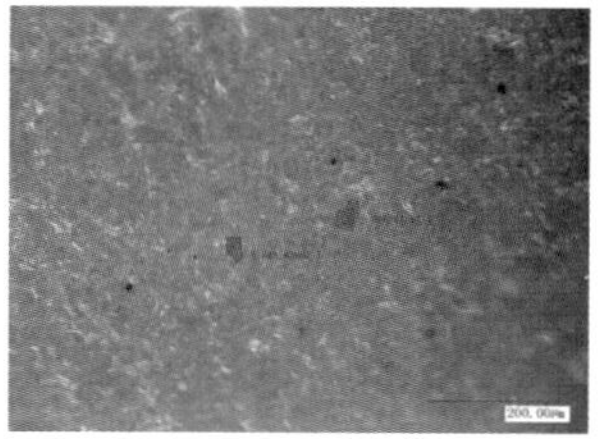

续表

序号	登录号	年代	器型	显微形貌			
				黄釉		胎、釉厚度	胎体气孔面积
7	2:84718	康熙	碗	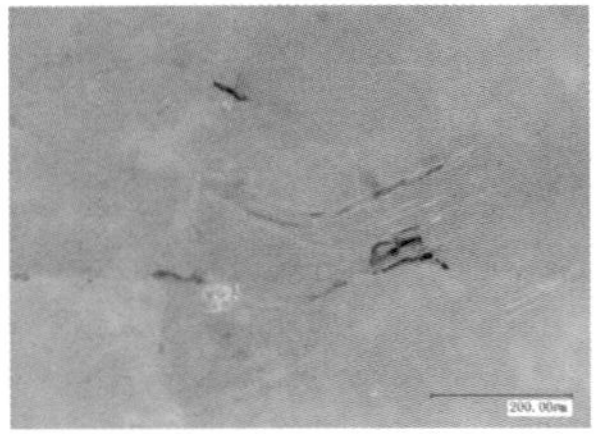	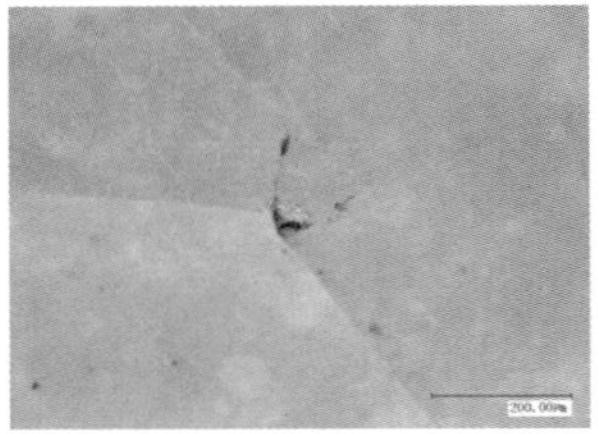	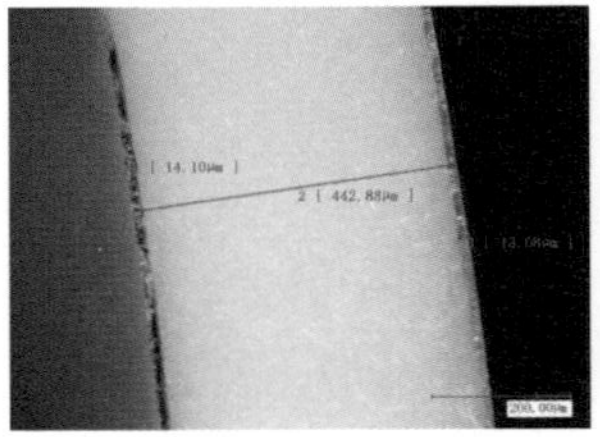	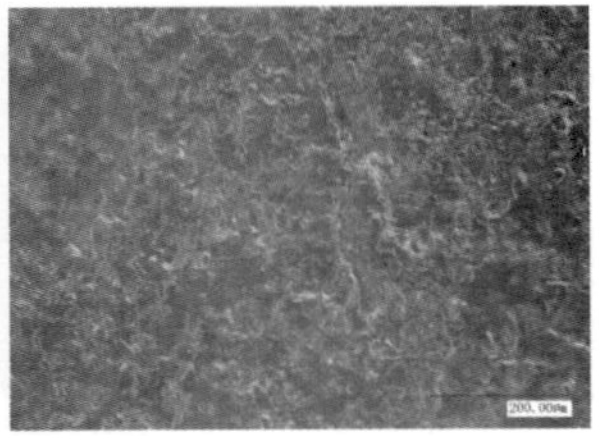

3. 清代景德镇官窑釉里红瓷器文物的显微形貌分析

釉里红显微形貌的图像采集区域为碗内底及碗外壁的团凤纹。在超景深三维视频显微镜下可见，釉里红色料埋在稠密的气泡之下，其显微形貌与周围的白釉基本保持一致。白釉气泡细小且密集，直径集中在68.34 μ m~155.11 μ m，致使釉层较为浑浊。釉里红气泡大小差异较大，小气泡直径集中在73.66 μ m~157.12 μ m，大气泡直径集中在180.98 μ m~476.49 μ m。釉里红部位的气泡大小明显大于白釉部位，其原因主要是釉里红色料中含有铜元素，而铜的氧化物不仅是一种呈色剂，还是一种助熔剂，高温下能够降低釉层黏度，从而使气泡易于长大。釉里红发色深浅不一，但同一器物的色调较为一致，纹饰边界清晰，与白釉的交界处有轻微晕散现象，“苔点绿”明显，其形成机理主要是在绘制纹饰时，由于运笔轻重、色料厚薄等原因，极易造成铜的局部富集，在烧氧化焰时，会先于别的部位以二价铜离子状态溶解于釉中，进而呈现绿色，当烧还原焰时，CO气体很难进入已经熔融的釉面，无法改变处于玻璃网结构中的铜离子价态，因而绿色依旧存在。

自然断面显微形貌的图像采集区域为碗腹中间位置的残片。在超景深三维视频显微镜下可见，康熙景德镇官窑釉里红团凤纹瓷器呈明显的釉下彩结构，胎釉结合紧密，施釉均匀。据不完全统计，内壁白釉釉层厚度为216.96 μ m~246.69 μ m，平均值为234.28 μ m；外壁色料层厚度为111.99 μ m~153.68 μ m，平均值为132.78 μ m；外壁色料上的釉层厚度为197.76 μ m~246.19 μ m，平均值为221.97 μ m。瓷器内、外釉层厚度基本一致，二者厚度之比约为1：1。

在超景深三维视频显微镜下可见，康熙景德镇官窑釉里红团凤纹瓷器胎土淘练精纯，胎料中几乎无杂质残留或含极微量的杂质，整体白度及致密性均较高，胎质坚实细腻，莹白似玉，气孔小且数量少。据不完全统计，康熙景德镇官窑釉里红团凤纹瓷器胎体厚度为1520.08 μ m~1695.52 μ m，平均值为1610.17 μ m，气孔面积为2967.53 μ m^2~48439.65 μ m^2，平均值为20879.15 μ m^2。这一时期在瓷土配方中，窑工们又减少了紫金土的含量，同时适当加入了以MgO为主要成分的滑石，MgO能够去除二价铁以及Cr_2O_3等杂质，因此，不仅提高了瓷胎烧成的白度，而且也使胎质变得更加滑腻，素有“糯米胎”的美誉。

综合分析表5-3，同时结合前人相关研究，可知康熙景德镇官窑釉里红团凤纹瓷器属于釉下彩品种，而釉里红瓷器共有三种不同的装饰方法，该种器物采用的应是釉里红瓷器最主要的装饰方法——线绘法，即用毛笔蘸取铜红色料在瓷坯上用线条描绘团凤纹，再施透明釉后入窑经高温一次烧成。

表5-3　清康熙景德镇官窑釉里红团凤纹瓷器文物样品的显微形貌

序号	登录号	年代	器型	显微形貌			
				釉里红		胎、釉厚度	胎体气孔面积
1	2:66942	康熙	碗	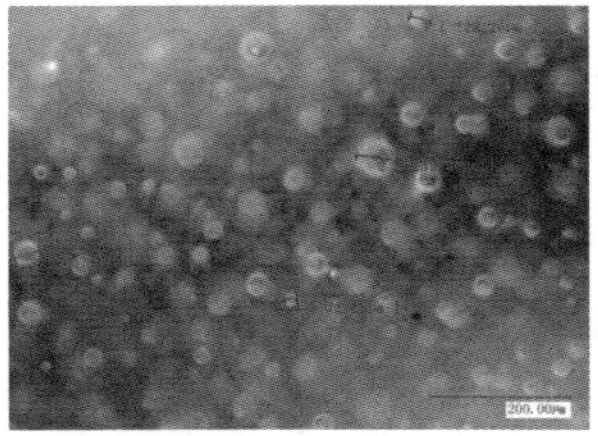	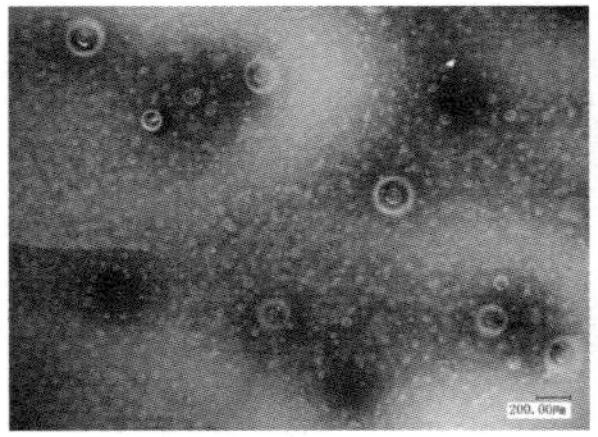	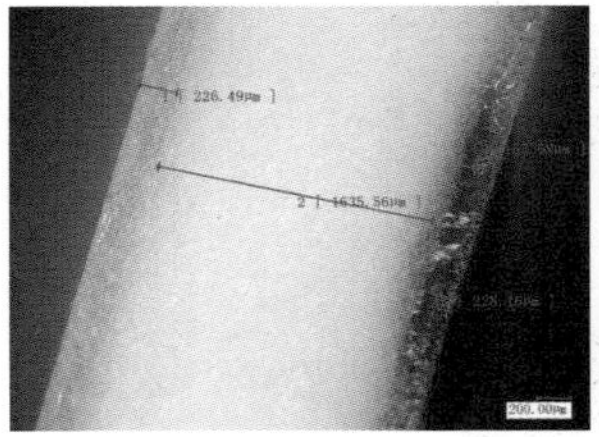	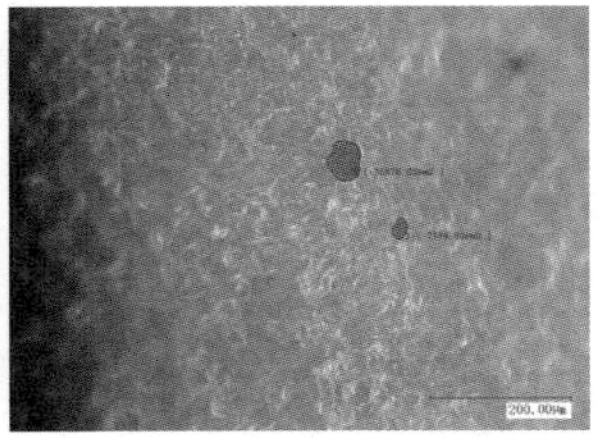
2	2:66943	康熙	碗	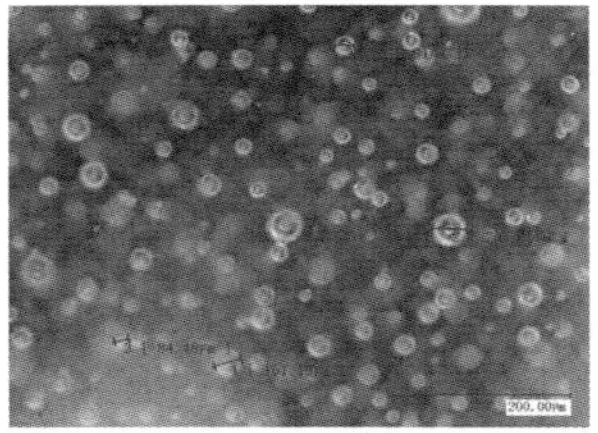	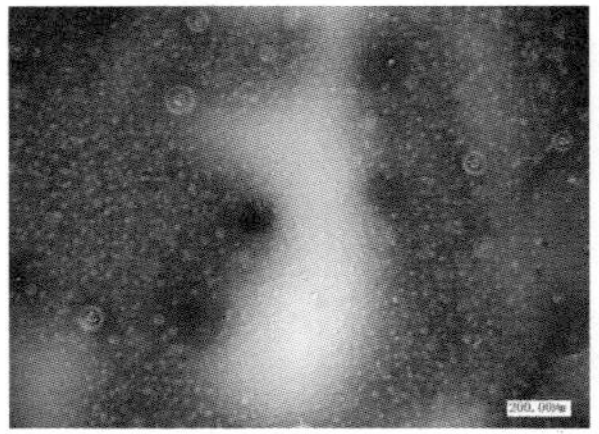	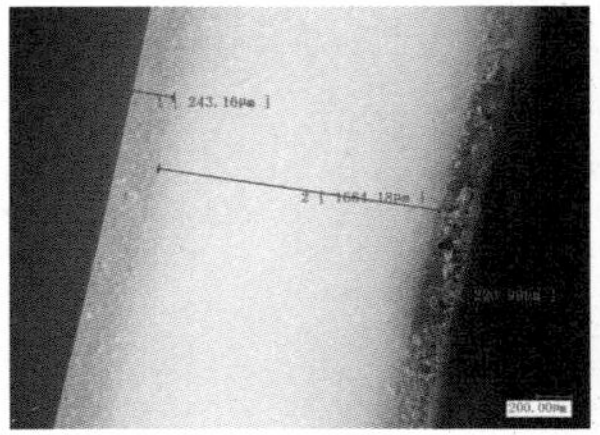	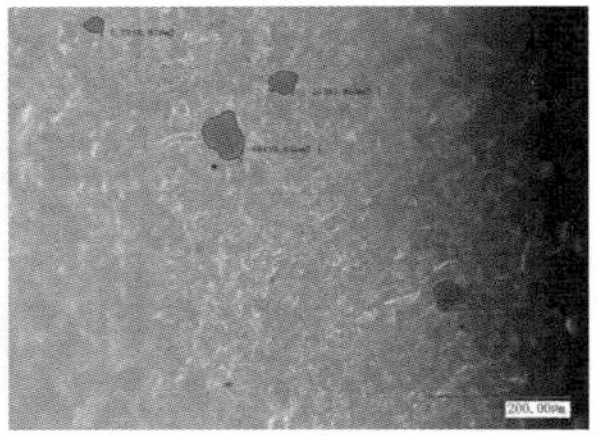
3	2:66944	康熙	碗	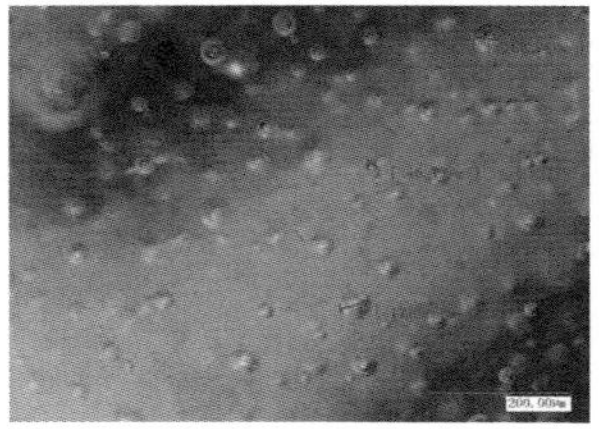	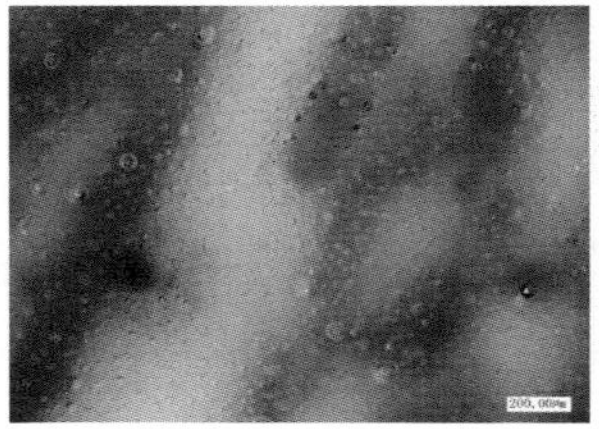	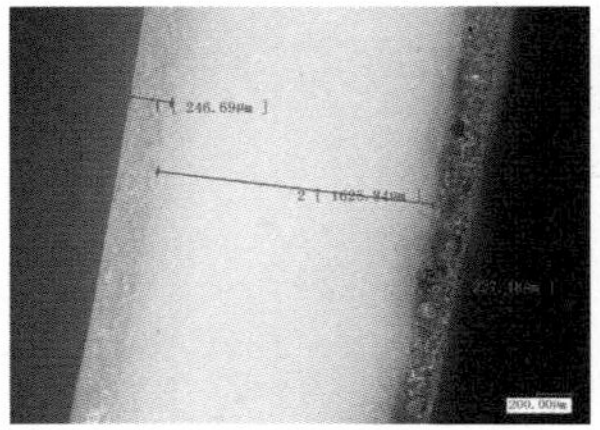	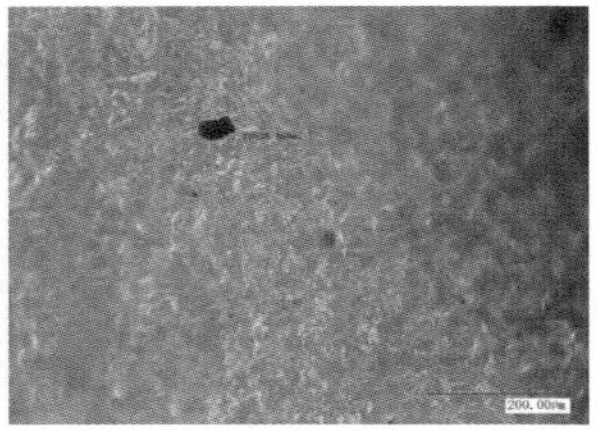

续表

序号	登录号	年代	器型	显微形貌			
				釉里红		胎、釉厚度	胎体气孔面积
4	2:66945	康熙	碗	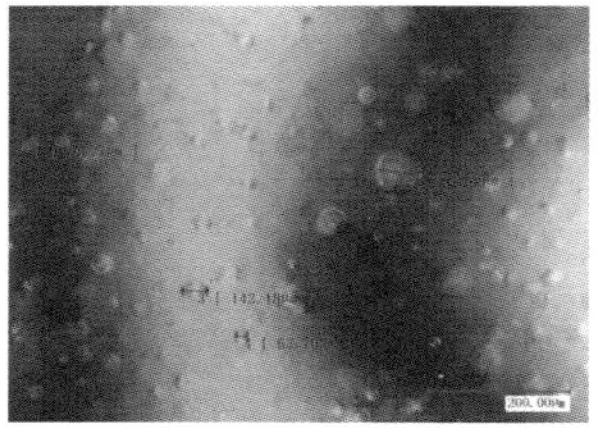	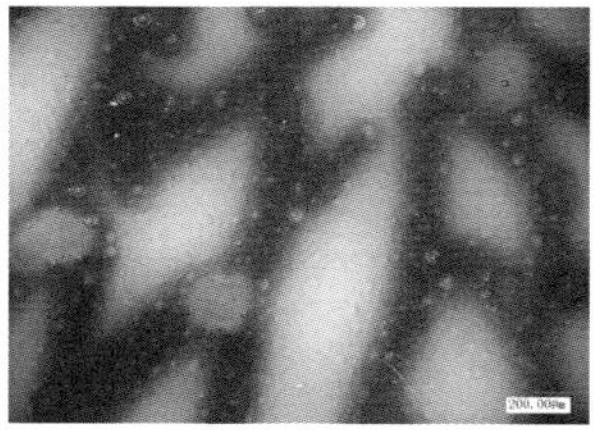	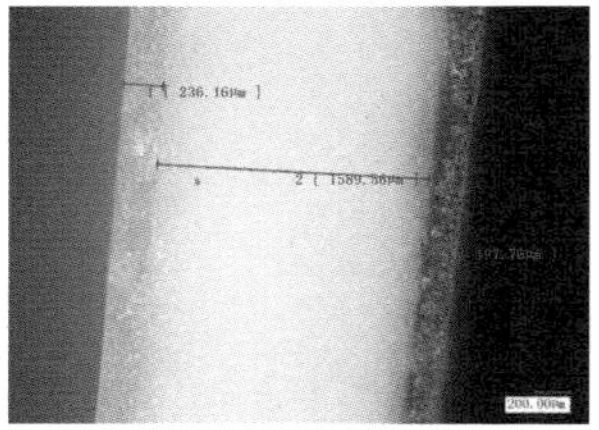	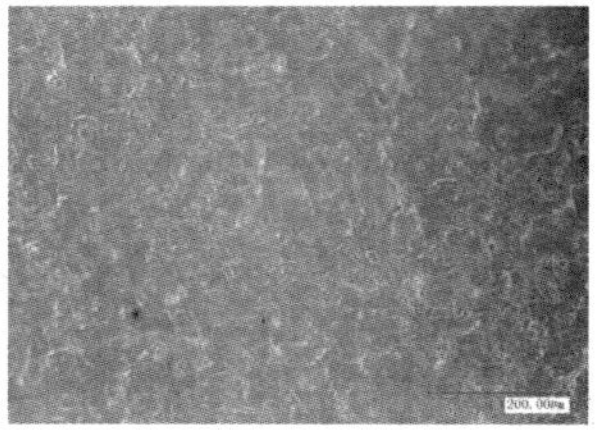
5	2:66946		碗	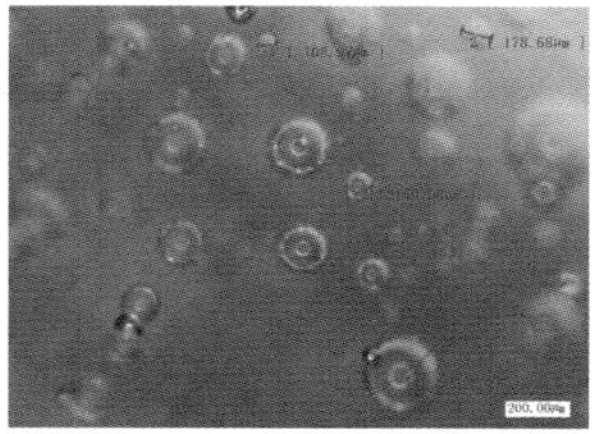	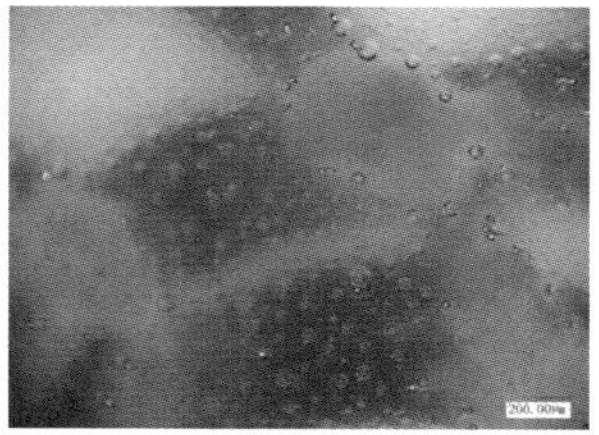	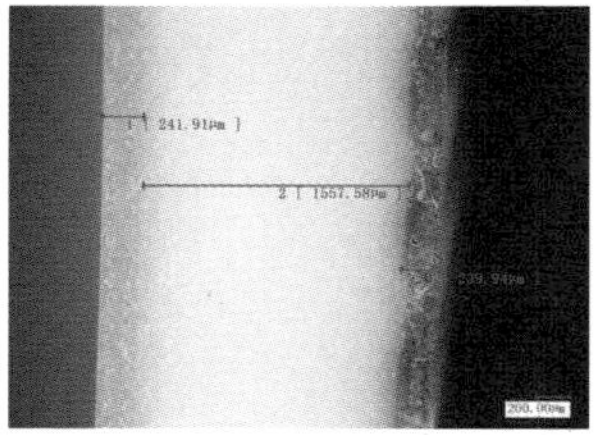	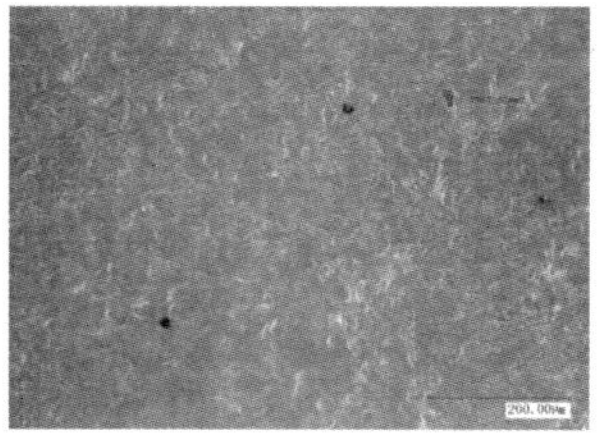
6	2:66947		碗	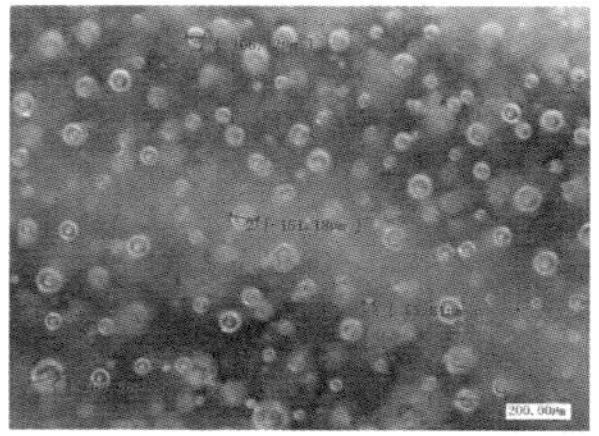	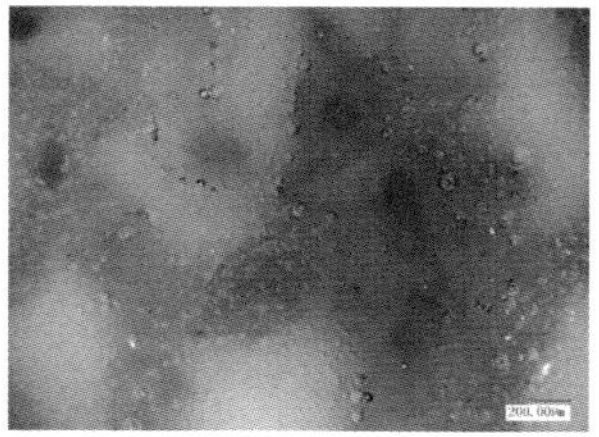	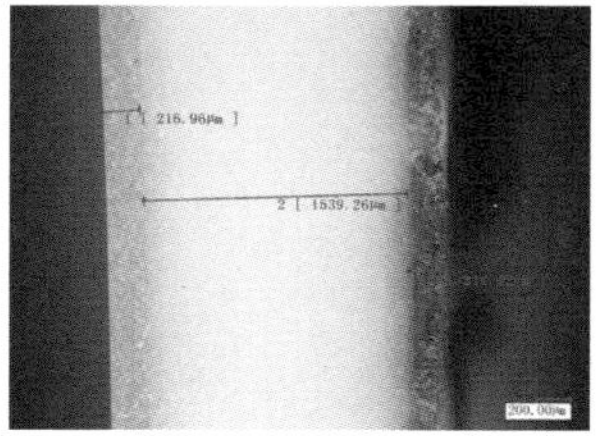	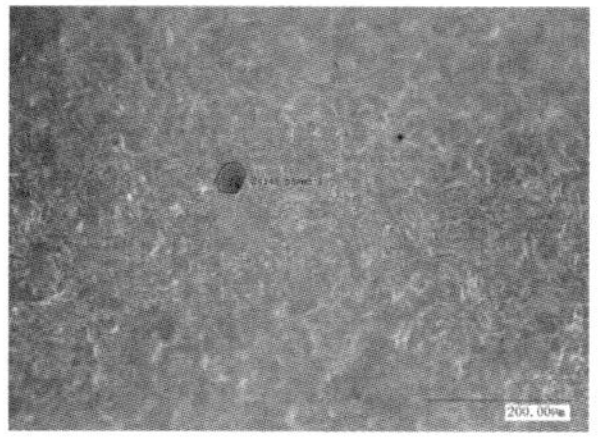

续表

序号	登录号	年代	器型	显微形貌			
				釉里红		胎、釉厚度	胎体气孔面积
7	2:66948	康熙	碗	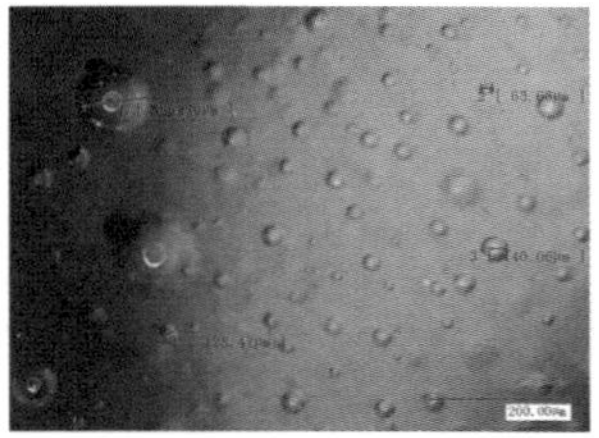	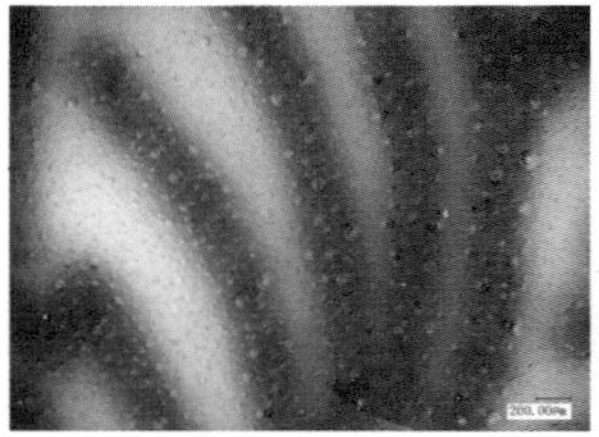	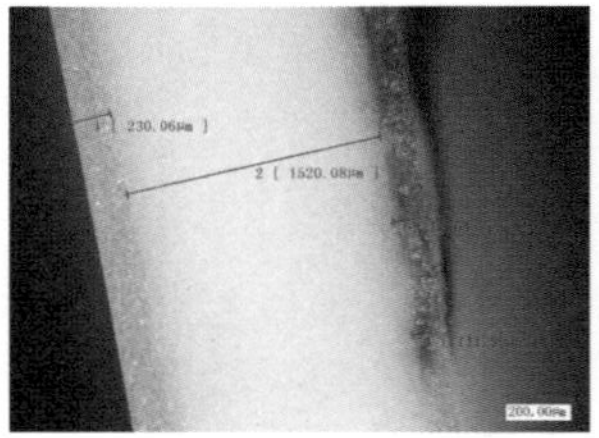	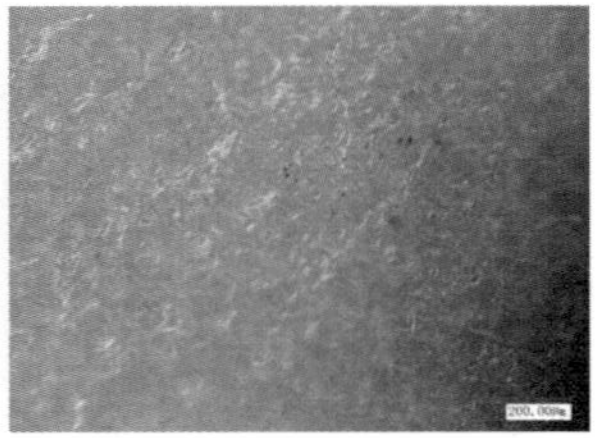
8	2:66949		碗	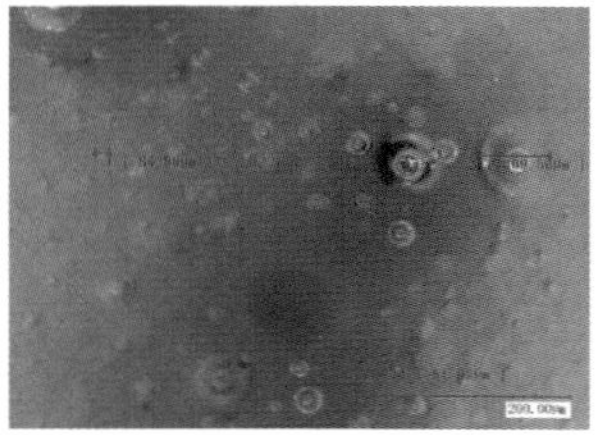	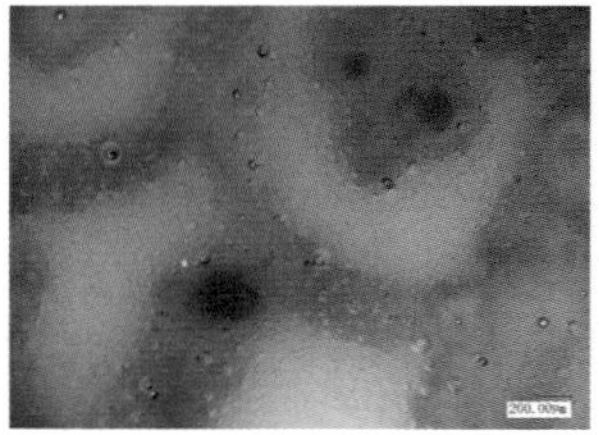	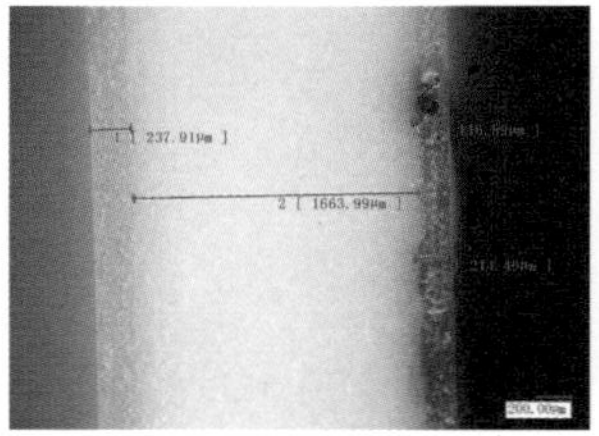	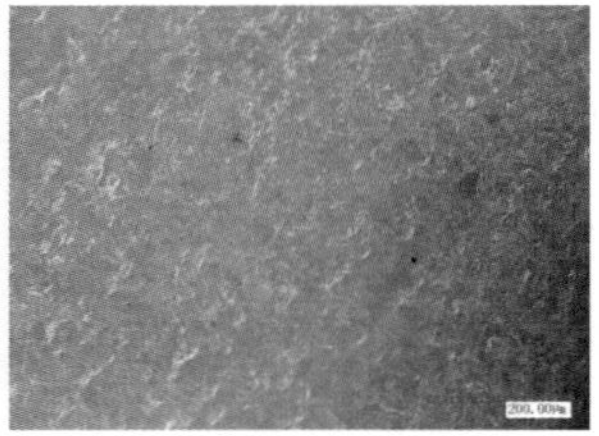
9	2:66950		碗	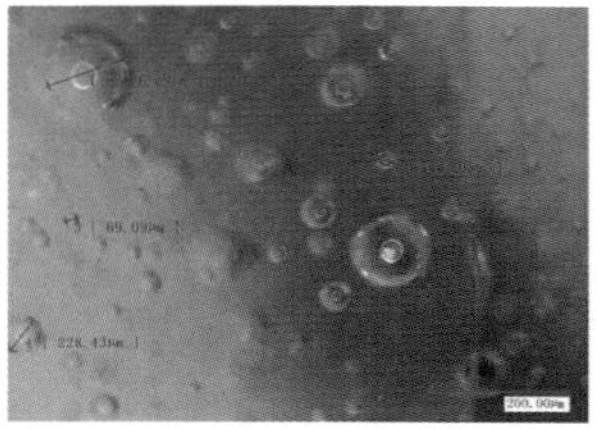	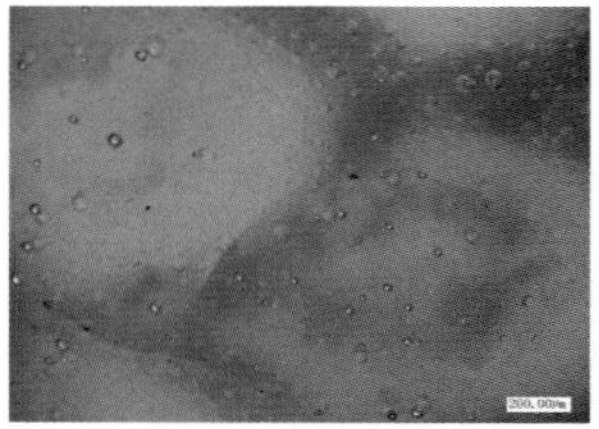	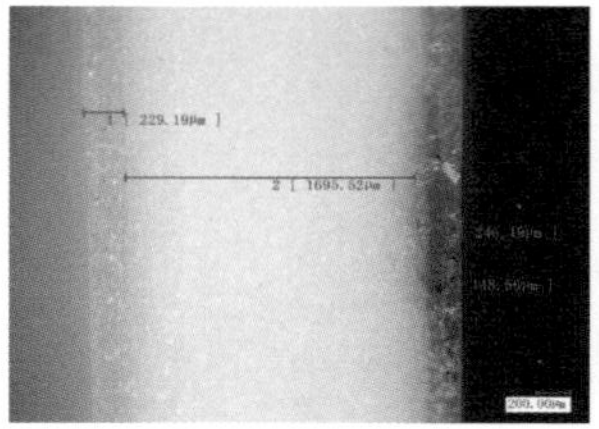	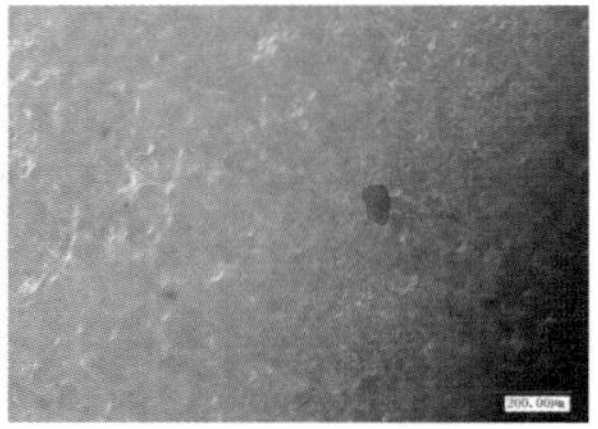

4. 清代景德镇官窑黄地绿彩瓷器文物的显微形貌分析

黄地绿彩显微形貌的图像采集区域为碗内底。在超景深三维视频显微镜下可见，乾隆时期黄釉、绿釉光亮透明，无乳浊感，黄釉釉面有大小不一的黑褐色或黄棕色斑点，推测可能是研磨不精纯致使原料中含有过多有害杂质，抑或是上釉时，釉料在瓷坯上附着不均匀等原因，导致瓷器在烧成过程中，铁离子在釉面富集析出，形成不同形貌的色斑。黄釉与绿釉之间釉面熔融良好，边界处有明显的晕散现象，绿釉是含铜色料在烧制时被氧化而呈现的颜色，色泽有深浅之别，层次感较强。

自然断面显微形貌的图像采集区域为碗腹中间位置的残片。在超景深三维视频显微镜下可见，乾隆时期景德镇官窑瓷器胎釉结合紧密，施釉匀净。据不完全统计，乾隆景德镇官窑黄地绿彩云龙纹瓷器内黄釉釉层厚度为44.76 μ m~51.11 μ m，平均值为48.67 μ m；外黄地绿彩釉层厚度为42.49 μ m~57.92 μ m，平均值为48.86 μ m。瓷器内、外釉层厚度基本一致，二者厚度之比约为1∶1。

在超景深三维视频显微镜下可见，瓷器胎体白、匀、细，致密性和烧结程度均较高，气孔小且少。据不完全统计，乾隆景德镇官窑黄地绿彩云龙纹瓷器胎体厚度为1146.39 μ m~1394.66 μ m，平均值为1341.76 μ m，气孔面积为5074.97 μ m^2~70036.44 μ m^2，平均值为31748.08 μ m^2。乾隆时期是清代制瓷技术的鼎盛期，这一时期尤为注重瓷器质量，对原料淘练、瓷坯制作、施釉工艺、烧成温度、窑炉气氛等制瓷环节的要求极为严苛，否则无法完成新奇复杂的造型和特殊精细的工艺。乾隆瓷之所以器型规整、厚薄适度，都与胎土的高纯度密切相关。

综合分析表5-4，同时结合前人相关研究，可知乾隆景德镇官窑黄地绿彩云龙纹瓷器为低温釉上彩瓷品种之一，素胎施釉，以黄釉为地，用绿彩在锥刻好的云龙纹饰上进行描绘，二次入窑低温烘烧而成，其纹饰透过釉层清晰可辨。

表5-4　清乾隆景德镇官窑黄地绿彩云龙纹瓷器文物样品的显微形貌

序号	登录号	年代	器型	显微形貌			
				黄地绿彩		胎、釉厚度	胎体气孔面积
1	2:76645	乾隆	碗				
2	2:76646		碗				
3	2:76647		碗				

续表

序号	登录号	年代	器型	显微形貌			
				黄地绿彩		胎、釉厚度	胎体气孔面积
4	2:76648	乾隆	碗	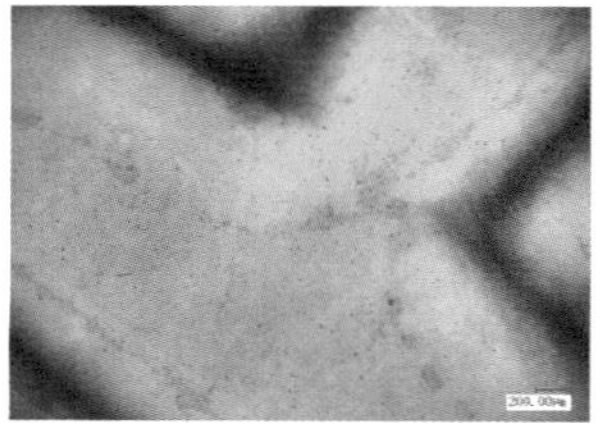	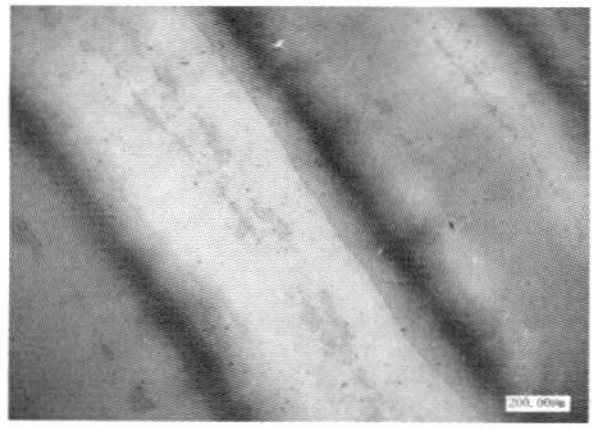	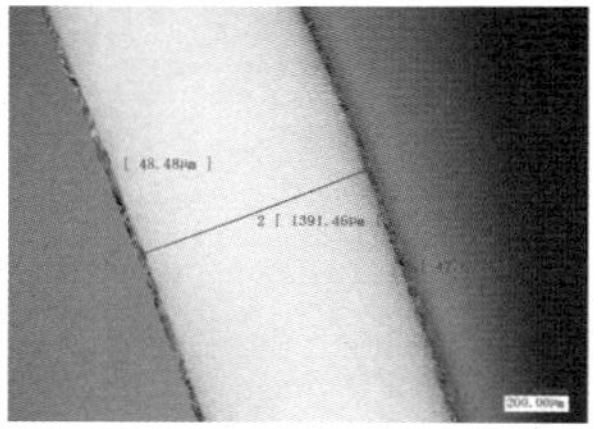	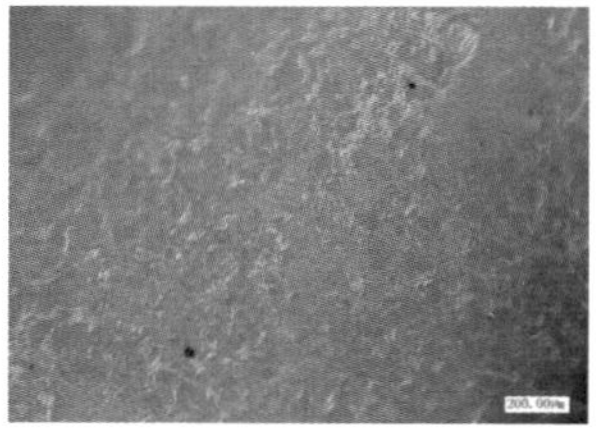
5	2:76649		碗	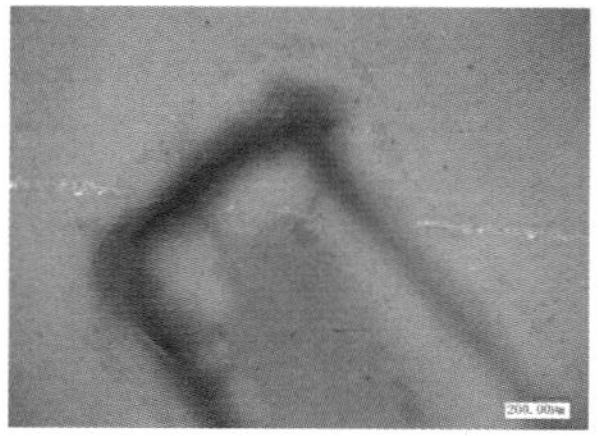	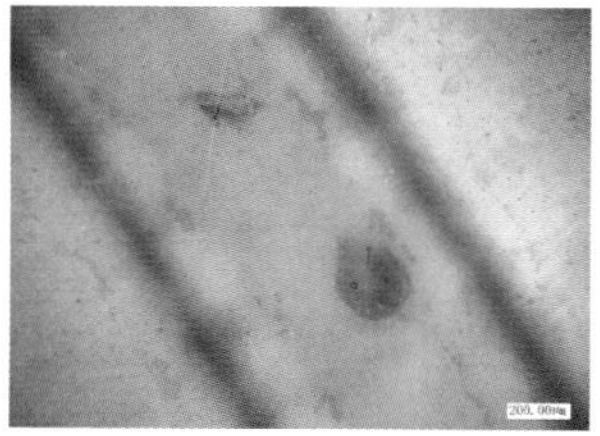	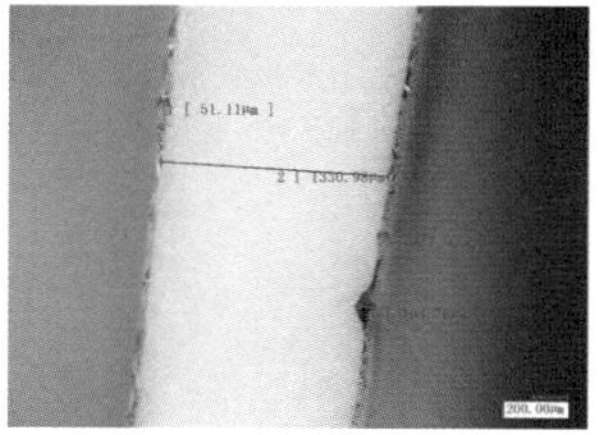	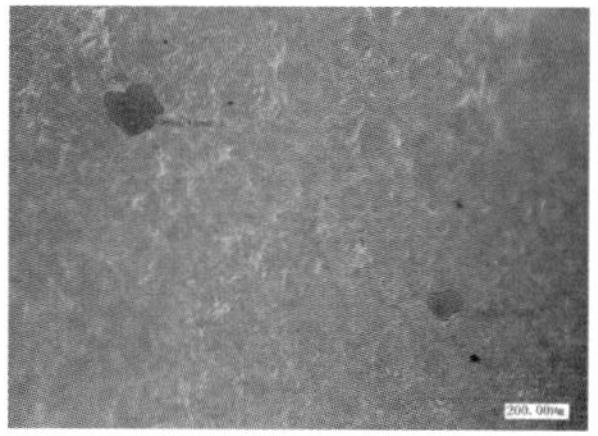
6	2:76650		碗	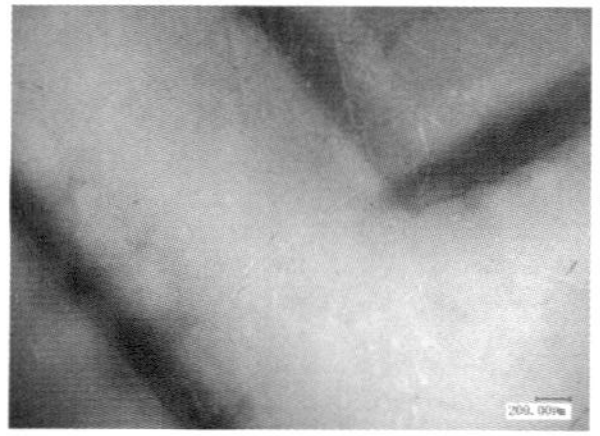	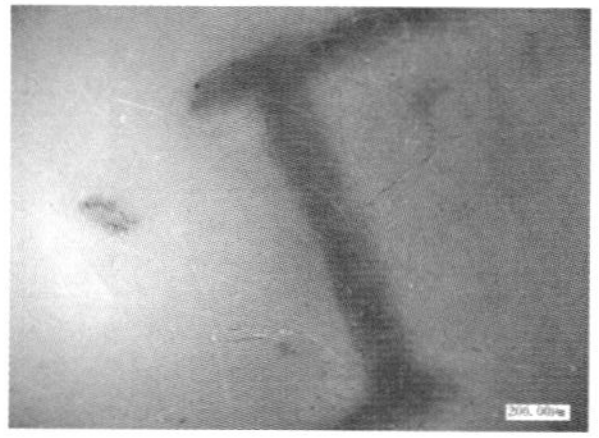	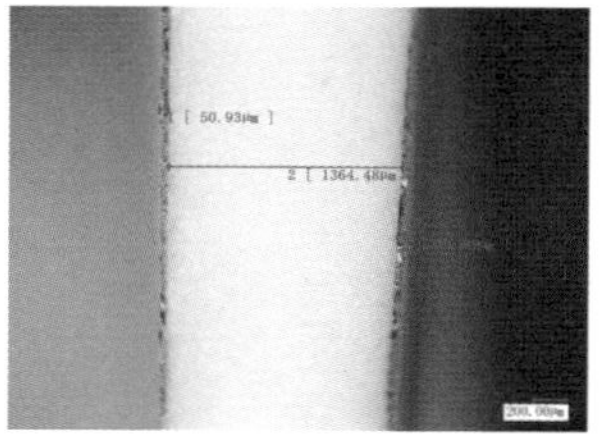	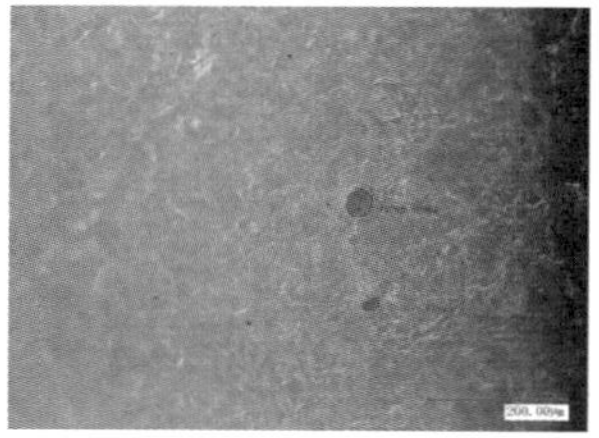

续表

序号	登录号	年代	器型	显微形貌			
				黄地绿彩		胎、釉厚度	胎体气孔面积
7	2:76651	乾隆	碗	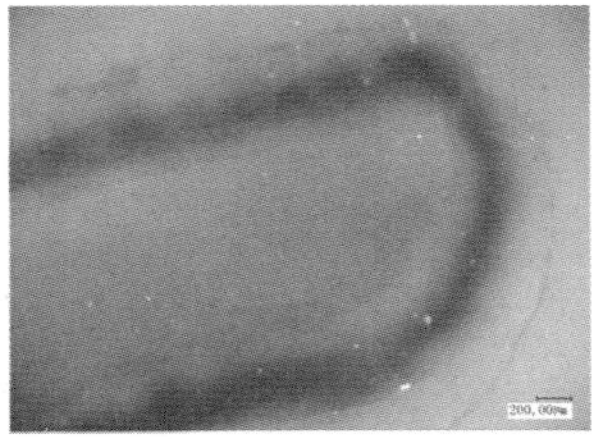	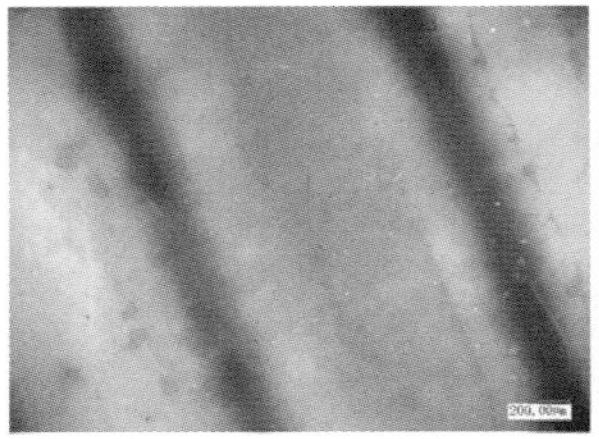	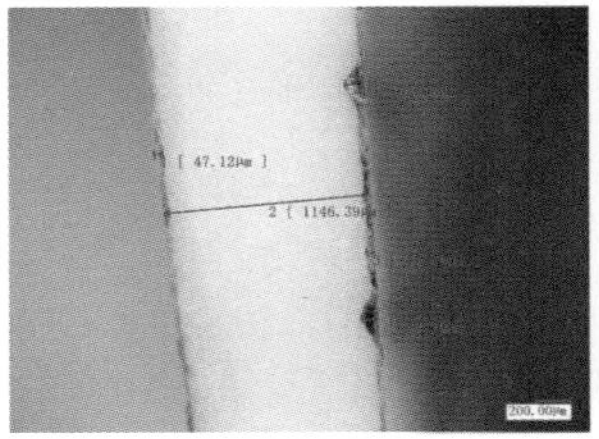	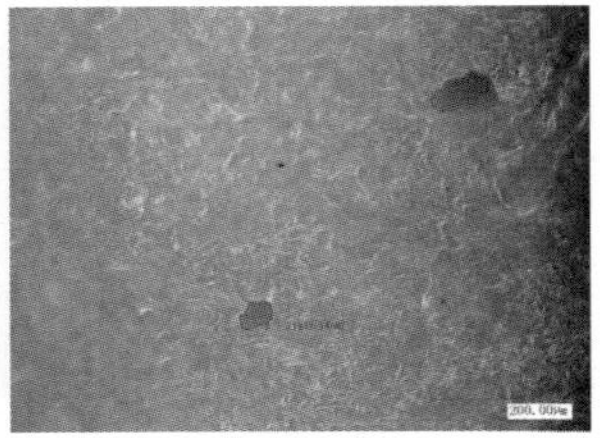
8	2:76652		碗	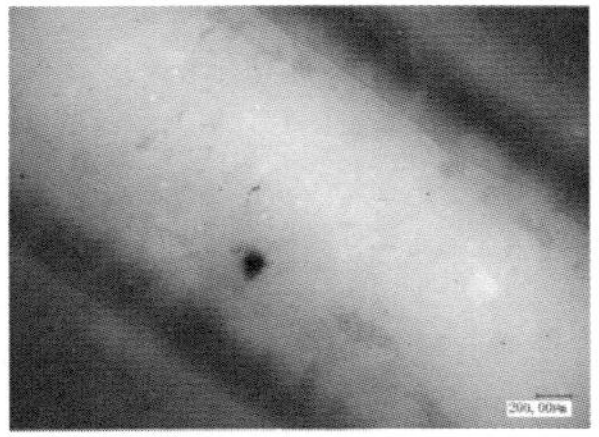	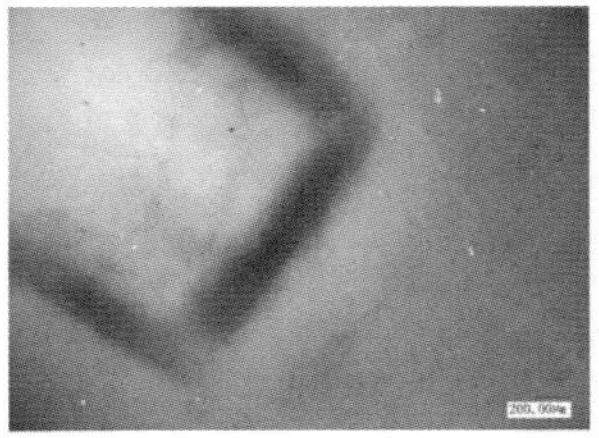	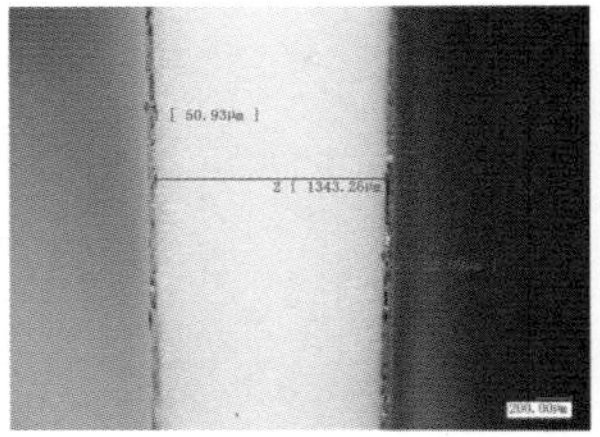	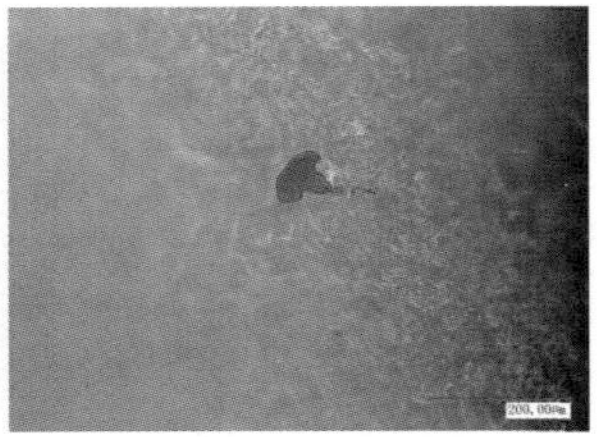

5. 清代景德镇官窑内白外紫釉瓷器文物的显微形貌分析

白釉显微形貌的图像采集区域为碗内底。在超景深三维视频显微镜下可见，咸丰、同治时期均存在局部区域釉色不匀、釉层浑浊的现象。咸丰时期虽施釉不匀，但釉料仍较为清透，气泡较小，直径集中在46.69 μm~159.15 μm。同治时期釉色暗淡，灰度较高，气泡模糊，且釉中含有较多斑点、杂质，推测可能是原料研磨不纯、装烧不当所致。

紫釉显微形貌的图像采集区域为碗外壁的中间位置。在超景深三维视频显微镜下可见，咸丰、同治时期紫釉发色深浅不一，料浓处发色较深，近黑色。结合样品外观观察，釉面局部有蛤蜊光，整体粗涩，光泽度较差，施釉稀薄，波浪釉现象较为明显。釉面点状色斑较集中，推测可能是色料中含较多颗粒物所致。釉面有肉眼不可见的细长开片，这些开片稀疏且弯曲度较小，并未贯穿紫釉釉层。表面磕、划痕迹较多，但无片状脱落现象，说明胎釉结合仍较为紧密。

自然断面显微形貌的图像采集区域为碗腹中间位置的残片。在超景深三维视频显微镜下可见，咸丰、同治时期景德镇官窑瓷器胎釉结合紧密。据不完全统计，咸丰时期内白釉的釉层厚度为54.26 μm，外紫釉的釉层厚度为14.48 μm；同治时期内白釉的釉层厚度平均值为77.64 μm，外紫釉的釉层厚度平均值为26.55 μm。咸丰、同治时期景德镇官窑瓷器内白釉的釉层厚度明显大于外紫釉的釉层厚度，内白釉、外紫釉的釉层厚度之比约为3.3∶1。

从样品外观观察，同时结合超景深三维视频显微镜分析，咸丰、同治时期景德镇官窑瓷器仍以白胎为主，胎体致密性和烧结程度均较高，气孔小且少。据不完全统计，咸丰时期胎体厚度为569.49 μm，气孔面积平均值为8648.89 μm^2；同治时期胎体厚度平均值为353.30 μm，气孔面积平均值为1815.33 μm^2。由此可见，咸丰、同治时期虽由于政局不稳、国库空虚，瓷器的烧造质量大幅下降，但景德镇官窑瓷器的瓷胎质量依然保持一定的水准。

综合分析表5-5，同时结合前人相关研究，可知咸丰、同治时期景德镇官窑内白外紫釉暗刻云龙纹瓷器是直接在素胎上施釉，入窑二次复烧而成的低温颜色釉瓷。其制作工艺是先在器物内壁施透明釉，入窑经高温烧结后，再在器物外壁施紫釉，经窑炉低温烘烧而成，云龙纹饰透过紫釉釉层仍清晰可辨。

表5-5　清代景德镇官窑内白外紫釉暗刻云龙纹瓷器文物样品的显微形貌

序号	登录号	年代	器型	显微形貌			
				白釉	紫釉	胎、釉厚度	胎体气孔面积
1	2:77252	咸丰	碗				
2	2:77253	同治	碗				
3	2:77254	同治	碗				
4	2:77255	同治	碗				

二、瓷器胎釉化学成分检测与分析

（一）能量色散型X射线荧光光谱仪工作原理及应用现状

能量色散型X射线荧光光谱技术（简称EDXRF），是20世纪70年代初期发展起来的仪器检测分析技术。EDXRF利用X射线荧光具有不同能量的特点，用X射线管产生的原级X射线照射到样品上，所产生的特征X射线（荧光）直接进入Si（Li）探测器，据此便可进行定性和定量分析。因为每种元素在样品内部产生的X射线都具有特定的能量，所以可通过探测元素特征X射线并识别其能量，基于此，便可判断被测样品中含有哪些元素。而具有某种能量的X射线强度的大小，与被测样品中能发射该能量的荧光X射线的元素含量多少有直接联系，因此，测量这些谱线的强度，并进行相应的数据处理和计算，就可以得出被测样品中各种元素的含量。

EDXRF是一种快速、无损、可实现在没有氦气吹扫保护和真空辅助的条件下，多元素同时测定的现代检测分析技术，其最大特点在于对被测样品的形状、大小、材料等没有特殊要求，且被测样品在检测前后，其重量、状态、化学成分等都保持不变，因此，在具备不可再生性的瓷器文物研究领域有广泛且深入的应用。目前，已有许多学者利用EDXRF的工作原理，对大量的瓷器文物碎片或完整器进行了主、次以及微量元素的检测分析，并从制作工艺、呈色机理、时代及地域判别等方面进行科学剖析，取得了一些突破性的研究成果。如上海博物馆实验室利用EDXRF技术，对53件（片）越窑青瓷样品（唐、五代、宋）胎、釉的化学组成进行检测分析，得出南方青瓷的用料特征为“低铝高硅”，瓷釉均以RO（主要是CaO和MgO）熔剂为主，从唐代到南宋，越窑青瓷瓷胎的化学组成没有太大变化，而釉料的化学组成存在差异的结论，并在文章中特别指出EDXRF技术的使用是解决薄釉样品处理难题的途径之一。景德镇陶瓷学院古陶瓷研究所和故宫博物院文保科技部联合采用EDXRF检测技术，较系统地测试分析了27件元、明、清时期官窑霁蓝釉瓷的胎、釉化学组成，得出元代霁蓝釉采用了“高铁低锰”型钴土矿，明代使用的是“高锰低铁”型钴土矿，且明代官窑霁蓝釉外观品质最好的主要原因是釉灰的使用量较低等结论。相较于其他成分分析方法，能量色散型X射线荧光光谱技术是迄今为止唯一被成功应用到古陶瓷无损鉴定的一种成分分析技术。有鉴于此，采用EDXRF技术对清代不同时期的瓷胎以及同一种类不同时期的瓷釉化学组成进行无损检测分析，获得各种胎、釉元素定性及半定量数据，同时结合相关文献进行对比分析，较系统地探讨胎釉成分的组成特点、主要呈色元素及其影响作用，以及不同时期氧化物含量的变化情况，可为研究清代景德镇御窑厂胎釉配方、制瓷工艺、演变规律等提供科学、客观的检测数据。

（二）评定方法

（1）检测依据：《X荧光光谱仪操作规程》（JW—QA34）、《古代陶瓷科技信息提取规范 方法与原则》（WW/T 0053—2014）、《古代陶瓷科技信息提取规范 化学组成分析方法》（WW/T 0054—2014）、《古陶瓷化学组成无损检测 PIXE分析技术规范》（GB/T 37665—2019）、《古陶瓷中子活化分析技术规范》（GB/T 37666—2019）。

（2）检测设备：便携式能量色散型X射线荧光光谱仪（型号：Niton XL3t，生产厂家：赛默飞世尔科技）。

（3）检测条件：Si-PIN检测器，能量分辨率<170eV，矿石模式，X射线光管的激发电压最大可达50KV，管电流0μA~200μA，X射线焦斑直径约为3mm，测量时间200s。

表5-6 铑靶X射线在瓷釉不同深度处的穿透率

深 度（mm）	0.1	0.2	0.3	0.4	3.9
穿透率（%）	91.4	83.6	76.4	69.9	3.0

表5-7 EDXRF技术对瓷釉中各元素的分析灵敏深度

元 素	Al	Si	K	Ca	Mn	Fe	Zn	Sr
分析灵敏深度（μm）	11	13	32	38	116	146	340	1204

（4）检测方法：将测试样品用蒸馏水清洗干净后，放入电热鼓风烘箱中，调至50℃恒温烘5h，取出后冷却至常温，用便携式能量色散型X射线荧光光谱仪对样品胎、釉进行无损检测，获得元素的组成及含量。每个样品选取三个测试部位进行光谱记录，检验三个数据的统计一致性后，取其平均值。

（三）结果与讨论

1. 清代景德镇官窑瓷器文物的瓷胎组成成分分析

EDXRF半定量分析结果显示，南京博物院馆藏清代景德镇御窑厂各时期瓷器文物瓷胎的化学成分含量比较接近，且同一时期不同品种所用瓷胎的化学成分含量无明显变化，主要由66.29%~70.42%的SiO_2、22.90%~27.02%的Al_2O_3、2.64%~3.44%的K_2O、1.75%~2.55%的Na_2O、0.21%~1.62%的CaO、0.11%~0.29%的MgO、0.08%~1.22%的Fe_2O_3、0.02%~0.13%的TiO_2、0.03%~0.12%的MnO等组成，与相关文献中给出的含量范围基本一致。具有我国南方古代瓷器“高硅低铝”的典型特征。

景德镇制瓷原料中，瓷石含Al_2O_3 约15%。表5-8中列出了清代各时期景德镇官窑瓷器文物的瓷胎化学成分含量，其中，Al_2O_3的含量均高于20%，最高可达27%，由此说明，清代景德镇御窑厂制瓷采用的是瓷石加高岭土的二元配方，且瓷胎组成成分中，Al_2O_3的含量越高，表明配方中高岭土的用量越多。高岭土用量的增加，可降低瓷器变形的概率。从各时期瓷胎的化学成分含量平均值可知，清代从康熙到同治年间，瓷胎中SiO_2的含量略有上升，而Al_2O_3的含量略有下降，SiO_2/Al_2O_3比值在2.46~3.05，基本保持在3以内，选料考究，瓷化程度高。

碱金属氧化物K_2O、Na_2O是瓷器成型的主要成分，烧制瓷器时，可促进胎原料的熔化，主要由长石引入，K_2O、Na_2O含量低的用于制胎。碱土金属氧化物CaO、MgO等并非特别引入，因此含量较低。从表中列出的瓷胎化学成分含量可以看出，清代各时期不同品种的瓷胎中，K_2O含量在3%左右，Na_2O含量在2%左右，二者总含量在4.39%~5.99%。碱金属氧化物和碱土金属氧化物共同起着助熔的作用。已有研究发现，在南方瓷区，K_2O在弹性、化学稳定性以及热稳定性方面有较优异的性能，K_2O、Na_2O的引入，能够填充胎骨空隙，起到降低坯体烧成温度和拓宽坯体烧成范围的双重作用，促进坯体烧结，使烧成后的瓷质音韵洪亮、铿锵有声，同时还能促进玻璃相的生成，进而提高瓷胎的透明度。而CaO、MgO 不仅可以提高瓷坯的热稳定性和机械强度，还能减弱铁、钛的不良影响，提高瓷器胎体的白度和透光度。

清代景德镇御窑厂瓷胎的化学组成中，着色氧化物Fe_2O_3、TiO_2含量非常少。TiO_2能与Fe_2O_3反应生成灰色的$FeO \cdot TiO_2$、$2FeO \cdot TiO_2$、$Fe_2O_3 \cdot TiO_2$等钛酸铁化合物，因此，即便含量很少，对胎体的呈色影响却非常大。结合超景深三维视频显微镜观察可以看出，康、雍、乾时期瓷胎的白净度明显较高，而咸丰、同治时期的瓷胎呈现“白里泛青”的色调。从表中列出的瓷胎化学成分含量可以看出，Fe_2O_3含量基本在1%左右，康、雍、乾时期Fe_2O_3的平均含量大多在1%以下，而咸丰、同治时期Fe_2O_3的平均含量略有提高，在1%以上，各时期TiO_2的平均含量基本都在0.1%以下。由此推测，康、雍、乾时期瓷胎呈色洁白可能是由于坯胎中Fe_2O_3的含量较低，咸丰、同治时期瓷胎的呈色则可能是坯胎中Fe_2O_3含量较高而TiO_2含量较低所致。

表5-8 清代景德镇官窑瓷器文物的瓷胎化学组成

序号	登录号	年代	品种	氧化物含量（Wt%）									
				SiO_2	Al_2O_3	K_2O	Na_2O	CaO	MgO	Fe_2O_3	TiO_2	MnO	$\frac{SiO_2}{Al_2O_3}$
1	2:76874	康熙	内白外黄	67.12	25.67	3.06	2.01	1.02	0.24	0.89	0.08	0.07	2.61
2	2:76875	康熙	内白外黄	68.02	24.91	2.88	2.28	0.75	0.20	0.71	0.07	0.08	2.73
3	2:76876	康熙	内白外黄	67.61	25.17	3.07	2.35	0.39	0.29	0.84	0.09	0.07	2.69
4	2:76883	康熙	内白外黄	67.48	25.16	3.05	2.14	1.13	0.28	0.69	0.04	0.10	2.68
5	2:77507	康熙	黄釉	68.03	25.16	2.93	1.98	0.75	0.23	0.77	0.07	0.09	2.70
6	2:77508	康熙	黄釉	67.11	25.31	3.36	1.94	0.83	0.25	0.96	0.08	0.08	2.65
7	2:77509	康熙	黄釉	66.69	25.20	3.01	2.07	1.62	0.19	1.02	0.08	0.06	2.65
8	2:83703	康熙	黄釉	67.68	25.41	2.91	1.94	0.76	0.18	0.85	0.09	0.08	2.66
9	2:83713	康熙	黄釉	66.55	25.23	3.44	2.00	1.28	0.29	1.06	0.07	0.07	2.64
10	2:84689	康熙	黄釉	66.76	25.77	3.28	1.91	1.05	0.23	0.81	0.05	0.10	2.59
11	2:84718	康熙	黄釉	66.98	26.22	2.92	2.18	0.56	0.24	0.73	0.10	0.07	2.55
12	2:84931	康熙	酱釉	67.11	26.05	2.94	2.06	0.44	0.20	1.02	0.07	0.07	2.58
13	2:66942	康熙	釉里红	67.69	25.24	2.76	2.35	0.75	0.29	0.74	0.09	0.06	2.68
14	2:66943	康熙	釉里红	67.25	25.71	2.84	2.41	0.63	0.24	0.71	0.08	0.12	2.62
15	2:66944	康熙	釉里红	67.64	26.02	3.06	1.79	0.88	0.17	0.65	0.09	0.10	2.60
16	2:66945	康熙	釉里红	66.44	26.62	3.16	2.04	0.76	0.27	0.68	0.07	0.09	2.50
17	2:66946	康熙	釉里红	68.08	24.93	2.75	2.28	0.69	0.25	0.87	0.08	0.07	2.73
18	2:66947	康熙	釉里红	66.29	26.94	3.15	1.85	0.48	0.21	1.03	0.08	0.08	2.46
19	2:66948	康熙	釉里红	67.07	25.54	2.64	2.55	0.57	0.26	1.22	0.10	0.03	2.63
20	2:66949	康熙	釉里红	68.01	24.58	3.44	2.05	0.55	0.22	0.94	0.09	0.09	2.77
21	2:66950	康熙	釉里红	66.40	27.02	2.92	2.16	0.39	0.21	0.73	0.07	0.12	2.46
22	2:80963	康熙	蓝地黄彩	67.24	25.88	3.02	2.01	0.66	0.28	0.82	0.05	0.08	2.60
23	2:71922	雍正	内白外黄	68.98	24.17	3.07	1.87	0.64	0.13	1.07	0.07		2.85
24	2:71974	雍正	内白外黄	68.59	25.38	3.13	1.95	0.62	0.11	0.08	0.13		2.70
25	2:81566	雍正	内白外黄	67.78	25.09	3.22	2.16	0.36	0.15	1.02	0.12	0.08	2.70
26	2:81371	雍正	内白外黄	67.08	26.15	3.26	2.20	0.58	0.16	0.74	0.10	0.09	2.57

续表

序号	登录号	年代	品种	氧化物含量（Wt%）									
				SiO_2	Al_2O_3	K_2O	Na_2O	CaO	MgO	Fe_2O_3	TiO_2	MnO	$\frac{SiO_2}{Al_2O_3}$
27	2:81349	雍正	内白外祭红	67.64	25.23	2.97	2.04	0.85	0.14	1.04			2.68
28	2:66804	乾隆	内白外黄	68.78	24.24	3.00	1.75	0.66	0.27	1.15	0.04	0.07	2.84
29	2:66805			67.03	26.01	3.19	1.96	0.43	0.13	1.03	0.09	0.06	2.58
30	2:66806			67.54	25.67	3.04	2.02	0.21	0.29	1.12		0.08	2.63
31	2:66807			68.06	25.22	3.12	1.85	0.64	0.26	1.09	0.02	0.07	2.70
32	2:66808			68.77	24.38	3.33	1.83	0.47	0.15	0.88	0.08	0.08	2.82
33	2:76736			69.04	25.01	3.26	1.96	0.33	0.14	0.12	0.04	0.06	2.76
34	2:76645		黄地绿彩	68.88	24.19	3.33	2.05	0.55	0.15	0.80	0.09	0.06	2.85
35	2:76646			67.68	25.11	3.08	2.13	0.66	0.17	0.96	0.08	0.04	2.70
36	2:76647			69.04	24.78	3.32	1.88	0.47	0.19	0.13	0.07	0.08	2.79
37	2:76648			66.80	22.90	3.07	1.76	0.44	0.16	0.82	0.03	0.08	2.92
38	2:76649			68.27	24.75	3.26	2.14	0.42	0.21	1.06	0.02	0.07	2.76
39	2:76650			68.86	24.37	3.27	2.08	0.23	0.19	1.00		0.09	2.83
40	2:76651			68.09	24.75	3.01	1.91	0.86	0.29	0.94		0.08	2.75
41	2:76652			67.47	25.67	3.24	2.03	0.24	0.18	1.02	0.04	0.07	2.63
42	2:85242			68.06	24.69	3.20	1.99	0.58	0.15	1.08	0.08	0.08	2.76
43	2:85104		青花	68.34	24.36	3.32	2.24	0.63	0.15	0.78	0.07	0.07	2.81
44	2:84373	道光	黄地绿彩	68.84	24.14	3.30	1.89	0.62	0.18	0.99	0.04	0.12	2.85
45	2:77252	咸丰	内白外紫	69.15	23.48	3.37	1.95	0.74	0.20	1.05	0.04		2.95
46	2:77251	同治	内白外紫	68.71	24.04	3.31	2.01	0.61	0.22	0.93	0.06	0.08	2.86
47	2:77253			70.42	23.06	3.03	1.84	0.40	0.19	1.12	0.04		3.05
48	2:77254			69.26	24.09	3.26	1.79	0.26	0.26	1.04	0.02		2.88
49	2:77255			69.15	24.31	3.07	1.95	0.42	0.20	1.09	0.02	0.06	2.84
50	2:77256			68.55	24.74	3.12	1.87	0.27	0.25	1.15	0.03		2.77

表5-9 清代景德镇官窑瓷器文物的瓷胎化学组成平均值

年代	氧化物含量（Wt%）									
	SiO_2	Al_2O_3	K_2O	Na_2O	CaO	MgO	Fe_2O_3	TiO_2	MnO	$\frac{SiO_2}{Al_2O_3}$
康熙	67.24	25.62	3.03	2.11	0.77	0.24	0.85	0.08	0.08	2.63
雍正	68.01	25.20	3.13	2.04	0.61	0.14	0.79	0.11	0.09	2.70
乾隆	68.17	24.76	3.19	1.97	0.49	0.19	0.87	0.06	0.07	2.76
道光	68.84	24.14	3.30	1.89	0.62	0.18	0.99	0.04	0.12	2.85
咸丰	69.15	23.48	3.37	1.95	0.74	0.20	1.05	0.04		2.95
同治	69.22	24.05	3.16	1.89	0.39	0.22	1.07	0.03	0.07	2.88

2. 清代景德镇官窑瓷器文物的瓷釉组成成分分析

（1）白釉组成成分分析

EDXRF半定量分析结果显示，南京博物院馆藏清代景德镇御窑厂各时期瓷器文物白釉的化学成分含量比较接近，不同时期、不同品种所用白釉的化学成分含量基本一致，主要由69.43%~72.31%的SiO_2、14.02%~15.98%的Al_2O_3、3.57%~4.45%的K_2O、2.17%~2.69%的Na_2O、3.50%~5.82%的CaO、0.34%~1.11%的MgO、0.97%~1.30%的Fe_2O_3、0.02%~0.06%的TiO_2、0.05%~0.12%的MnO等组成，与相关文献中给出的含量范围基本一致。

景德镇瓷釉，历来都是以釉灰（熟石灰与凤尾草或狼萁草迭叠煅烧制得）掺入釉果（一种风化程度较浅而钾、钠含量较高的瓷石）配制而成，因此，瓷釉中CaO的含量主要来自釉灰，而K_2O、Na_2O的含量则主要来自釉果。从表中列出的白釉化学成分含量可以看出，清代各时期景德镇官窑瓷器文物白釉中呈色元素Fe_2O_3、TiO_2、MnO的含量都较低，Fe_2O_3含量基本在1.3%以内，TiO_2含量基本在0.06%以内，MnO含量基本在0.12%以内。景德镇白釉瓷釉的化学组成变化主要是其中CaO含量的变化，下述表中，CaO含量在5%左右，K_2O+Na_2O含量在6.5%左右，CaO/（K_2O+Na_2O）的比值在0.55~0.89，由此说明，这一时期釉灰的用量较少，而釉果的用量比例相应增加。釉灰用量的减少可以提高瓷釉的烧成温度，促进其与坯体的良好结合，同时由于釉果用量的增加，引入更多的K_2O、Na_2O，不仅可以提高瓷釉的高温黏度和熔融温度范围，改善烧成工艺，而且可以减弱瓷釉在高温时熔解瓷胎内Fe_2O_3的能力，进而提高釉面白度。

表5-10　清代景德镇官窑瓷器文物的白釉化学组成

序号	登录号	年代	品种	氧化物含量（Wt%）									
				SiO_2	Al_2O_3	K_2O	Na_2O	CaO	MgO	Fe_2O_3	TiO_2	MnO	$\frac{CaO}{K_2O+Na_2O}$
1	2:66942	康熙	釉里红	70.69	15.89	4.10	2.65	4.68	0.75	0.97	0.06	0.12	0.69
2	2:66943			71.30	15.94	4.03	2.24	4.12	1.06	1.22	0.04		0.66
3	2:66944			71.90	15.52	4.01	2.49	3.74	1.02	1.18	0.03	0.05	0.58
4	2:66945			69.43	15.98	4.42	2.31	5.73	0.95	1.09	0.02		0.85
5	2:66946			71.94	15.01	4.06	2.67	4.45	0.65	1.22	0.03	0.07	0.66
6	2:66947			70.45	14.93	4.25	2.53	5.63	0.98	0.98	0.06	0.09	0.83
7	2:66948			71.32	15.94	3.57	2.34	5.11	0.47	1.14	0.04		0.86
8	2:66949			70.79	15.52	3.85	2.48	5.09	1.04	1.03	0.04	0.10	0.80
9	2:66950			71.99	15.90	4.08	2.34	3.50	0.93	1.17	0.02	0.05	0.55
10	2:76874		内白外黄	69.86	15.78	4.23	2.51	5.82	0.75	0.98	0.05		0.86
11	2:76875			69.92	15.63	3.96	2.69	5.54	1.05	1.09	0.03	0.05	0.83
12	2:76876			70.14	15.42	4.43	2.17	5.69	1.11	1.10	0.05		0.86
13	2:76883			69.87	15.84	4.11	2.38	5.37	1.03	1.30	0.03		0.83
14	2:71922	雍正	内白外黄	71.44	14.62	4.37	2.24	5.62	0.37	1.25	0.02	0.08	0.85
15	2:71974			70.97	14.95	3.78	2.45	5.57	0.95	1.30	0.06		0.89
16	2:81566			72.09	14.07	4.01	2.69	5.27	0.75	1.09	0.04		0.79
17	2:81371			71.95	15.36	3.85	2.48	4.12	0.81	1.28	0.03	0.05	0.65
18	2:81349		内白外祭红	71.38	14.48	4.13	2.51	5.60	0.53	1.26	0.04		0.84
19	2:66804	乾隆	内白外黄	71.83	14.52	4.12	2.31	5.22	0.87	1.03	0.02	0.05	0.81
20	2:66805			71.11	14.85	4.35	2.30	5.67	0.42	1.15	0.04	0.07	0.85
21	2:66806			71.05	15.31	4.27	2.43	5.38	0.38	1.14	0.06		0.80
22	2:66807			71.46	14.98	4.26	2.18	5.56	0.39	1.06	0.05		0.86
23	2:66808			71.88	14.59	4.12	2.24	5.43	0.49	1.09	0.03	0.08	0.85
24	2:76736			71.96	15.65	3.83	2.34	4.54	0.41	1.12	0.03	0.07	0.74
25	2:85104		青花	72.31	14.02	4.45	2.29	5.49	0.35	1.13	0.06		0.81

续表

序号	登录号	年代	品种	氧化物含量（Wt%）									
				SiO_2	Al_2O_3	K_2O	Na_2O	CaO	MgO	Fe_2O_3	TiO_2	MnO	$\frac{CaO}{K_2O+Na_2O}$
26	2:77252	咸丰	内白外紫	71.33	14.88	4.23	2.21	5.54	0.51	1.16	0.03	0.10	0.86
27	2:77251	同治	内白外紫	71.41	15.41	3.94	2.53	5.15	0.61	1.11	0.04		0.80
28	2:77253			70.94	15.63	4.36	2.20	5.22	0.42	1.08	0.06	0.06	0.80
29	2:77254			71.53	15.64	4.25	2.34	4.73	0.34	1.06	0.05	0.05	0.72
30	2:77255			71.55	14.98	4.07	2.33	5.37	0.38	1.21	0.03		0.84
31	2:77256			70.84	15.47	4.28	2.18	5.51	0.49	1.13	0.02		0.85

表5-11 清代景德镇官窑瓷器文物的白釉化学组成平均值

年代	氧化物含量（Wt%）									
	SiO_2	Al_2O_3	K_2O	Na_2O	CaO	MgO	Fe_2O_3	TiO_2	MnO	$\frac{CaO}{K_2O+Na_2O}$
康熙	70.74	15.64	4.08	2.45	4.96	0.91	1.11	0.04	0.08	0.76
雍正	71.57	14.70	4.03	2.47	5.24	0.68	1.24	0.04	0.07	0.81
乾隆	71.66	14.85	4.20	2.30	5.33	0.47	1.10	0.04	0.07	0.82
咸丰	71.33	14.88	4.23	2.21	5.54	0.51	1.16	0.03	0.10	0.86
同治	71.25	15.43	4.18	2.32	5.20	0.45	1.12	0.04	0.06	0.80

（2）黄釉组成成分分析

EDXRF半定量分析结果显示，南京博物院馆藏清代景德镇御窑厂各时期瓷器文物黄釉的化学成分含量比较接近，同一时期不同品种所用黄釉的化学成分含量无明显变化，主要由39.50%~42.74%的SiO_2、4.97%~9.12%的Al_2O_3、47.03%~51.53%的PbO、1.10%~2.17%的Fe_2O_3、0.39%~0.98%的K_2O、0.69%~1.12%的Na_2O、0.14%~0.77%的CaO、0.24%~0.56%的MgO、0.01%~0.07%的TiO_2等组成，与相关文献中给出的含量范围基本一致，属于高铅低温颜色釉。

清代景德镇御窑厂低温黄釉是以Fe_2O_3为着色剂、PbO为主要助熔剂的颜色釉。从表5-12列出的黄釉化学成分含量可以看出，PbO含量基本在48%左右，SiO_2含量基本在41%左右，二者的成分含量总和在86.53%~94.27%，呈现高铅低硅的特征，属于PbO-SiO_2体系。PbO/SiO_2的比值在1.13~1.30，呈现逐渐升高的趋势，推测可能与釉料配方、烧成气氛、烧成温度等相关联。

从表中列出的黄釉化学成分含量可以看出，Al_2O_3的含量明显偏低，基本在6.5％左右。已有研究表明，瓷器釉层中的Al_2O_3可以改善瓷釉性能，进而提高瓷釉的化学稳定性，避免釉面出现龟裂。景德镇传统瓷釉中的Al_2O_3主要由黏土提供，可起到提高釉浆悬浮性、稳定性以及增加釉层在坯体上的附着力和强度的作用。根据清代景德镇御窑厂黄釉中Al_2O_3的含量，可推测窑工们在制备黄釉时，为提高黄釉性能，极有可能在其中添加了少量的优质黏土。

表5-12　清代景德镇官窑瓷器文物的黄釉化学组成

序号	登录号	年代	品种	氧化物含量（Wt％）									
				SiO_2	Al_2O_3	PbO	Fe_2O_3	K_2O	Na_2O	CaO	MgO	TiO_2	$\frac{PbO}{SiO_2}$
1	2:77507	康熙	黄釉	41.05	6.55	48.36	1.73	0.98	0.73	0.22	0.24	0.07	1.18
2	2:77508			41.04	7.52	47.25	1.61	0.74	0.85	0.64	0.31	0.03	1.15
3	2:77509			42.74	4.97	48.66	1.34	0.62	0.74	0.29	0.54	0.03	1.14
4	2:83703			40.98	8.46	47.03	1.22	0.70	1.12	0.16	0.30	0.04	1.15
5	2:83713			41.09	8.25	47.17	1.10	0.69	0.70	0.63	0.24	0.07	1.15
6	2:84689			41.18	7.39	48.25	1.29	0.56	0.75	0.26	0.27	0.05	1.17
7	2:84718			40.26	8.08	47.63	1.46	0.83	0.86	0.58	0.33	0.03	1.18
8	2:76874		内白外黄	41.39	5.32	48.74	1.93	0.75	0.74	0.77	0.27	0.03	1.18
9	2:76875			41.23	7.25	47.58	1.80	0.68	0.74	0.42	0.24	0.03	1.15
10	2:76876			41.20	6.42	48.16	1.42	0.82	0.70	0.70	0.56	0.06	1.17
11	2:76883			41.98	4.97	48.82	2.16	0.71	0.73	0.25	0.30	0.07	1.16
12	2:80963		蓝地黄彩	42.32	5.79	47.78	1.52	0.87	0.71	0.65	0.34		1.13
13	2:81371	雍正	内白外黄	40.65	7.45	48.34	1.54	0.58	0.72	0.28	0.37	0.04	1.19
14	2:71922			41.18	6.78	48.29	1.71	0.42	0.74	0.37	0.51		1.17
15	2:71974			41.09	7.13	48.53	1.22	0.78	0.69	0.25	0.27	0.01	1.18
16	2:81566			41.65	6.24	48.47	1.53	0.61	0.70	0.41	0.33	0.04	1.16
17	2:66804	乾隆	内白外黄	39.50	5.97	50.32	2.01	0.68	0.75	0.34	0.40	0.03	1.27
18	2:66805			41.36	6.83	48.15	1.78	0.43	0.74	0.29	0.35		1.16
19	2:66806			39.79	5.16	51.53	1.54	0.47	0.78	0.26	0.39		1.30

续表

序号	登录号	年代	品种	氧化物含量（Wt%）									
				SiO_2	Al_2O_3	PbO	Fe_2O_3	K_2O	Na_2O	CaO	MgO	TiO_2	$\frac{PbO}{SiO_2}$
20	2:66807	乾隆	内白外黄	41.90	6.72	48.62	1.62	0.54	0.73	0.44	0.48		1.16
21	2:66808			41.86	5.14	48.03	2.17	0.45	0.73	0.29	0.29	0.03	1.15
22	2:76736			42.01	6.08	48.01	1.81	0.56	0.85	0.18	0.38	0.04	1.14
23	2:76645		黄地绿彩	40.28	8.36	47.87	1.36	0.62	0.77	0.29	0.36	0.02	1.19
24	2:76646			41.01	5.78	50.26	1.28	0.43	0.70	0.21	0.34		1.23
25	2:76647			41.04	7.60	47.24	2.02	0.86	0.73	0.14	0.36		1.15
26	2:76648			40.54	6.67	49.87	1.14	0.55	0.72	0.22	0.41	0.07	1.23
27	2:76649			40.63	8.08	48.25	1.35	0.39	0.79	0.31	0.26		1.19
28	2:76650			40.06	5.46	51.17	1.40	0.44	0.76	0.29	0.38		1.28
29	2:76651			42.64	5.87	48.15	1.58	0.41	0.72	0.34	0.27		1.13
30	2:76652			40.85	6.19	49.97	1.22	0.40	0.73	0.28	0.35	0.06	1.22
31	2:85242			39.53	9.12	48.14	1.23	0.64	0.75	0.16	0.35		1.22

表5-13 清代景德镇官窑瓷器文物的黄釉化学组成平均值

年代	氧化物含量（Wt%）									
	SiO_2	Al_2O_3	PbO	Fe_2O_3	K_2O	Na_2O	CaO	MgO	TiO_2	$\frac{PbO}{SiO_2}$
康熙	41.37	6.75	47.95	1.55	0.75	0.78	0.46	0.33	0.05	1.16
雍正	41.14	6.90	48.41	1.50	0.60	0.71	0.33	0.37	0.03	1.18
乾隆	40.87	6.60	49.04	1.57	0.52	0.75	0.27	0.36	0.04	1.20

三、瓷釉CIELAB色度值检测与分析

（一）测色色差计工作原理及应用现状

颜色，实质上是一个动态的视觉过程，是观察者通过眼睛、大脑和已有的生活经验所产生的一种对光的视觉效应。测色色差计是基于光谱技术，通过仪器内部的标准光源照明被

测物体，在整个可见光波长范围内，测量非荧光物体表面反射的光谱数据，以此来确定物体表面色彩以及色彩差异的设备。其工作机制实际上就是对人眼从380nm到780nm的电磁辐射产生颜色识别过程的部分模拟，具备准确性、量化性以及不受主观影响等优势，已成功应用在多种材质的文物保护修复、文物鉴定、科技考古分析等领域。为了统一颜色的测量标准和评价方法，1976年国际照明委员会（CIE）推荐了新的颜色空间及其有关的色差公式，即CIE1976LAB（或L* a* b*）系统，现已成为国际通用的测色标准，适用于一切光源色或物体色的表示与计算。颜色由色相、明度及纯度三项基本要素构成，色相即颜色的类型，如红、绿、蓝、紫等；明度又称为“亮度”，表示颜色的深浅和明暗程度；纯度也称“饱和度”，用于表示颜色的鲜艳程度。而所有的颜色均可用L*、a*、b*三个轴的坐标来定义：L*为垂直轴，代表明度，其值从底部0（黑）到顶部100（白）；a*、b*都是水平轴，其中a*代表红绿轴上颜色的饱和度，−a*为绿，+a*为红；b*代表蓝黄轴上颜色的饱和度，−b*为蓝，+b*为黄（图5-1）。

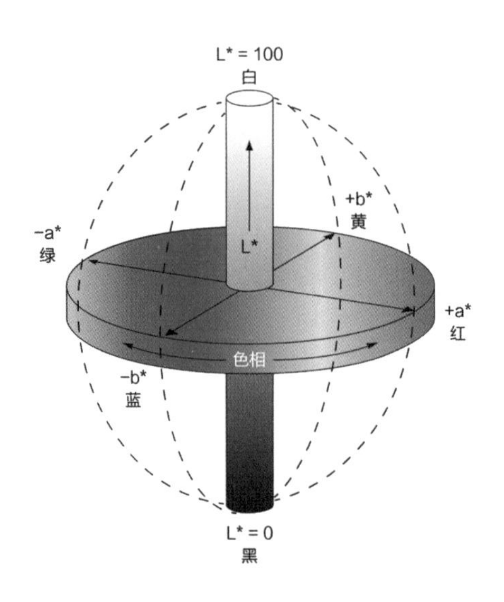

图5-1 CIELAB色彩空间三维示意图

现代学术界关于瓷器颜色的界定方法有两种：社会科学的颜色分类方法主要依据人眼对瓷釉颜色深浅以及浓淡的感觉加以区别判定，此种方法没有统一标准且主观性较大；而色度学是以光学、视觉生理、视觉心理等为基础，对颜色做出定量的描述和控制的实验性科学，其原理的运用能够较准确地描述瓷釉颜色的绚丽多彩性，用数据直观和定量表征不同颜色的瓷釉，并能区分它们之间的异同点。本项目保护修复的南京博物院馆藏清代官窑瓷器文物是景德镇御窑厂为皇室烧制的一批日用器皿，按照这些瓷器文物的釉色种类，大致可将其分为白釉、黄釉、红釉、绿釉、紫釉，由于影响瓷釉呈色的因素众多，同类瓷釉又呈现出不同的颜色。依据有关规程要求，以HP-2136型便携式色彩色差计测量该批清代景德镇官窑瓷器文物的釉色，基于获得的L*、a*、b*数值，利用色度学原理对同一种类的瓷釉颜色在不同时期的定量化表征进行科学、合理的分析，同时在瓷器文物保护修复过程中，对补配部位的上色情况进行有效判定，以降低调色的盲目性，减少调色的次数，进而提升调色的效率和准确度。

（二）评定方法

（1）检测依据：《测色色差计检定规程》（JJG 595—2002）、《标准照明体和几何条件》（GB/T 3978—2008）、《日用陶瓷白度测定方法》（QB/T 1503—2011）。

（2）检测设备：便携式色彩色差计（型号：HP-2136，生产厂家：上海谱熙仪器设备有限公司）。

（3）检测条件：CIE标准D65照明体，视场光源10°，测量孔径4mm，测量波长范围400nm~700nm，波长间距10nm，分辨率0.01%，测量时间约1.5s。色板标准值如表5-14所示。

表5-14 色板标准值

色板	标准值		
	L*	a*	b*
白色	95.85	-0.22	2.83
黄色	83.06	3.38	76.82
蓝色	56.00	-16.41	-26.76

（4）检测方法：将测试样品用蒸馏水清洗干净后，放入电热鼓风烘箱中，调至50℃恒温烘5h，取出后冷却至常温。便携式色彩色差计经标准色板校准后，选取样品表面色泽均匀且较平整的部位进行测量，测量时，为尽可能排除外界光线的干扰，选用专用黑色遮光布遮住测试探头的外围，使之形成封闭的光路系统。采用多点测量求平均值的方法，每件（片）瓷器文物样品重复测量10次，以确保色度参数的准确性。

（三）结果与讨论

1. 清代景德镇官窑瓷器文物的白釉色度值分析

南京博物院馆藏清代景德镇官窑瓷器文物样品白釉颜色的明度L*值为75.85~80.87，红绿a*值为-3.91~-2.12，蓝黄b*值为1.28~2.94。

白釉颜色的明度L*值大小适中，集中在75.85~80.87，明亮程度适当，且不同时期不同品种的白釉明度差异并不明显，明亮程度相近。

白釉颜色的a*值、b*值处在a*值为负、b*值为正的区间内，且a*值、b*值的绝对值均较小，这表明南京博物院馆藏清代景德镇官窑瓷器文物样品白釉颜色呈现偏绿、偏黄的现象，但偏绿、偏黄的程度均较低。

康熙、雍正、咸丰、同治时期，白釉的a*值和b*值处在较稳定的区间内，绿色和黄色程度都较适中。康、雍、乾时期白釉颜色a*值的绝对值较咸丰、同治时期大，表明清三代以后，白釉颜色的偏绿程度逐渐降低。乾隆时期a*值的绝对值最大、b*值的绝对值最小，呈现偏绿蓝色。

表5-15　清代景德镇官窑瓷器文物样品的白釉颜色色度值

序号	登录号	年代	器型	L*	a*	b*
1	2:66942	康熙	碗	80.87	-2.96	1.94
2	2:66943		碗	80.86	-2.91	1.89
3	2:66944		碗	80.20	-3.48	1.93
4	2:66945		碗	80.39	-2.84	1.91
5	2:66946		碗	79.66	-2.92	1.90
6	2:66947		碗	79.40	-3.54	1.82
7	2:66948		碗	79.78	-3.57	1.87
8	2:66949		碗	80.40	-3.32	1.95
9	2:66950		碗	79.57	-3.69	1.86
10	2:76874		碗	76.25	-2.84	2.43
11	2:76875		碗	76.86	-2.70	2.27
12	2:76876		碗	76.37	-2.67	2.25
13	2:76883		碗	76.92	-2.61	2.74
14	2:80963		碗	76.51	-2.52	2.65
15	2:71922	雍正	碗	76.55	-2.53	2.19
16	2:71974		碗	76.38	-2.77	2.51
17	2:81349		碗	76.20	-2.45	2.23
18	2:81566		碗	75.92	-2.20	2.77

序号	登录号	年代	器型	L*	a*	b*
19	2:81371	雍正	碗	75.85	-2.82	2.62
20	2:66804	乾隆	盘	77.82	-3.78	1.28
21	2:66805		盘	77.67	-3.73	1.30
22	2:66806		盘	77.95	-3.76	1.35
23	2:66807		盘	77.35	-3.71	1.30
24	2:66808		盘	77.28	-3.75	1.45
25	2:76736		碗	77.03	-3.87	1.42
26	2:85104		烛台	76.94	-3.91	1.58
27	2:77252	咸丰	碗	75.90	-2.21	2.66
28	2:77251	同治	碗	76.95	-2.18	2.89
29	2:77253		碗	77.32	-2.14	2.66
30	2:77254		碗	76.54	-2.12	2.78
31	2:77255		碗	77.60	-2.23	2.94
32	2:77256		碗	77.58	-2.17	2.58

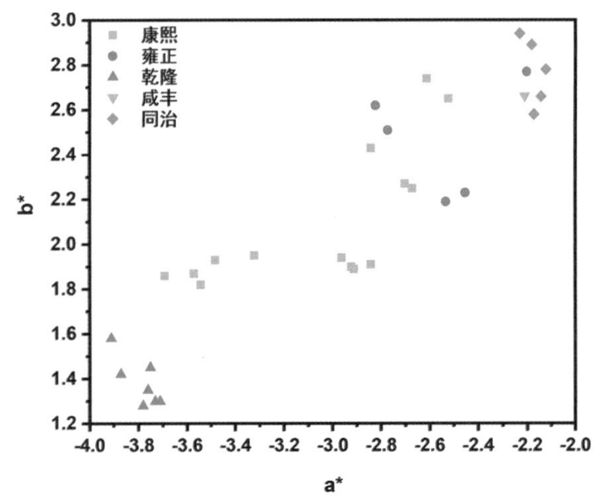

图5-2　清代景德镇官窑瓷器文物样品的白釉颜色a*、b*色度图

2. 清代景德镇官窑瓷器文物的黄釉色度值分析

南京博物院馆藏清代景德镇官窑瓷器文物样品黄釉颜色的明度L*值为58.36~72.73，红绿a*值为−4.78~−1.42，蓝黄b*值为27.28~30.94。

黄釉颜色的明度L*值在58.36~72.73波动，不同时期的明度差异较为明显，明亮程度从康熙时期至乾隆时期呈现逐渐降低的趋势。

黄釉颜色的a*值、b*值处在a*值为负、b*值为正的区间内，其中a*值的绝对值较小，而b*值的绝对值较大，表明南京博物院馆藏清代景德镇官窑瓷器文物样品黄釉颜色呈现偏绿的现象，但偏绿的程度较低。

康、雍、乾时期黄釉的颜色，a*值从a*轴的最左端向最右端逐渐移动，表明黄釉颜色的偏绿程度逐渐降低；b*值从b*轴下端向上略有移动，表明黄釉颜色的偏黄程度略有上升。

表5−16 清代景德镇官窑瓷器文物样品的黄釉颜色色度值

序号	登录号	年代	器型	L*	a*	b*
1	2:76874	康熙	碗	72.45	−4.26	28.33
2	2:76875		碗	72.34	−4.78	27.87
3	2:76876		碗	72.73	−4.35	27.45
4	2:76883		碗	65.84	−3.95	28.43
5	2:77507		碗	66.00	−3.35	27.79
6	2:77508		碗	66.25	−3.58	29.21
7	2:77509		碗	65.70	−3.66	28.24
8	2:80963		碗	66.42	−4.56	27.28
9	2:83703		碗	65.69	−3.96	28.93
10	2:84689		碗	67.42	−3.91	28.55
11	2:84718		碗	67.07	−3.82	28.47
12	2:71922	雍正	碗	64.96	−1.65	29.21
13	2:71974		碗	65.72	−1.67	29.23
14	2:81371		碗	65.50	−1.75	29.51
15	2:81566		碗	65.96	−1.77	29.55
16	2:66804	乾隆	盘	62.46	−1.55	30.94

续表

序号	登录号	年代	器型	L*	a*	b*
17	2:66805	乾隆	盘	62.12	-1.72	30.41
18	2:66806		盘	62.12	-1.72	30.41
19	2:66807		盘	62.40	-1.53	30.57
20	2:66808		盘	61.90	-1.42	29.85
21	2:76645		碗	59.35	-1.61	29.61
22	2:76646		碗	58.67	-1.64	28.82
23	2:76647		碗	58.36	-1.62	29.86
24	2:76648		碗	58.98	-1.60	29.61
25	2:76649		碗	59.09	-1.59	29.95
26	2:76650		碗	59.08	-1.55	30.02
27	2:76651		碗	58.72	-1.61	30.10
28	2:76652		碗	59.52	-1.53	29.73
29	2:76736		碗	59.98	-1.68	30.29
30	2:85242		碗	60.31	-1.61	29.91

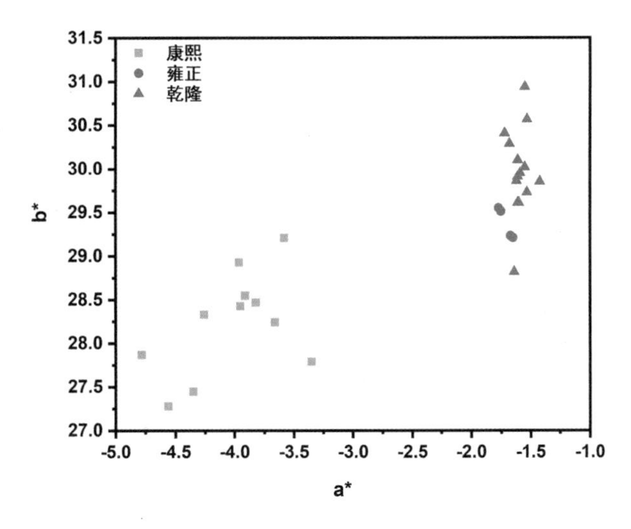

图5-3　清代景德镇官窑瓷器文物样品的黄釉颜色a*、b*色度图

参考文献

[1]王珍：《利用CS-4色差计测定陶瓷瓷胎透光度》，《中国陶瓷》1989年第3期。

[2]郭演仪：《古代景德镇瓷器胎釉》，《中国陶瓷》1993年第1期。

[3]吴隽、李家治：《景德镇历代青花瓷胎釉化学组成的多元统计分析》，《陶瓷学报》1997年第3期。

[4]何文权、熊樱菲：《博物馆藏古陶瓷元素成份的无损分析》，《上海博物馆集刊》2000年。

[5]熊樱菲：《清代瓷釉制作技术的EDXRF分析研究》，《中国文物保护技术协会第五次学术年会论文集》，科学出版社，2007年。

[6]郑乃章、吴军明、吴隽、苗立峰：《古陶瓷研究和鉴定中的化学组成仪器分析法》，《中国陶瓷》2007年第5期。

[7]郑利平：《色差计基本原理及其在文物修复作色中的实际应用》，《重庆工学院学报（自然科学版）》2007年第6期。

[8]郑乃章、吴军明、吴隽、孙加林：《明清以来景德镇低温黄釉的初步研究》，《建筑材料学报》2008年第4期。

[9]张林艳、戴挺：《能量色散X射线荧光光谱仪的现状》，《现代仪器》2008年第5期。

[10]吴隽、罗宏杰、李其江、李伟东、吴军明：《越窑、龙泉及南宋官窑青瓷等我国南方青釉名瓷的元素组成模式和显微结构特征》，《硅酸盐学报》2009年第8期。

[11]熊樱菲、龚玉武、夏君定、吴婧玮：《上林湖越窑青瓷胎釉化学组成的EDXRF分析》，《文物保护与考古科学》2010年第4期。

[12]丁银忠、赵兰、黄卫文、侯佳钰、苗建民：《故宫博物院藏宋代官窑瓷器釉的颜色无损测定》，《故宫博物院院刊》2010年第5期。

[13]吴军明、丁银忠、李其江、张茂林、吴隽：《历代官窑霁蓝釉瓷的化学组成无损分析》，《光谱实验室》2013年第5期。

[14]吴军明、李其江、张茂林、吴隽、丁银忠、曹建文、刘晓婧：《景德镇官窑紫金釉组成及呈色特征》，《光谱学与光谱分析》2014年第3期。

[15]汤泽军：《应用于色差计的两种典型色差公式的对比》，《长沙航空职业技术学院学报》2015年第2期。

[16]周本源、汪常明：《EDXRF在古陶瓷研究中的应用现状及展望》，《广西物理》2015年第4期。

[17]严鑫、董俊卿、李青会、郭木森、卜工、胡永庆：《基于OCT技术对古瓷釉气泡特征的初步研究》，《光谱学与光谱分析》2015年第8期。

[18]李璇、吴隽、张茂林、李其江、郁永彬：《龙虎山大上清宫遗址出土白瓷EDXRF分析》，《江苏陶瓷》2019年第1期。

[19]李璇、吴隽、张茂林、李其江、吴军明、郁永彬：《龙虎山大上清宫遗址出土青瓷EDXRF分析》，《佛山陶瓷》2019年第1期。

[20]牛飞：《青花瓷器青白釉的仿釉修复技术研究》，《中国文物科学研究》2019年第4期。

[21]于欢、李其江、包启富、叶国珍、周方武、刘昆、周健儿：《南宋时期官窑青瓷与龙泉青瓷的对比分析》，《中国陶瓷》2019年第6期。

[22]李媛、李合、丁银忠、康葆强、史宁昌：《中国古代高温釉钙质原料显微结构特征研究》，《广西科技大学学报》2020年第2期。

[23]寇芳莹：《文物补配修复中的色差现象与视知觉运用》，《文物鉴定与鉴赏》2020年第18期。

[24]侯佳钰、赵瑾、康葆强、史宁昌：《明弘治、清康熙黄釉黄彩的无损分析对比研究》，《中国文物科学研究》2021年第1期。

[25]周辉、潜伟、周卫荣：《色度测量在文物考古中的应用》，《文物保护与考古科学》2021年第1期。

[26]朱新选：《馆藏彩陶的保护及修复》，《丝绸之路》2021年第2期。

[27]缪松兰、杜永强：《胎釉对青瓷釉色肌理的影响分析》，《中国陶瓷工业》2021年第5期。

[28]谭慧姣、党睿：《拉曼光谱和色差法在丝质文物色彩损伤评估中的比较》，《光谱学与光谱分析》2021年第8期。

[29]侯佳钰、江建新、邬书荣、江小民、李合、康葆强、冀洛源：《明清宫廷黄釉瓷的科学研究》，《故宫学刊》2022年第1期。

[30]李合、赵瑾、康葆强、史宁昌：《故宫南大库出土康熙青花瓷器标本的无损分析》，《中国文物科学研究》2022年第3期。

[31]杜岚、陈斌华、王达、姚志康、周妮、黄彦玮：《测色色差计在CIELAB色空间下的一种计量校准方法》，《上海计量测试》2022年第4期。

[32]王文轩、温睿、张悦、江建新：《明代永宣时期景德镇御窑青花瓷“铁锈斑”的显微结构研究》，《光谱学与光谱分析》2023年第1期。

[33]余琦：《清代祭红釉的科技研究》，硕士学位论文，景德镇陶瓷学院，2013年。

[34]李家治：《中国科学技术史·陶瓷卷》，科学出版社，1998年。

[35]吕成龙：《中国古代颜色釉瓷器》，紫禁城出版社，1999年。

[36]张福康：《中国古陶瓷的科学》，上海人民美术出版社，2000年。

[37]缪松兰，马铁成，林绍贤，朱振峰：《陶瓷工艺学》，中国轻工业出版社，2006年。

[38]冯先铭：《中国陶瓷（修订本）》，上海古籍出版社，2006年。

[39]胡东波、张红燕、刘树林：《景德镇明代御窑遗址出土瓷器分析研究（上）》，科学出版社，2011年。

[40]胡东波、张红燕、刘树林：《景德镇明代御窑遗址出土瓷器分析研究（下）》，科学出版社，2011年。

第六章　保护修复材料筛选实验研究

文物保护修复是基于对文物价值的尊重，通过利用科学的技术手段和物质材料，尽可能延长文物的保藏时效，从而为博物馆事业服务的一项集科学、材料、工艺等于一体的多学科应用技术。20世纪50年代起，有机高分子材料就因具备耐水、耐腐蚀、强度高、加工性能优良、能以各种形态予以应用的优势，被文物保护修复工作者广泛应用于文物的清洗、粘接、加固、补配、上色、仿釉等工艺中，在文物保护修复领域发挥了积极作用。

文物作为人类历史的重要物质载体，具备不可再生性，无法通过现有的技术手段对文物承载的信息进行全面复制，因此，对文物进行科学、合理地保护修复是博物馆日常工作的重中之重。为确保本项目在具体实施过程中的安全性、有效性，项目组从文物本体出发，针对此次保护修复工作中的几个重要工艺环节，在借鉴他人成功经验的基础上，开展保护修复材料筛选实验研究，了解保护修复材料的理化性能以及影响其发生劣化的关键性因素，同时结合正确的文物保护修复理念和原则，有针对性地选择保护修复材料以“辨证施治”，进一步提升保护修复工作的科学性，从而达到良好的保护修复效果。

一、清洗材料筛选实验研究

（一）常用材料及性能要求

瓷器文物保护修复工艺流程中，清洗工艺是保障其他工艺有序开展的首要环节。瓷器主要是由硅酸盐材料烧制而成，因原子间结合（离子键、共价键和离子—共价混合键）强度高，故具备耐腐蚀、高熔点、高硬度等较为优异的稳定性能，但在埋藏、使用、保存、流转等过程中，受到外界环境（物理、化学、生物的作用）或人为因素（保护修复材料选用不当、保护修复工艺操作不当等）的影响，文物表面或断面会形成污染物或覆盖层，去除这些污染物或覆盖层使其恢复原貌的过程，称之为“清洗”。瓷器文物表面或断面的污垢可分为无机物、有机物两大类，无机物主要包括金属及其氧化物（如铁或铜的锈蚀产物）、非金属及其化合物（如硅质水垢、钙质沉积物）、盐类（如土锈、可溶性盐）；有机物主要包括油脂、蛋白质（如霉菌）、碳水化合物（如藻类、贝壳类残体）、高分子化合物（如胶粘剂）等。依据污染物的种类，遵循“先物理后化学”的清洗原则，博物馆较多使用去离子水、皂液、酸性洗剂、碱性洗剂、有机溶剂、络合剂、生物酶、表面活性剂等清洗试剂。具体而言，理想的清洗材料应具备以下条件：

（1）无色、透明、无毒，对文物原有形制、釉色、纹饰、光泽等不产生任何影响。

（2）具备一定的挥发性，确保有充足时间完成操作的同时不会在文物上停留较长时间。

（3）具备较好的稳定性和较高的燃点，便于实际应用和储存，不会造成安全隐患。

（4）试剂浓度可按实际需求进行调配且操作简便。

（5）能够安全、有效地清除污染物，并且不会使污染物发生扩散或转移。

（6）与污染物发生化学反应时，不会损伤文物或带来新的污染。

（二）实验内容

1. 实验依据

（1）《食品安全国家标准　食品微生物学检验　霉菌和酵母计数》（GB 4789.15—2016）

（2）《食品安全国家标准　食品微生物学检验　常见产毒霉菌的形态学鉴定》（GB 4789.16—2016）

（3）《丝织文物清洁规范　第1部分：物理清洁》（DB11/T 1718.1—2020）

（4）《丝织文物清洁规范　第2部分：化学清洁》（DB11/T 1718.2—2020）

2. 实验材料与设备

表6-1　实验材料

试剂名称	状态	等级	生产厂家
马铃薯葡萄糖琼脂培养基（不含抗生素）	固体	分析纯	北京索莱宝科技有限公司
蛋白胨（LP0042）	固体	分析纯	上海超研生物科技有限公司
酵母提取物（LP0021）	固体	分析纯	上海超研生物科技有限公司
琼脂粉（BS195）	固体	分析纯	兰杰柯科技有限公司
氯化钠	固体	分析纯	国药集团化学试剂有限公司
木瓜蛋白酶	固体	分析纯	南宁庞博生物工程有限公司
Rocima 342	液体	分析纯	三甲新材料（广州）有限公司
纳米银	液体	分析纯	北京中科科优科技有限公司
盐酸特比萘芬	液体	分析纯	山东京卫制药有限公司
洁尔阴	液体	分析纯	四川恩威制药有限公司
异噻唑啉酮（CIT/MIT）	液体	分析纯	山东优索化工科技有限公司
苯并异噻唑啉酮（20%BIT）	液体	分析纯	广州找样科技有限公司
75%酒精	液体	分析纯	国药集团化学试剂有限公司

表6-2 实验设备

设备名称	型号	生产厂家
电子精密天平	PB602-N	METTLER TOLEDO
恒温培养振荡器	HNY-100B	HONOUR
隔水式培养箱	GHP-9080N	上海一恒科学仪器有限公司
自动蒸汽灭菌锅	D-1	北京发恩科贸有限公司
二级生物安全柜	Labculture A2	新加坡艺思高（ESCO）科技有限公司
扫描电子显微镜	S-3400N	HITACHI

3. 实验方法

（1）霉菌采样

根据文物上霉斑的出现情况，按照文物霉菌调查方法进行取样，用制备好的无菌拭子在有霉斑的文物表面反复擦拭几次后，放入经灭菌处理的离心管中密封，并对采集地点、采集时间、采集部位等相关信息进行记录。

（2）菌株培养及分离

将所取样品加入500μL PBS分散后，以涂布方式分别接种于LB和PDA固体培养基中，前者培养温度35℃，后者培养温度28℃。待生长出明显菌落后，根据菌落的不同形态、颜色，采用尖端菌丝挑取法进行分离、纯化培养，直至所接种平板上不再出现新的菌落。将经多次纯化后获得的单菌落菌株接种于试管斜面培养基上，4℃保存备用。

（3）菌株形态观察

将分离纯化后的菌种接种到LB或马铃薯葡萄糖液体培养基中，为观察菌落形态，将菌液滴加至载玻片上，经固定、脱水、喷金处理后，在SEM扫描电子显微镜下观察其显微形态，并进行拍照记录。

（4）菌株测序

选取菌落特征明显、色素产生稳定的菌株，委托上海美吉生物医药科技有限公司进行高通量测序，通过分析测序序列的结构（数量、丰度、种类、变异等）来分析特定环境下微生物群体中各类微生物的构成情况。

（5）除菌剂筛选

选择Rocima 342、纳米银、盐酸特比萘芬、洁尔阴、异噻唑啉酮（CIT/MIT）、苯并异噻唑啉酮（20%BIT）、75%酒精以及木瓜蛋白酶等八种试剂进行除菌剂筛选。采用抑菌圈法测试所选试剂的抑菌效果，其中75%酒精挥发性较强，无法吸附在滤纸片上，因此，直接将其涂布在已接种菌株的平板上。滤纸片为直径6mm的无菌空白药敏纸片。

（三）实验结果分析

1. 霉菌的筛选、分离、纯化结果

培养12天后，部分培养基上已生长出明显可见的菌落，如图6-1所示。从菌落形态上看，可见12种细菌和2种真菌。将生长出的14种菌落继续分离纯化培养，最终挑取19个形态不同的菌落委托上海美吉生物医药科技有限公司进行测序，编号为W1—W19（图6-2）。

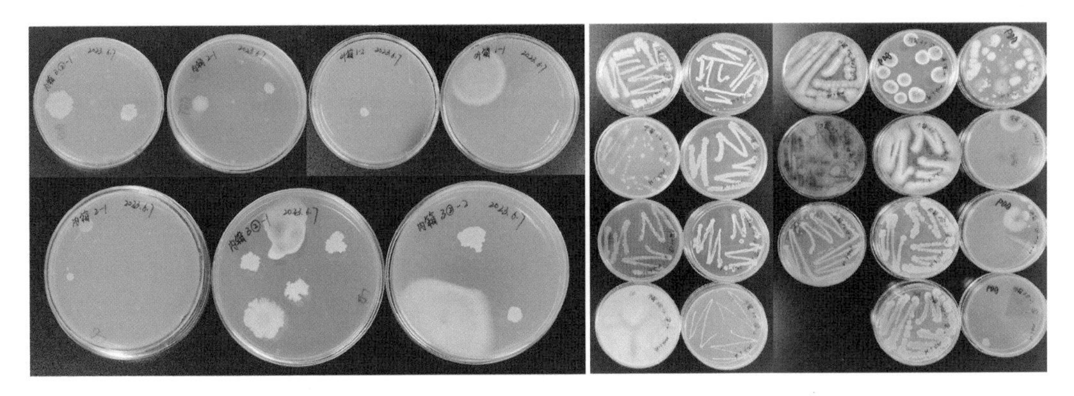

图6-1　微生物培养12天　　　　图6-2　用于测序分析的菌落平板

2. 菌株的形态观察

从19个菌落中选取较典型的菌株在扫描电子显微镜下观察，各菌株的形态特征如图6-3、图6-4所示。真菌菌丝相互交织，有利于其吸附在瓷器文物表面；细菌种类较多，其中多为杆菌，球菌较少，由此推测瓷器文物所在环境更利于细菌的生长。

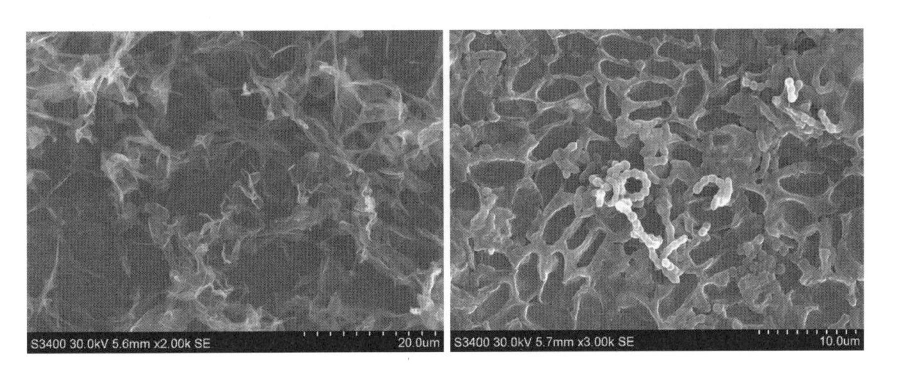

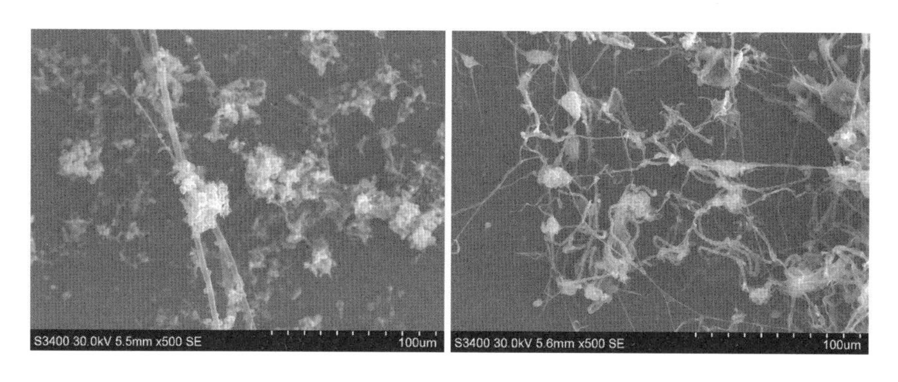

图6-3 真菌的显微形态

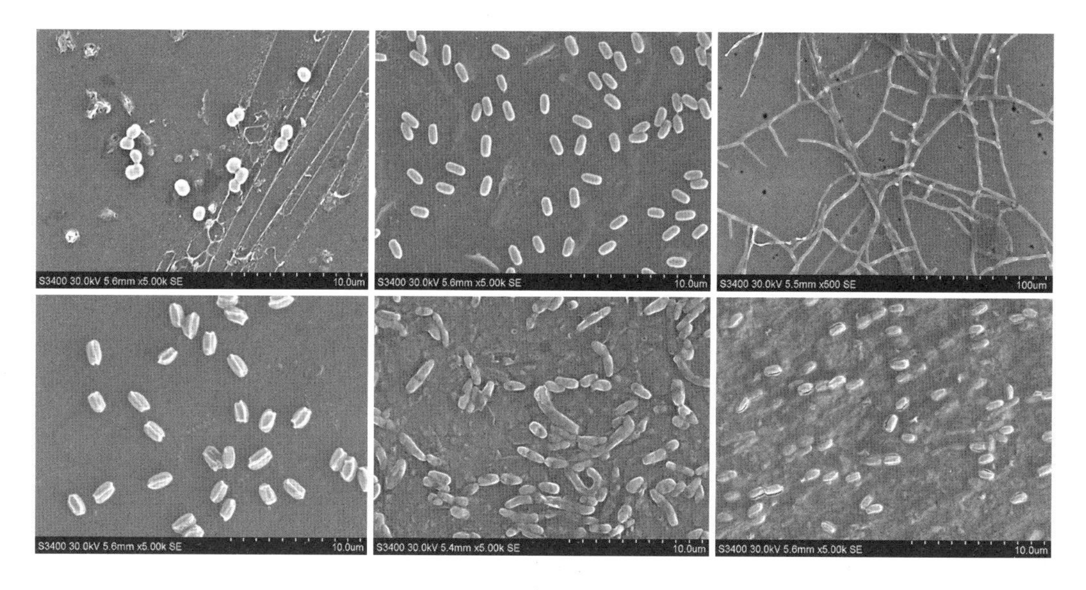

图6-4 细菌的显微形态

3. 分子生物学鉴定结果

经测序分析，19个菌落中，真菌主要为青霉菌（*Penicillium*，49.8%）、帚枝霉菌（*Sarocladium kiliense*，16.8%）、腐皮镰孢霉菌（*Fusarium solani*，16.7%）以及曲霉菌（*Aspergillus amoenus*，16.7%）；细菌主要为解淀粉芽孢杆菌（*Bacillus amyloliquefaciens*，38.4%）、碱卤芽孢杆菌（*Alkalihalobacillus*，15.4%）、嗜根寡养单胞菌（*Stenotrophomonas rhizophila*，7.7%）、*Pradoshia eiseniae*（7.7%）、人葡萄球菌（*Staphylococcus hominis*，7.7%）、类芽孢杆菌（*Paenibacillus*，7.7%）和地嗜皮菌（*Geodermatophilus nigrescens*，7.7%）。

对测序结果进一步分析，Rank-Abundance曲线及样本层级聚类分析（图6-5、图6-6）说明对于所选取的单个菌落，其OTU丰度值均较低，即所含有的菌种序列具有高度相似性，菌落纯化效果较好。

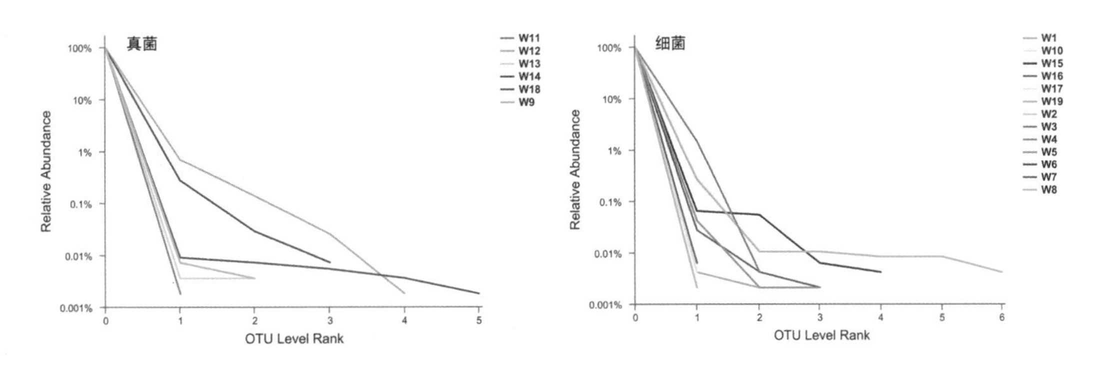

图6-5　微生物Rank-Abundance曲线

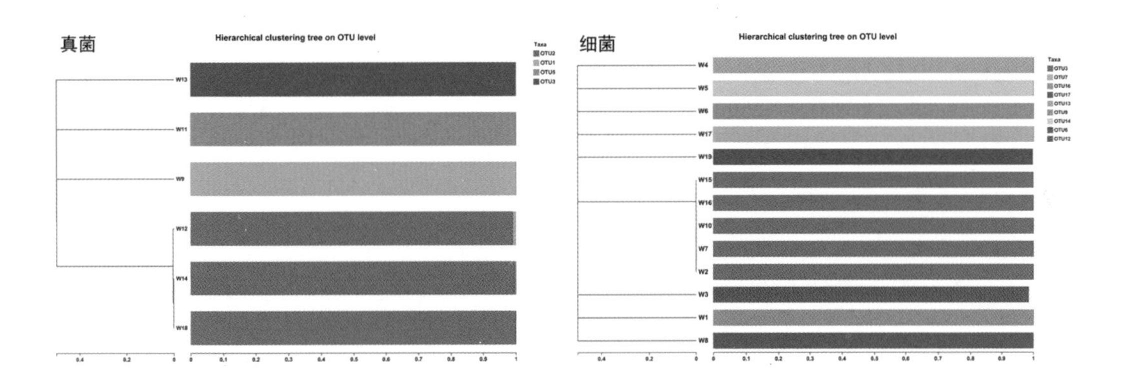

图6-6　微生物样本层级聚类分析

4. 除菌剂筛选结果

从上述19个菌落中选取了W14和W2作为优势真菌和细菌菌株用于后续除菌剂的筛选。培养24h后，抑菌效果如图6-7所示。对于真菌菌株，与空白相比，除纳米银外，其余七种试剂均有明显的抑菌效果，其中20%BIT、CIT/MIT以及盐酸特比萘芬效果最佳；对于细菌菌株，与空白相比，纳米银亦无明显的抑菌效果，此外，木瓜蛋白酶和盐酸特比萘芬的抑菌作用也十分有限，20%BIT和CIT/MIT的效果最佳，其中CIT/MIT的抑菌效果略优于20%BIT。

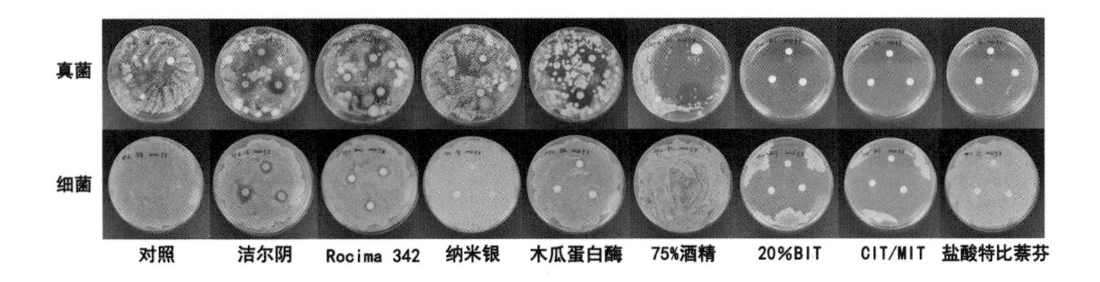

图6-7　除菌剂的抑菌效果

（四）小结

朝天宫库房由于建成时间较早，受条件的制约，库房无温湿度控制系统，通风不畅且阴暗潮湿，加上南京湿热的气候条件，馆藏文物极易产生霉变。通过上述实验结果可以看出，附着在瓷器文物上的微生物主要有青霉属、曲霉属、镰孢霉属、帚枝霉属、芽孢杆菌属、葡萄球菌属等。这些微生物在适宜的环境下，能够迅速滋生，并向四周蔓延，其代谢的产物往往伴有或深或浅的颜色，此外，微生物在生长过程中会分泌出有机酸，污染文物表面的同时也在慢慢侵蚀文物。因此，通过除菌剂筛选实验，可选择CIT/MIT作为本项目清洗工艺中的化学除菌剂，必要时可用75%酒精溶液辅助清洗。

二、粘接材料筛选实验研究

（一）常用材料及性能要求

粘接工艺是瓷器文物保护修复工作中不可或缺的重要环节之一，也是瓷器文物完整展示其价值的先决条件，不仅有赖于保护修复人员的粘接技术，同时也需根据不同的保护修复对象选用性能、工艺等相适配的胶粘剂。胶粘剂是通过黏合作用，将同质或异质分离的物体表面粘接在一起的一类物质，常见的有机胶粘剂，按照分子结构可分为热塑性树脂胶粘剂、热固性树脂胶粘剂以及合成橡胶胶粘剂三大类。目前，对于破碎的瓷器文物，α-氰基丙烯酸酯系胶粘剂和环氧树脂胶粘剂是博物馆最常选用的粘接材料，其中，α-氰基丙烯酸酯系胶粘剂以其独特的单组分、无溶剂、渗透力强、室温固化快、操作简易等特点被广泛应用于粘接胎体坚致且破碎严重的瓷器文物。具体而言，理想的粘接材料应具备以下条件：

（1）无色、透明且不易变色，胶粘剂完全固化后，文物的外观形貌不会因此而发生任何改变。

（2）具备较低的表面张力，容易渗透及扩展，但不漫流，渗透的深度不会对文物表面造成污染。

（3）应用便利，固化速度适中，固化时放热少且收缩小，不会发生持续的化学作用，对文物的化学影响仅限于使用期间且无损于文物。

（4）固化后具备一定的粘接强度，但胶粘剂的收缩应力不会使文物表面产生微裂隙。粘接后的文物在通常的受力情况下，拿放、移动时不会发生脱落。

（5）胶粘剂的粘接强度不能高于文物自身材质的强度，当粘接层受到外力作用时，文物不会产生新的损伤。

（6）能够与文物本体相兼容，并吸收文物内部应力，具备适当的塑性和弹性，但不引起文物本体发生收缩或膨胀，对文物结构不产生任何影响。

（7）具备可再溶解的能力，必要时能够且易于被安全清除，清除时对文物本体无损伤。

（8）在一定时间范围内，具备良好的化学稳定性，尤其是具备耐老化以及抗霉菌腐蚀的能力，且粘接后的文物不发生变形、散落。

（二）实验内容

1. 实验依据

（1）《硫化橡胶湿热老化试验方法》（GB/T 15905—1995）

（2）《塑料热老化试验方法》（GB/T 7141—2008）

（3）《胶粘剂　拉伸剪切强度的测定（刚性材料对刚性材料）》（GB/T 7124—2008）

（4）《塑料　拉伸性能的测定　第1部分：总则》（GB/T 1040.1—2018）

2. 实验材料与设备

表6-3　实验材料

样品	名称	型号	生产厂家	材料性能			
				颜色	状态	填充间隙/mm	黏度/mPa.s
胶粘剂A	卡夫特	K-4495	广东恒大	无色透明	液态	0.1	50~130
胶粘剂B	LOCTITE	401	美国乐泰	无色透明	液态	0.1	90~140
胶粘剂C	502	T-1	北京化工	无色透明	液态	0.04	2~5
胶粘剂D	Ergo	5800	瑞士Kisling	无色透明	液态	0.2	500

表6-4　实验设备

设备名称	型号	生产厂家
电热恒温鼓风干燥箱	DHG-9140A	上海申贤恒温设备厂
智能人工气候箱	RXZ-160D	宁波江南仪器厂
微机控制电子万能试验机	WDW-50	济南方圆试验仪器有限公司
超景深三维视频显微镜	VHX-1000	基恩士
傅里叶红外光谱仪	Nicolet iS10	Thermo Scientific

3. 实验方法

（1）样品的制备

依据《胶粘剂 拉伸剪切强度的测定（刚性材料对刚性材料）》（GB/T 7124—2008）的要求，定制100mm×25mm×2mm的不锈钢（0Cr18Ni9）试片，制作测试拉伸剪切强度的胶接件，如图6-8、图6-9所示。试片表面用有机溶剂擦拭，室温静置24h后使用，将相同质量的胶粘剂均匀地涂抹在两个试片的粘接区域，粘接面的长度为（12.5±0.25）mm，为确保胶接件的粘接效果，粘接时施加0.1MPa~0.3MPa的压力，室温固化24h。

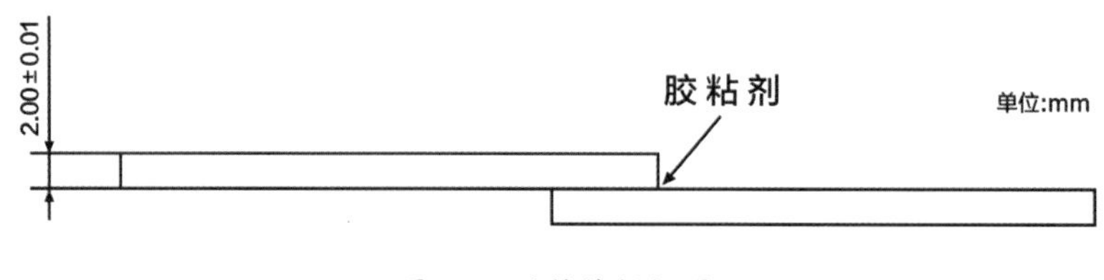

图6-8 胶接件侧视图

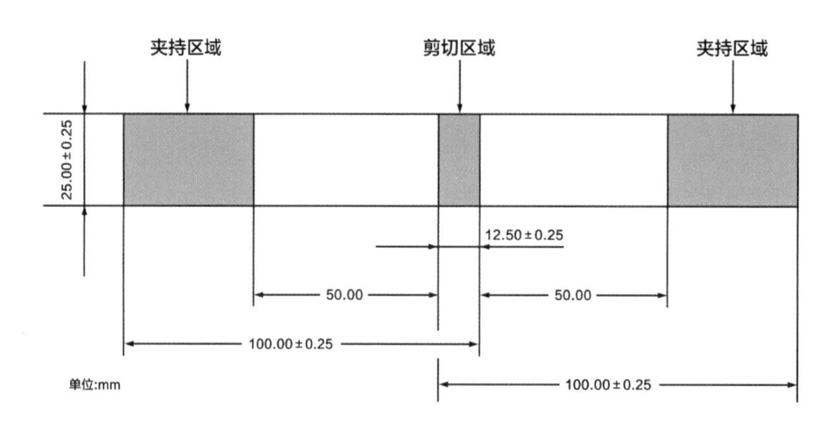

图6-9 胶接件主视图

（2）样品的老化方法

① 干热老化实验

依据相关实验标准，将完全固化后的胶接件放入干热老化箱。老化条件：温度（90±2）℃。老化周期：每天老化8h，7d为一个周期，每组胶粘剂共老化6个周期。

② 湿热老化实验

依据相关实验标准，将完全固化后的胶接件放入湿热老化箱。老化条件：温度

（50±2）℃，湿度（95±2）%。老化周期：每天老化8h，7d为一个周期，每组胶粘剂共老化6个周期。

（3）样品的表征及性能测试

① 固化速率

采用称重法进行测试。分别取胶粘剂样品0.5g滴在表面皿上，此时将胶粘剂的质量记为M_0。每隔相同的时间称重一次，直至恒重（可认为胶粘剂已干燥成膜），此时将胶粘剂的质量记为M_1。室温测定。固化速率计算公式：$M_0-M_1/M_0\times100\%$。

② 拉伸剪切强度

依据GB/T 7124—2008的要求，将胶接件对称地夹持在微机控制电子万能试验机的上、下夹具中，夹持处至距离最近的搭接端的距离为（50±1）mm，试验速度设置为5mm/min，并以稳定速度加载，记录胶接件拉伸直到断裂为止所受的最大负荷。老化后的胶接件须冷却至恒温后进行室温测定。每组胶粘剂每个周期取5个胶接件，测定拉伸剪切强度后取平均值。拉伸剪切强度计算公式：$T=P/(B\times L)$，T为胶粘剂拉伸的剪切强度，MPa；P为胶接件剪切破坏的最大负荷，N；B为胶接件搭接面宽度，mm；L为胶接件搭接面长度，mm。

③ 显微形貌

分别将干热、湿热每个老化周期的胶粘剂放在超景深三维视频显微镜下观察并拍照，记录胶粘剂在每个老化周期显微形貌的变化情况。放大倍数：100×。室温测定。

④ 红外光谱

将制备好的胶粘剂样品放在载物台上进行红外光谱检测，得老化前后四种胶粘剂在$500cm^{-1}$~$4000cm^{-1}$波数范围内的红外吸收光谱。采用无损法室温测定。

（三）实验结果分析

1. 胶粘剂固化速率分析

根据四种胶粘剂在固化时的重量变化，绘制固化速率曲线变化图，由图6-10、图6-11可以看出，相同质量的四种胶粘剂在室温下，固化速率的快慢依次为：胶粘剂C＞胶粘剂A＞胶粘剂D＞胶粘剂B。

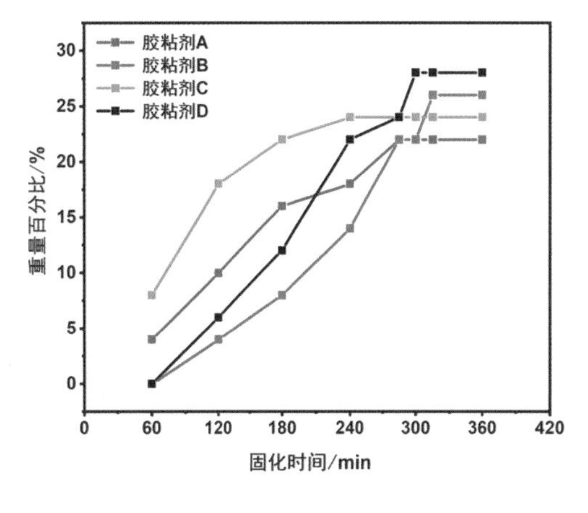

图6-10　胶粘剂固化速率曲线变化

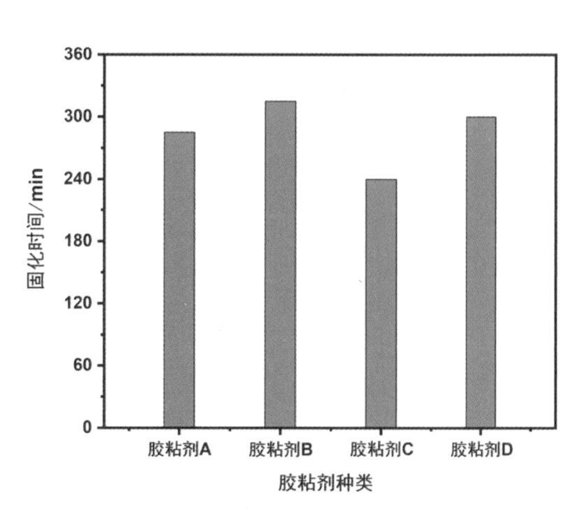

图6-11　胶粘剂固化成膜时间

2. 老化对胶粘剂拉伸剪切强度的影响

经干热老化和湿热老化后，胶粘剂A的拉伸剪切强度分别降低了43.82％和42.89％；胶粘剂B的拉伸剪切强度分别降低了69.17％和47.87％；胶粘剂C的拉伸剪切强度分别降低了77.77％和74.66％；胶粘剂D的拉伸剪切强度分别降低了80.18％和74.68％。

干热老化实验中，胶粘剂A的拉伸剪切强度呈先上升后下降的变化曲线，推测可能是高温促使胶粘剂进一步固化，因而在短时间内，拉伸剪切强度有所提高，整体下降趋势较平缓。胶粘剂B的拉伸剪切强度至第三周期急速下降，第五周期后基本保持稳定。胶粘剂C和胶粘剂D的拉伸剪切强度随干热老化周期的增加而下降，且下降趋势明显。

湿热老化实验中，胶粘剂A和胶粘剂B的拉伸剪切强度在前两个老化周期略有上升，而胶粘剂C和胶粘剂D的拉伸剪切强度在老化一周后呈断崖式下降。四种胶粘剂湿热老化至第二周期后，拉伸剪切强度的变化曲线较相似，基本呈匀速下降趋势。

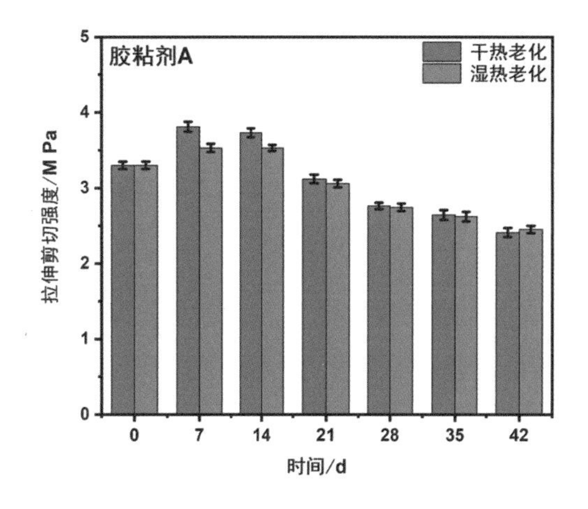

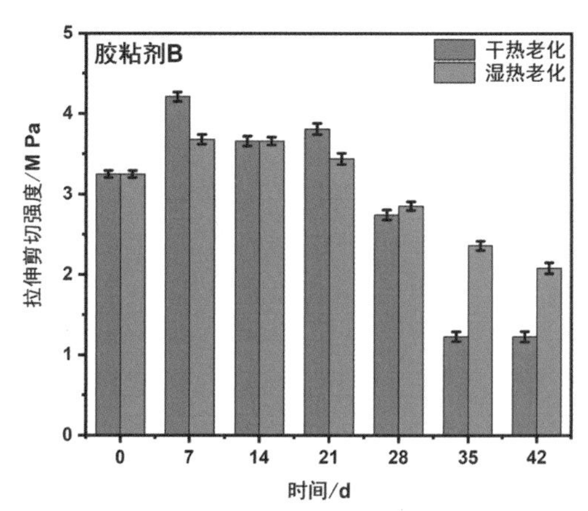

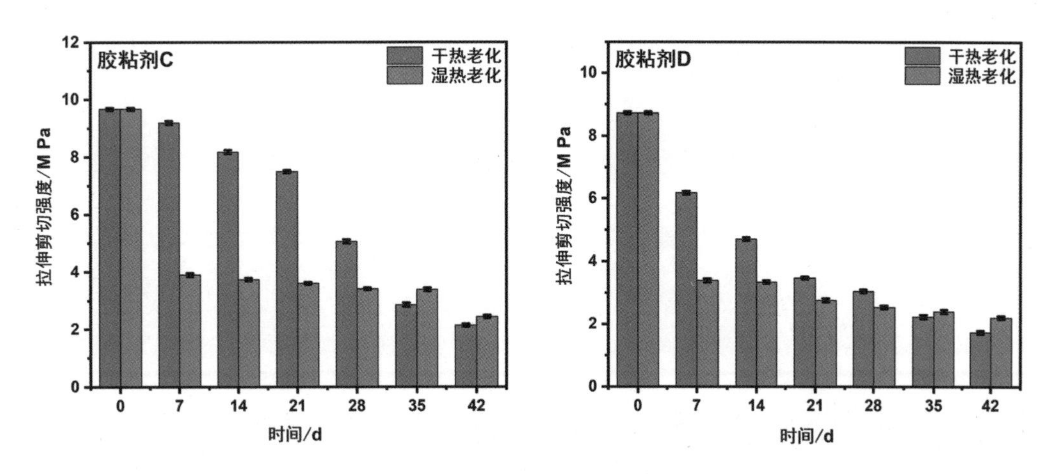

图6-12 胶粘剂老化前后的拉伸剪切强度

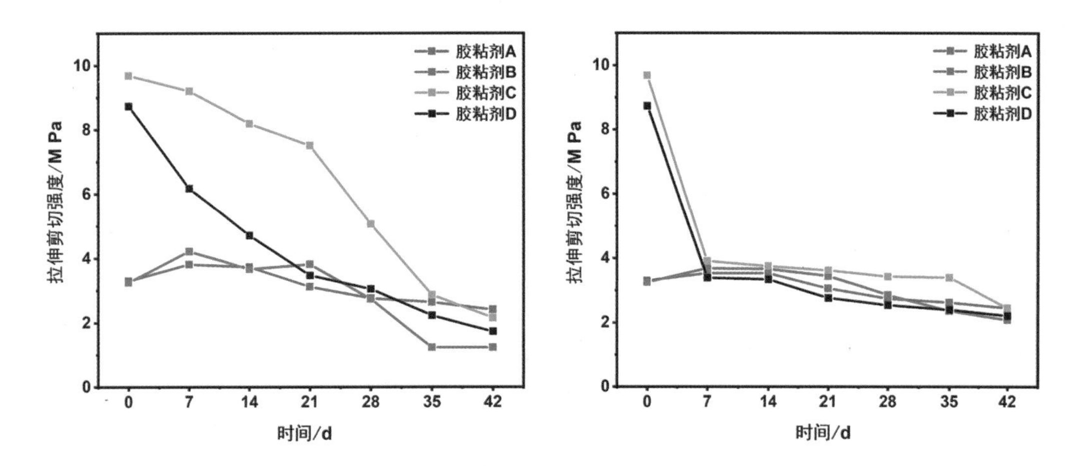

图6-13 干热老化前后胶粘剂拉伸剪切强度变化　图6-14 湿热老化前后胶粘剂拉伸剪切强度变化

3. 老化对胶粘剂显微形貌的影响

干热老化实验中，胶粘剂A、胶粘剂C、胶粘剂D的显微形貌并未发生明显变化；胶粘剂B在第五周期、第六周期时，表面出现明显隆起，有开裂的趋势。

湿热老化实验中，胶粘剂A在第四周期出现气泡，随着湿热老化周期增加，单位面积内的气泡数量明显增多，但并未发生破裂；胶粘剂B老化后表面出现非常明显的褶皱；胶粘剂C在第二周期出现白化现象，老化至第三周期，表面出现开裂，随着湿热老化周期增加，开裂情况加剧且出现起翘、脱落；胶粘剂D在第四周期，表面开始出现褶皱，随着湿热老化周期增加，单位面积内的褶皱数量明显增多，但并未发生开裂。

实验结果表明，相较干热老化，湿热老化对四种胶粘剂显微形貌的影响较大。

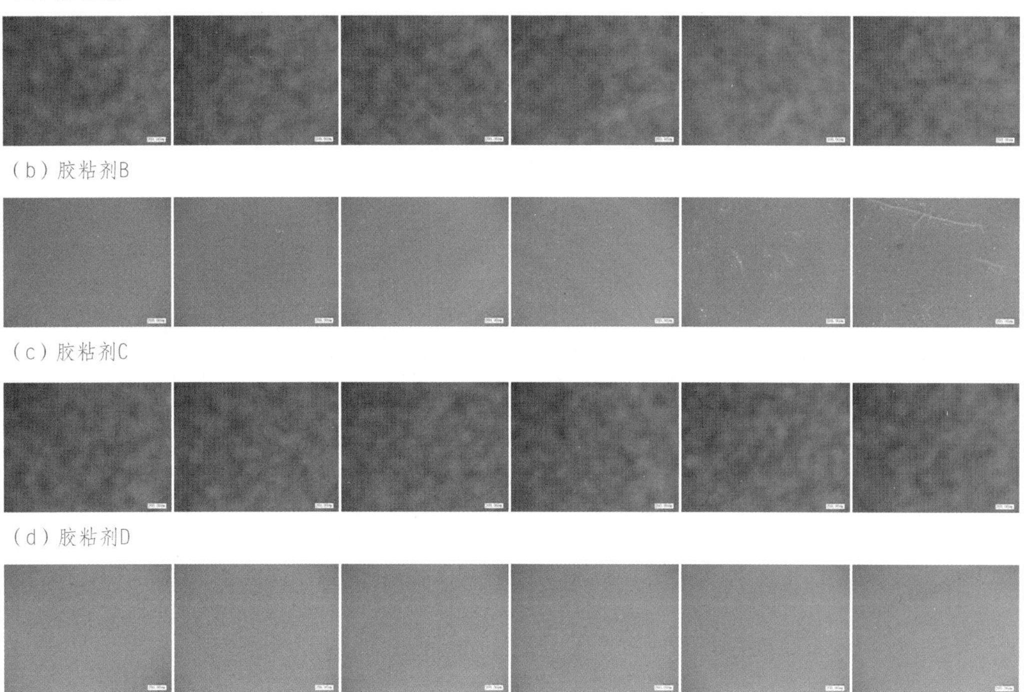

图6-15　干热老化胶粘剂的显微形貌变化（老化时间从左至右：7d、14d、21d、28d、35d、42d）

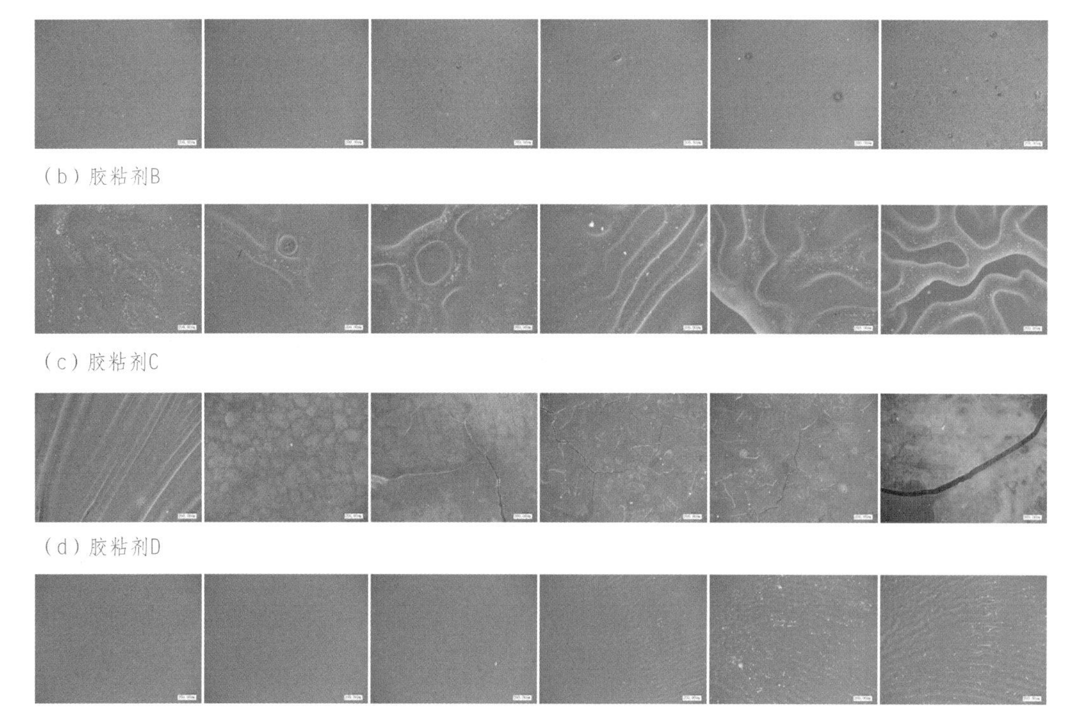

图6-16　湿热老化胶粘剂的显微形貌变化（老化时间从左至右：7d、14d、21d、28d、35d、42d）

4. 老化对胶粘剂官能团的影响

胶粘剂A在老化后，2992cm^{-1}和2953cm^{-1}处的C-H不对称伸缩振动峰、1728cm^{-1}处的C=O伸缩振动峰、1447cm^{-1}和1387cm^{-1}处的C-H弯曲振动峰，以及1153cm^{-1}处的C-O-C伸缩振动峰强度明显降低，表明胶粘剂的化学结构和性能发生了变化。

胶粘剂B和胶粘剂D在老化后，2998cm^{-1}和2947cm^{-1}处的C-H不对称伸缩振动峰，以及1733cm^{-1}和1730cm^{-1}处的C=O伸缩振动峰强度逐渐降低，表明两种胶粘剂的化学结构和性能发生了变化。

胶粘剂C在老化后，2992cm^{-1}和2944cm^{-1}处的C-H不对称伸缩振动峰、1742cm^{-1}处的C=O伸缩振动峰、1249cm^{-1}处的C-O伸缩振动峰、1159cm^{-1}处的C-O-C伸缩振动峰，以及1444cm^{-1}、1369cm^{-1}、1013cm^{-1}、855cm^{-1}和740cm^{-1}处的C-H弯曲振动峰强度明显降低，此外，2250cm^{-1}处的C≡N基本消失，表明胶粘剂的化学结构和性能发生了变化，且氰基基本被破坏。

实验表明，四种胶粘剂的粘接性能变化主要是由于原材料变质，其中，湿热老化导致的材料变质要明显大于干热老化，这可能是因为在高热和高湿的条件下，材料官能团更容易氧化、水解，进而降低了材料的粘接强度。

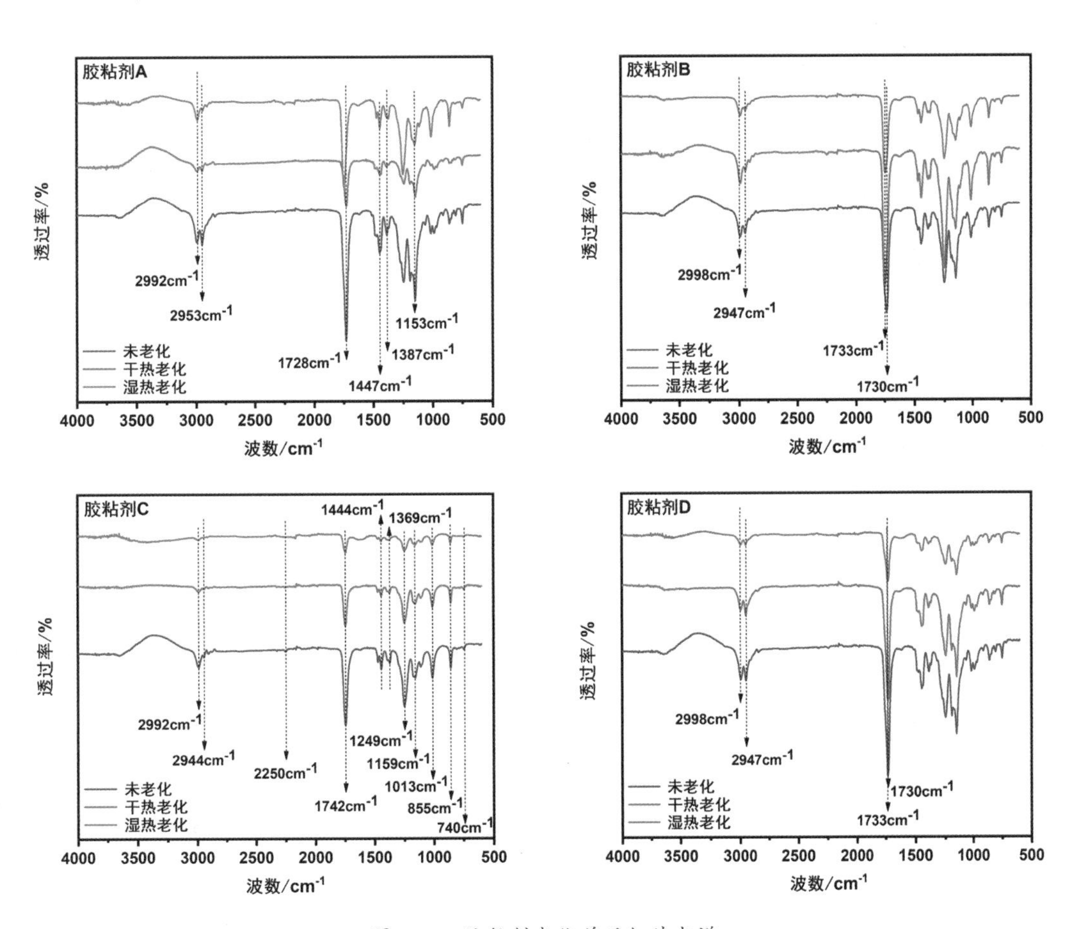

图6-17　胶粘剂老化前后红外光谱

（四）小结

α-氰基丙烯酸酯系胶粘剂含有强极性的氰基和酯键，无须另加固化剂，易渗透且不需加热或加压，可通过吸收空气中或接触粘接物表面的微量水分，以阴离子聚合反应形式在数秒或数分钟内实现固化，因此，多被应用于粘接胎体致密性较高或破碎情况严重的瓷器类文物。该部分实验基于对清代景德镇官窑瓷器文物的理化检测分析，选取符合文物特殊要求的、在瓷器文物保护修复中最常使用的四种α-氰基丙烯酸酯系胶粘剂（K-4495、401、T-1、5800）进行对比研究，采用干热老化和湿热老化两种老化方法，通过检测老化前后胶粘剂的拉伸剪切强度、显微形貌以及结构变化，分析其耐老化性能。实验结果表明，K-4495胶粘剂的耐老化性能相较其他三种胶粘剂更显优异，因此，可选择其作为本项目粘接工艺中的粘接剂。此外，湿热老化是材料变质的主要原因，因此，保护修复后的瓷器文物须注意防潮。

三、补配材料筛选实验研究

（一）常用材料及性能要求

对于博物馆展览陈列以及文物活化利用来说，瓷器文物保护修复工艺中的粘接、补配环节尤为重要，因其不仅影响到后续上色、绘纹、仿釉等工艺的开展，也关系到文物完整结构的恢复和长期的展陈效果。热固性高分子聚合物材料——环氧树脂胶粘剂（简称“环氧胶粘剂”），因线性结构环氧树脂大分子末端有两个或两个以上环氧基，结构中含有苯环或杂环，链中间有羟基和醚键，与固化剂发生一系列聚合反应时，还会继续产生羟基和醚键，形成网状分子结构，因而具备粘接性强、收缩率小、介电性能、力学性能、耐热性能和耐腐蚀性能良好以及化学性能稳定等一系列优点，是目前博物馆文物保护修复工作中最常使用的材料之一，不仅可用于粘接工艺，也可加入适合且适量的无机填料制成腻子，对文物大面积的缺失或是一些特殊形状进行补配、塑形。具体而言，理想的补配材料应具备以下条件：

（1）环氧胶粘剂应无色透明或半透明，黏度适中，与无机填料具备良好的相容性，可均匀融合。

（2）无机填料的化学性质应相对简单且稳定性高，具备一定的惰性，易于被分散，粒径分布应具备较好的连续性。

（3）固化反应过程中收缩率较小、尺寸稳定，能够与文物的断截面牢固粘接，且具备良好的流变性，便于实际操作。

（4）固化后具备较稳定的化学性能，易于打磨修整，能够与仿釉材料紧密黏附且不发生化学反应。

（5）具备可逆性。在对文物不产生任何损伤及改变的前提下，易于被安全清除。

（二）实验内容

1. 实验依据

（1）《硫化橡胶湿热老化试验方法》（GB/T 15905—1995）

（2）《塑料热老化试验方法》（GB/T 7141—2008）

（3）《塑料　实验室光源暴露试验方法　第3部分：荧光紫外灯》（GB/T 16422.3—2022）

（4）《胶粘剂　拉伸剪切强度的测定（刚性材料对刚性材料）》（GB/T 7124—2008）

（5）《塑料拉伸性能试验方法》（GB/T 1040—92）

（6）《塑料　拉伸性能的测定　第1部分：总则》（GB/T 1040.1—2018）

（7）《塑料　拉伸性能的测定　第3部分：薄膜和薄片的试验条件》（GB/T 1040.3—2006）

（8）《塑料薄膜与水接触角的测量》（GB/T 30693—2014）

（9）《测色色差计》（JB/T 5595—91）

（10）《物体色的测量方法》（GB/T 3979—2008）

（11）《均匀色空间和色差公式》（GB/T 7921—2008）

（12）《色漆和清漆　涂层老化的评级方法》（GB/T 1766—2008）

2. 实验材料与设备

表6-5　实验材料

样品	名称	使用比例	颜色	状态	生产厂家
胶粘剂A	红星509	A：B＝2：1	乳白色	液态	宁波天东胶粘剂有限公司
胶粘剂B	WD3620	A：B＝1：1	无色透明	液态	上海康达化工新材料集团股份有限公司
胶粘剂C	合众AAA	A：B＝1：1	无色透明	液态	浙江黄岩光华胶粘剂厂
无机填料	高岭土		白色	粉末	山麟石语矿产品有限公司

表6-6　实验设备

设备名称	型号	生产厂家
电热恒温鼓风干燥箱	DHG-9140A	上海申贤恒温设备厂
智能人工气候箱	RXZ-160D	宁波江南仪器厂
微机控制电子万能试验机	WDW-50	济南方圆试验仪器有限公司
扫描电子显微镜	S-3400N	HITACHI
傅里叶红外光谱仪	Nicolet iS10	Thermo Scientific
便携式色彩色差计	CR-400	KONICA MINOLTA
接触角测量仪	JC2000D1	上海中晨数字技术设备有限公司
电子精密天平	PB602-N	METTLER TOLEDO

3. 实验方法

（1）样品的制备

① 胶接件的制备

依据《胶粘剂 拉伸剪切强度的测定（刚性材料对刚性材料）》（GB/T 7124—2008）的要求，定制100mm×25mm×2mm的不锈钢（0Cr18Ni9）试片，制作测试拉伸剪切强度的胶接件，如上述粘接材料筛选实验研究中“样品的制备”部分所示。试片表面用有机溶剂擦拭，室温静置24h后使用。按照使用说明中的比例要求，分别调配好三种环氧胶粘剂，每100g环氧胶粘剂中分别加入35g、45g、55g、65g、75g高岭土（纯度在98%以上），混合后搅拌至均匀，将相同质量的腻子均匀地涂抹在两个试片的粘接区域，粘接面的长度为（12.5±0.25）mm，为确保胶接件的粘接效果，粘接时施加0.1MPa~0.3MPa的压力，室温固化48h。

② 哑铃型试样的制备

依据《塑料拉伸性能试验方法》（GB/T 1040—92）的要求，同时按照使用说明中的比例要求，分别调配好三种环氧胶粘剂，每100g环氧胶粘剂中分别加入35g、45g、55g、65g、75g高岭土（纯度在98%以上），混合后搅拌至均匀，装入定制的哑铃型硅胶模具中，室温固化48h后脱模，取出后修整备用。哑铃型试样如图6-18所示。

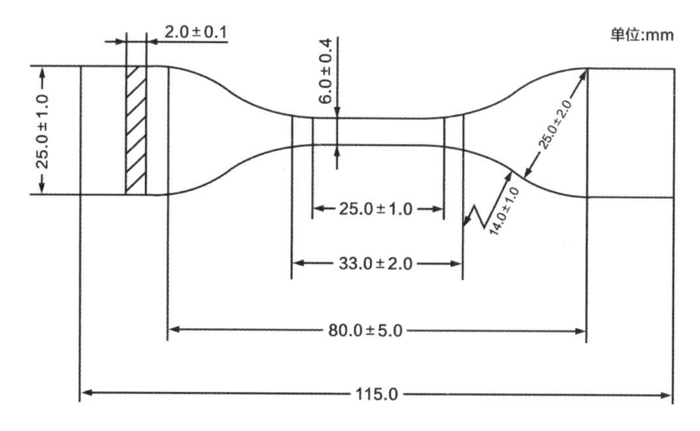

图6-18 哑铃型试样主视图

③ 胶粘剂—高岭土腻子的制备

基于三种环氧胶粘剂与高岭土按不同比例制备的腻子的力学性能测试，筛选出三种环氧胶粘剂与高岭土的最优比，按照最优比混合后搅拌至均匀，装入50mm×50mm×8mm的硅胶模具中，室温固化48h后脱模，取出后修整备用。

（2）样品的老化方法

① 湿热老化实验

依据相关实验标准，将完全固化后的样品放入湿热老化箱。老化条件：温度（50±2）℃，湿度（95±2）%。老化周期：每天老化8h，7d为一个周期，每组腻子共老化6个周期。

② 干热老化实验

依据相关实验标准，将完全固化后的样品放入干热老化箱。老化条件：温度（90±2）℃。老化周期：每天老化8h，7d为一个周期，每组腻子共老化6个周期。

③ 紫外老化实验

依据相关实验标准，将完全固化后的样品放在距离紫外灯（340nm）切面10cm处，室温老化。老化周期：每天老化8h，7d为一个周期，每组腻子共老化6个周期。

（3）样品的表征及性能测试

① 拉伸剪切强度

依据GB/T 7124—2008的要求，将胶接件对称地夹持在微机控制电子万能试验机的上、下夹具中，夹持处至距离最近的搭接端的距离为（50±1）mm，试验速度设置为5mm/min，并以稳定速度加载，记录胶接件拉伸直到断裂为止所受的最大负荷。老化后的胶接件须冷却至恒温后进行室温测定。每组腻子每个周期取5个胶接件，测定拉伸剪切强度后取平均值。拉伸剪切强度计算公式：$T=P/(B\times L)$，T为腻子拉伸的剪切强度，MPa；P为胶接件剪切破坏的最大负荷，N；B为胶接件搭接面宽度，mm；L为胶接件搭接面长度，mm。

② 抗拉强度

依据GB/T 1040—92的要求，将哑铃型试样对称地夹持在微机控制电子万能试验机的上、下夹具中，哑铃型试样的纵轴与上、下夹具中心连线相重合，上、下夹具间的距离为（80±5）mm，试验速度设置为5mm/min，并以稳定速度加载，记录哑铃型试样屈服时的最大负荷。老化后的哑铃型试样须冷却至恒温后进行室温测定。每组腻子每个周期取5个哑铃型试样，测定抗拉强度后取平均值。抗拉强度计算公式：$\sigma_t=p/(b\times d)$，σ_t为腻子的抗拉强度，MPa；p为哑铃型试样破坏时的最大负荷，N；b为哑铃型试样的宽度，mm；d为哑铃型试样的厚度，mm。

③ 显微形貌

分别将预先制备好的三种环氧胶粘剂以及按照最优比制备的腻子，放在离子溅射仪中喷金后进行扫描电镜分析。加速电压：5 KV，工作距离：5.2 mm~5.5 mm，成像模式：二次电子信号。放大倍数：1000×。室温测定。

④ 耐黄变性能

使用便携式色彩色差计分别对湿热、干热、紫外老化后的腻子颜色进行检测，室温测定。为保证所得数据的准确性，每个样品检测3次取平均值。统计各项数据后计算色差值ΔE，计算公式为：$\Delta E=[(\Delta L)^2+(\Delta a)^2+(\Delta b)^2]^{1/2}$。色差值ΔE的变化通过图表来表示，评判标准见表6-7。

表6-7　色差值ΔE评判标准

ΔE值范围色差（容差）	颜色变化
0~0.5	色差非常小，肉眼无法察觉
0.5~1.5	色差比较小，肉眼可看出轻微颜色变化
1.5~3.0	色差小，肉眼能看出颜色变化
3.0~6.0	色差比较大，肉眼能明显看出颜色变化
6.0以上	色差非常大，一眼能看出颜色的不同

⑤ 疏水性能

分别将湿热、干热、紫外老化后的腻子放在接触角测量仪上，待测试水滴落在样品表面后进行拍照记录，测量接触角，室温测定。通过接触角的变化对腻子的疏水性能进行分析。为保证所得数据的准确性，每个样品测量3次取平均值。

⑥ 红外光谱

采用无损法室温测定老化前后三种环氧胶粘剂在$500cm^{-1}$~$4000cm^{-1}$波数范围内的红外吸收光谱。分析不同老化实验条件下，环氧胶粘剂官能团的变化以及影响环氧胶粘剂发生黄变的关键性因子。

（三）实验结果分析

1. 胶粘剂—高岭土最优比筛选

在相同质量的胶粘剂A、胶粘剂B、胶粘剂C中分别加入不同质量的高岭土（下述分别用腻子A、腻子B、腻子C表示），经微机控制电子万能试验机进行力学性能测试，结果如图6-19、图6-20所示。

拉伸剪切强度测试中，三种腻子的拉伸剪切强度随高岭土用量的增加整体基本呈先上升后下降的趋势，当高岭土的用量增至55％时，三种腻子的拉伸剪切强度值最大，分别为10.31MPa、5.32MPa、9.18MPa。

抗拉强度测试中，腻子B和腻子C的抗拉强度随高岭土用量的增加整体趋势变化与拉伸剪切强度基本相似，而腻子A随高岭土用量的增加整体趋势变化较平缓，当高岭土的用量增至55％时，三种腻子的抗拉强度值最大，分别为21.00MPa、48.33MPa、46.39MPa。

综上，当环氧胶粘剂：高岭土＝100：55时，制备的腻子表现出较好的拉伸剪切强度和抗拉强度，基于此，选用该比例制备老化实验所需腻子，以综合考察其性能。

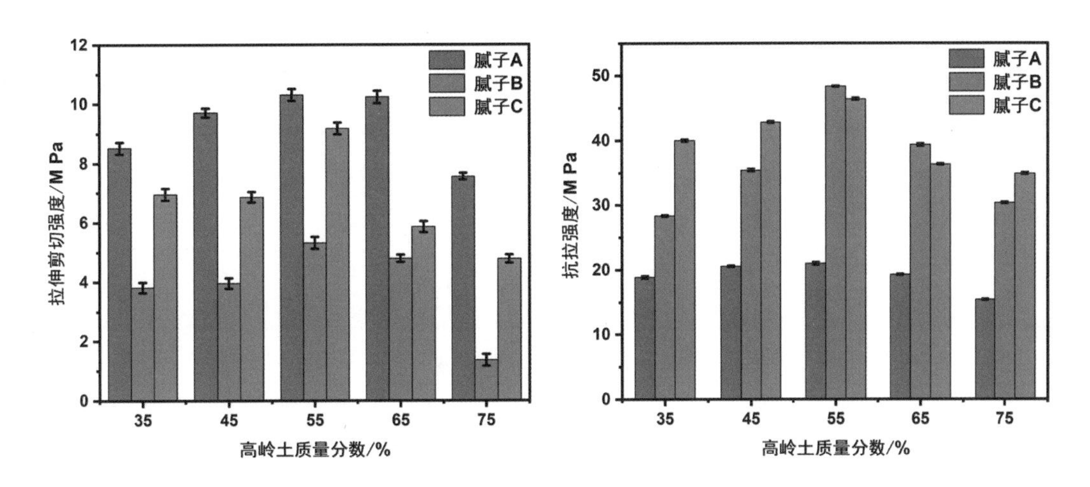

图6-19　加入不同质量高岭土后腻子的拉伸剪切强度

图6-20　加入不同质量高岭土后腻子的抗拉强度

2. 显微形貌与结构分析

如图6-21、图6-22所示，未加入无机填料的三种环氧胶粘剂呈现不规则的显微形态，固化后的胶粘剂A较为致密，胶粘剂B呈片状结构，胶粘剂C疏松多孔，存在较多的组织缺陷。从SEM显微形态看，加入55％无机填料（高岭土）后，不仅填充了胶粘剂的组织缺陷，还起到了一定的支撑作用。

图6-21　无填料胶粘剂A、胶粘剂B、胶粘剂C的SEM显微形貌

图6-22 加入55%高岭土后腻子A、腻子B、腻子C的SEM显微形貌

3. 耐黄变性能分析

（1）湿热老化实验结果分析

随着湿热老化时间的延长，腻子A的L值逐渐增大，可见其吸收光的能力减弱，反射光的能力增强；a值、b值均逐渐减小，开始向绿色及蓝色方向转变。

腻子B的L值逐渐减小，可见其吸收光的能力增强，反射光的能力减弱；a值无明显变化；b值逐渐增大，开始向黄色方向转变。

腻子C的L值无明显变化；a值、b值逐渐增大，开始向红色及黄色方向转变。

三种腻子的ΔE值均呈上升趋势，其中，腻子A和腻子B的ΔE值上升趋势平缓，且二者数值较为接近，老化至第6周期，ΔE值分别为1.22、1.03，材料黄变不明显，而腻子C的ΔE值上升趋势明显，老化至第6周期，ΔE值已达5.55，约是腻子B的5.4倍。

综上，三种腻子在相同的湿热老化实验条件下，耐黄变性能的强弱顺序依次为：腻子B＞腻子A＞腻子C。

表6-8 湿热老化实验中，三种腻子的L、a、b随老化时间的变化情况

老化周期	腻子A			腻子B			腻子C		
	L	a	b	L	a	b	L	a	b
1	79.86	-0.77	8.58	80.33	-1.17	6.42	78.31	-1.22	10.28
2	79.76	-0.87	8.38	80.34	-1.10	6.58	77.89	-1.22	10.21
3	80.16	-0.81	8.21	80.16	-1.24	6.41	78.53	-1.29	10.42
4	80.10	-0.84	7.79	80.22	-1.12	6.82	77.58	-1.09	11.21
5	80.20	-0.93	7.74	79.97	-1.26	7.09	78.39	-0.97	12.27
6	80.28	-0.90	7.55	79.83	-1.12	7.34	77.81	-0.99	13.00

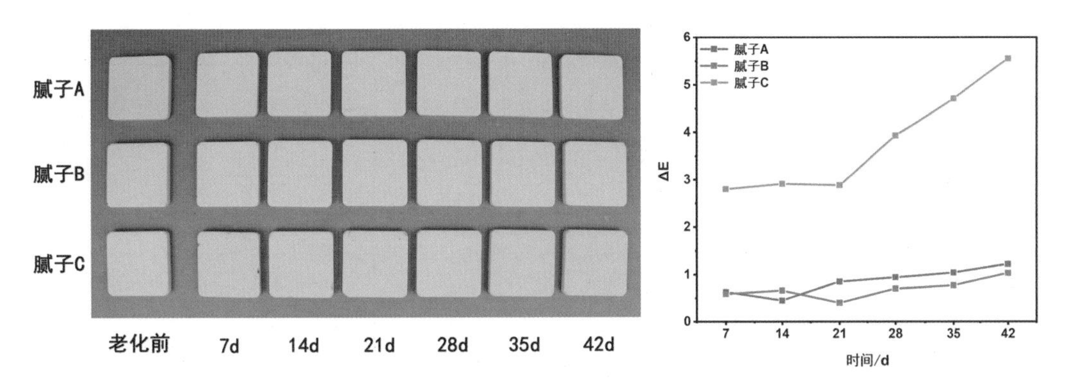

图6-23　湿热老化前后腻子的外观颜色及ΔE值的变化

（2）干热老化实验结果分析

随着干热老化时间的延长，三种腻子的L值均逐渐减小，可见其吸收光的能力增强，反射光的能力减弱；a值、b值均逐渐增大，开始向红色及黄色方向转变。

三种腻子的ΔE值均呈较明显的上升趋势，老化至第6周期，腻子A、腻子B、腻子C的ΔE值分别为9.21、18.57、24.81，腻子C的ΔE值约是腻子A的2.7倍，材料黄变明显。

三种腻子在ΔE值的变化中，Δb的变化明显大于Δa和ΔL，由此可见，材料发生黄变主要是Δb的变化引起的。

综上，三种腻子在相同的干热老化实验条件下，耐黄变性能的强弱顺序依次为：腻子A＞腻子B＞腻子C。

表6-9　干热老化实验中，三种腻子的L、a、b随老化时间的变化情况

老化周期	腻子A			腻子B			腻子C		
	L	a	b	L	a	b	L	a	b
1	79.66	-0.90	8.36	79.52	-1.26	8.47	77.05	-0.44	16.41
2	79.80	-0.73	9.26	78.93	-1.06	11.79	77.03	-0.08	17.42
3	78.49	-0.31	11.47	78.07	-0.73	15.49	73.74	2.20	25.60
4	77.58	-0.29	14.11	77.26	-0.22	19.42	72.28	3.67	28.33
5	77.80	0.15	14.34	76.35	0.28	21.65	71.68	3.89	28.45
6	77.13	0.86	17.06	75.55	1.15	24.25	71.34	4.68	30.40

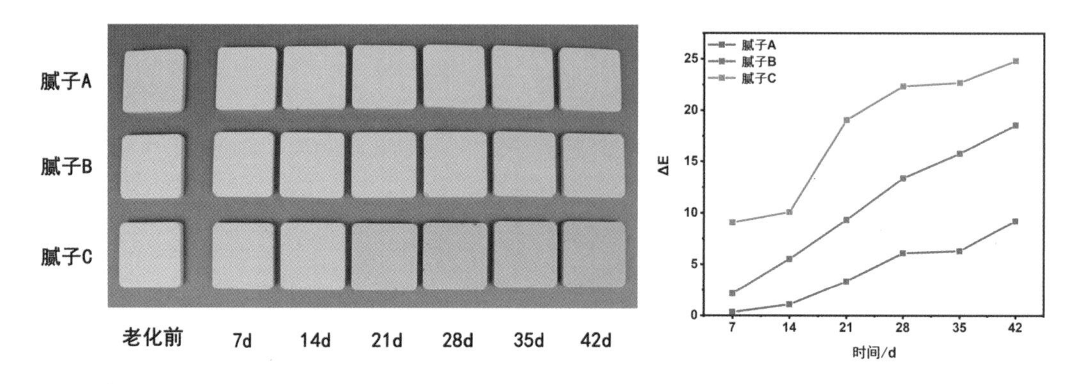

图6-24　干热老化前后腻子的外观颜色及ΔE值的变化

（3）紫外老化实验结果分析

随着紫外老化时间的延长，三种腻子的L值均逐渐减小，可见其吸收光的能力增强，反射光的能力减弱；腻子A和腻子C的a值、b值均逐渐增大，开始向红色及黄色方向转变；腻子B的a值呈先下降后上升的趋势，b值呈明显的上升趋势，开始向黄色方向转变。

三种腻子的ΔE值均呈较明显的上升趋势，老化至第6周期，腻子A、腻子B、腻子C的ΔE值分别为7.43、4.38、15.94，腻子C的ΔE值约是腻子B的3.6倍，材料黄变明显。

三种腻子在ΔE值的变化中，Δb的变化明显大于Δa和ΔL，由此可见，材料发生黄变主要是Δb的变化引起的。

综上，三种腻子在相同的紫外老化实验条件下，耐黄变性能的强弱顺序依次为：腻子B＞腻子A＞腻子C。

表6-10　紫外老化实验中，三种腻子的L、a、b随老化时间的变化情况

老化周期	腻子A			腻子B			腻子C		
	L	a	b	L	a	b	L	a	b
1	78.67	-0.85	10.29	79.84	-1.31	6.86	77.79	-1.11	12.22
2	78.20	-0.83	11.88	79.30	-1.36	8.30	77.35	-1.49	15.83
3	78.34	-0.76	12.18	79.40	-1.35	9.27	76.60	-1.43	19.77
4	78.50	-0.76	13.29	78.56	-1.40	10.08	76.17	-1.14	21.24
5	77.15	-0.73	14.71	78.43	-1.37	10.53	75.39	-0.53	22.35
6	77.37	-0.66	15.48	78.98	-1.31	10.65	75.73	-1.08	23.19

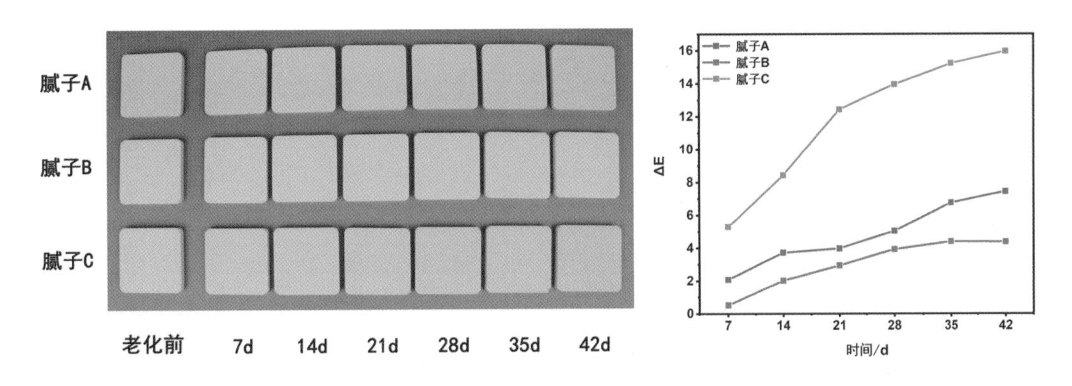

图6-25 紫外老化前后腻子的外观颜色及ΔE值的变化

4. 疏水性能分析

三种腻子的接触角随湿热、干热、紫外老化时间的延长均呈现逐渐减小的趋势，由此可见，液体在腻子表面的张力逐渐变大，即材料的疏水性能逐渐减弱。其中，湿度对腻子的疏水性能影响最大，紫外光次之。

湿热老化至第6周期，腻子A、腻子B、腻子C的接触角变化依次为23.97%、37.67%、41.95%，随着湿热老化时间的延长，疏水性能的强弱顺序依次为：腻子A＞腻子B＞腻子C。

干热老化至第6周期，腻子A、腻子B、腻子C的接触角变化依次为14.48%、20.49%、32.20%，随着干热老化时间的延长，疏水性能的强弱顺序依次为：腻子A＞腻子B＞腻子C。

紫外老化至第6周期，腻子A、腻子B、腻子C的接触角变化依次为21.44%、27.24%、19.22%，随着紫外老化时间的延长，疏水性能的强弱顺序依次为：腻子A/腻子C＞腻子B。

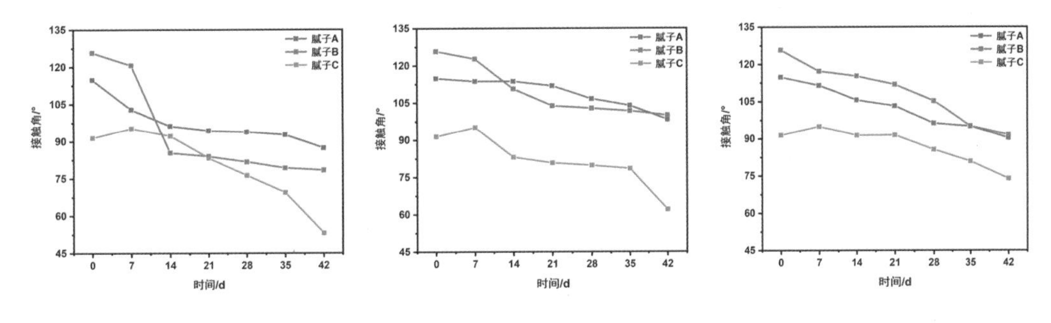

图6-26 腻子老化前后的接触角变化（从左至右：湿热老化、干热老化、紫外老化）

5. 老化前后三种环氧胶粘剂的结构变化

三种环氧胶粘剂展示出一个类似的红外谱图，其中在3400cm^{-1}附近出现一个较大的宽峰，这主要是羟基（-OH）的伸缩振动峰，2900cm^{-1}和2800cm^{-1}附近是甲基（$-CH_3$）和亚甲基（$-CH_2-$）的伸缩振动峰，1700cm^{-1}附近是羰基（C=O）的伸缩振动峰，1500cm^{-1}~1600cm^{-1}区域的吸收峰可能是芳香环上的C=C键的伸缩振动引起的，1240cm^{-1}附近是环氧基[-CH（O）CH-] 的伸缩振动峰，1170cm^{-1}附近是环氧环C-O-C伸缩振动峰，1000cm^{-1}附近是C-O的伸缩振动峰，进一步支持环氧基团的存在。820cm^{-1}和670cm^{-1}附近是C-H键面外弯曲振动。

胶粘剂A经湿热、干热、紫外老化后，3400cm^{-1}以及1500cm^{-1}~1700cm^{-1}区域附近出现的峰强度明显提高，这是由于材料中部分含氧官能团被氧化为-COOH羧酸基团以及C=O羰基基团，进而导致环氧胶的结构发生改变，粘接性能下降。

胶粘剂B经湿热、干热、紫外老化后，1728cm^{-1}位置出现的C=O羰基振动峰强度逐渐提高，而3387cm^{-1}位置峰强度变化不大，因此，胶粘剂B老化后发生黄变则更多是由于羰基的生成。

胶粘剂C经湿热、干热、紫外老化后，3400cm^{-1}、2900cm^{-1}、2800cm^{-1}和1500cm^{-1}~1600cm^{-1}区域附近出现的峰强度明显提高，且该材料对紫外光较敏感，其黄变原因与胶粘剂A类似，主要是由于材料中部分含氧官能团被氧化为-COOH羧酸基团以及C=O羰基基团。

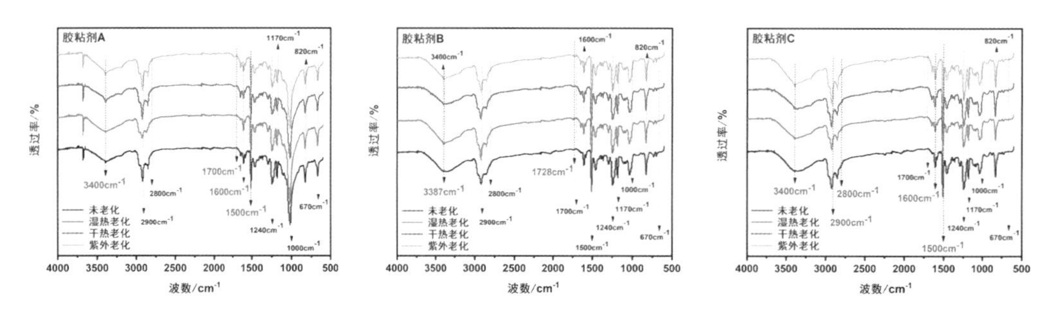

图6-27 胶粘剂老化前后红外光谱

（四）小结

补配塑形，通过复原文物立体结构，不仅提高了文物的安全程度以及抵御外界环境侵害的能力，而且增强了文物信息的可读性，为博物馆科学研究提供便利的同时，也能更充分地发挥博物馆的社会教育功能，在瓷器文物保护修复工艺中占据极为重要的位置。经目测观察以及超景深三维视频显微镜检测，本项目保护修复的清代景德镇官窑瓷器文物胎体洁白细润，为了能够更好地贴合制瓷工艺以及瓷胎特征，同时有利于后序工艺的开展，选用符合文物补配工艺要求的、在瓷器文物保护修复中最常使用的三种环氧胶粘剂（红星509、WD3620、合众AAA），与国标高岭土按不同比例混合，通过测试拉伸剪切强度和抗拉强度，筛选出胶粘剂—高岭土的最优比。采用湿热老化、干热老化以及紫外老化三种老化方法，对比分析三种腻子的耐黄变性能、疏水性能以及结构变化。实验结果表明，红星509胶粘剂、WD3620胶粘剂与国标高岭土按100：55制备的腻子，其性能各有优劣，因此，在实施保护修复时，可依据具体情况进行选择。此外，二者虽表现出较好的耐黄变性能，但保护修复后的瓷器文物仍应注意控温和避光。

四、仿釉基料筛选实验研究①

（一）常用材料及性能要求

为了更好地服务博物馆保管、陈列、研究等工作，破碎、缺损的瓷器文物多需进行展陈修复。在遵循文物保护修复原则的前提下，修复后的瓷器文物能否达到展陈标准，除复原型制外，更需依赖好的仿釉基料来实现对器物纹饰、釉色、质感的复原。仿釉基料是仿釉涂料的组成部分，属于高分子有机材料，成膜后与瓷器文物釉质感相近，主要起到增加修复部位光泽度、釉质感以及固化颜色的作用，既可单独使用以复原修复部位釉质感，也可与矿物颜料混合后对修复部位上色、绘纹。国内较传统的仿釉基料主要有虫胶、环氧树脂、丙烯酸树脂、丙烯酸漆、醇酸清漆、硝基清漆、羟基丙烯酸共聚物等，其中，硝基清漆、羟基丙烯酸共聚物是目前博物馆瓷器文物保护修复中最常使用的仿釉基料。具体而言，理想的仿釉基料应具备以下条件：

（1）操作简便，无须进行高温焙烧，室温下即可对修复部位进行上色、绘纹、仿釉等工艺的处理，并可多次叠加操作。

（2）清透易固化，固化后的涂层不仅能够透过光线并被文物表面反射，而且其质感在视觉上能够与瓷器文物本体保持基本一致。

（3）固化后的涂层表面平整且具备较好的附着力，能够与补配材料紧密结合，不改变文物本体或补配材料表面的色泽，且不易发生起皮、脱落等现象。

（4）涂层成膜后的Tg应高于室温，能对引起变色、氧化和腐蚀的污染物起到一定的阻隔作用，且材料老化后不释放有害成分。

（5）易被稀释、分散，能够与颜料充分混合，且混合后的颜料不会发生结块或颜色的改变。

（6）在自然环境下，具备较好的耐水防水性以及耐老化性能，不易发生黄变，能够较长期地保持色泽和光泽的稳定。

（7）具备可逆性，当原材料老化或需要使用理化性能更优异的材料进行替换时，能够简便去除且对瓷器文物本体无损。

---

① 该部分内容发表于《中国陶瓷工业》2023年第1期，第13—18页。

（二）实验内容

1. 实验依据

（1）《测色色差计》（JB/T 5595—91）

（2）《物体色的测量方法》（GB/T 3979—2008）

（3）《均匀色空间和色差公式》（GB/T 7921—2008）

（4）《涂膜颜色的测量方法　第一部分：原理》（GB 11186.1—89）

（5）《涂膜颜色的测量方法　第二部分：颜色测量》（GB 11186.2—89）

（6）《涂膜颜色的测量方法　第三部分：色差计算》（GB 11186.3—89）

（7）《漆膜耐湿热测定法》（GB/T 1740—2007）

（8）《色漆和清漆　人工气候老化和人工辐射暴露（滤过的氙弧辐射）》（GB/T 1865—1997）

（9）《色漆和清漆　涂层的人工气候老化曝露　曝露于荧光紫外线和水》（GB/T 23987—2009）

（10）《色漆和清漆　涂层老化的评级方法》（GB/T 1766—2008）

2. 实验材料与设备

表6-11　实验材料

试剂名称	状态	级别	来源
瓷器修复专用仿制釉	液态（透明）	工业漆	上海古陶瓷修复公司
星皇漆	液态（透明）	工业漆	南雄市星隆化工有限公司
紫荆花漆	液态（微黄）	工业漆	紫荆花涂料（上海）有限公司

表6-12　实验设备

设备名称	型号	生产厂家
智能人工气候箱	RXZ-160D	宁波江南仪器厂
实验用真空干燥皿	180mm	泰兴沪可玻璃制品有限公司
毛发式温湿度表	吉制MC00000106	长春泰恒仪器仪表有限公司
氙灯老化箱	Xenon Test Chamber Xe-1	Q-Lab
便携式色彩色差计	CR-400	KONICA MINOLTA
扫描电子显微镜	S-3400N	HITACHI
傅里叶红外光谱仪	Nicolet iS10	Thermo Scientific

3. 实验方法

（1）样品的制备

用特制α-胶与滑石粉按1：0.5充分混合后涂在定制的8cm×8cm高白釉瓷板上做打底腻子，固化后打磨平整。采用传统瓷器保护修复工艺（刷色法）在腻子上均匀地涂上制备好的仿釉基料，每种仿釉基料各涂刷10遍，自然干燥后进行不同梯度的老化实验，用A、B、C分别表示瓷器修复专用仿制釉、星皇漆、紫荆花漆，以便数据整理。

（2）样品的老化方法

① 温度老化实验

环境相对湿度始终保持（80±2）%，温度梯度分别设置为（10±2）℃、（20±2）℃、（30±2）℃、（40±2）℃、（50±2）℃，每个梯度老化100h，每2h记录一次实验数据。

② 湿度老化实验

环境温度始终保持（25±2）℃，真空干燥皿中用一水合氯化锂、氯化镁、硝酸镁、氯化钠、硝酸钾配置饱和盐溶液制作（11±2）%、（32±2）%、（57±2）%、（75±2）%、（90±2）%五个湿度梯度，同时老化250h，每4h记录一次实验数据。

③ 紫外老化实验

环境温度始终保持（30±2）℃，紫外光梯度分别设置为（0.15±0.01）W/m^2、（0.25±0.01）W/m^2、（0.35±0.01）W/m^2、（0.45±0.01）W/m^2、（0.55±0.01）W/m^2。考虑到黑板温度计的散热情况，将实验范围设置为白天1h，黑夜15min，每个梯度老化100h，每2h记录一次实验数据。

（3）样品的表征及性能测试

① 显微形貌

模拟瓷器文物保护修复技法——刷色法，将三种仿釉基料均匀地涂刷在载玻片上，成膜后放在离子溅射仪中制样后进行扫描电镜分析。加速电压：5KV，工作距离：5.2mm~5.5mm，成像模式：二次电子信号。放大倍数：2000×。室温测定。

② 红外光谱

分别取瓷器修复专用仿制釉、星皇漆、紫荆花漆各三滴，直接滴在载物台上进行红外光谱检测分析，得老化前后三种仿釉基料在500cm^{-1}~4000cm^{-1}波数范围内的红外吸收光谱。室温测定。

③ 耐黄变性能

仿釉基料老化后会发生黄变，用便携式色彩色差计对温度、湿度、紫外老化实验过程中仿釉基料的颜色变化进行检测，统计各项数据后计算得出色差值ΔE，计算公式为：$\Delta E=[(\Delta L)^2+(\Delta a)^2+(\Delta b)^2]^{1/2}$。色差值ΔE的变化通过图表来表示，其评判标准参照上述补配材料筛选实验研究中“样品的表征及性能测试”部分。

（三）实验结果分析

1. 显微形貌分析

如图6-28所示，瓷器修复专用仿制釉成膜后最细腻，附着力较强，不易剥落及吸附灰尘；星皇漆成膜后有丝痕，附着力仅次于瓷器修复专用仿制釉；紫荆花漆成膜后颗粒较多且表面有缺口，附着力最差，推测可能与其黏性较大有关。

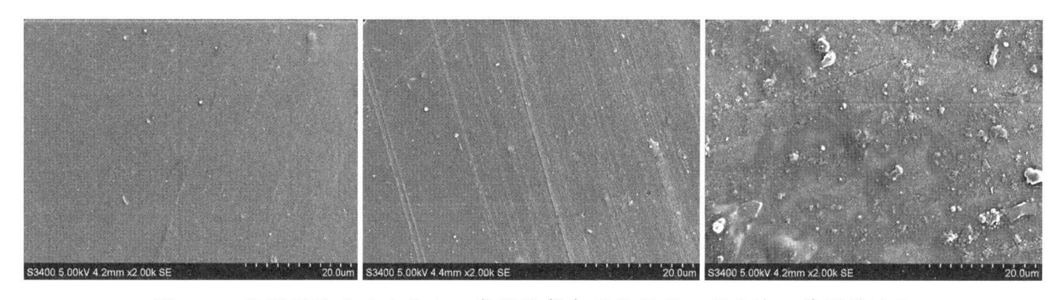

图6-28　显微形貌（从左至右：瓷器修复专用仿制釉、星皇漆、紫荆花漆）

2. 成分结构分析

依据红外谱图，同时结合文献查阅得知：星皇漆属于羟基丙烯酸共聚物，紫荆花漆属于硝基清漆。如图6-29所示，三种仿釉基料展示出一个类似的红外谱图，其中在3298cm^{-1}处的强宽吸收峰为O-H伸缩振动，2964cm^{-1}和2831cm^{-1}处为亚甲基的C-H伸缩振动峰，2162cm^{-1}处为C≡C振动峰，2030cm^{-1}处为C≡N振动峰，1978cm^{-1}处为苯环泛频峰，1734cm^{-1}处为羧基C=O的伸缩振动峰，1598cm^{-1}处为苯环上C=C的伸缩振动峰，1423cm^{-1}处为亚甲基的C-H弯曲振动峰，1392cm^{-1}处为-OH面内弯曲振动峰，1026cm^{-1}处有烷基芳醚的存在。其中，瓷器修复专用仿制釉、星皇漆在出峰位置以及各个位置红外峰强度基本类似，证明二者所含物质具有较高的相似度。但星皇漆在1734cm^{-1}、1423cm^{-1}以及1392cm^{-1}处的红外峰强度明显加强，表明星皇漆含有更多的酯基物质。而紫荆花漆则在3298cm^{-1}、2964cm^{-1}、2831cm^{-1}以及1026cm^{-1}处的红外峰强度相对较高，这可能是由于紫荆花漆含有更多的烷基芳醚基团。

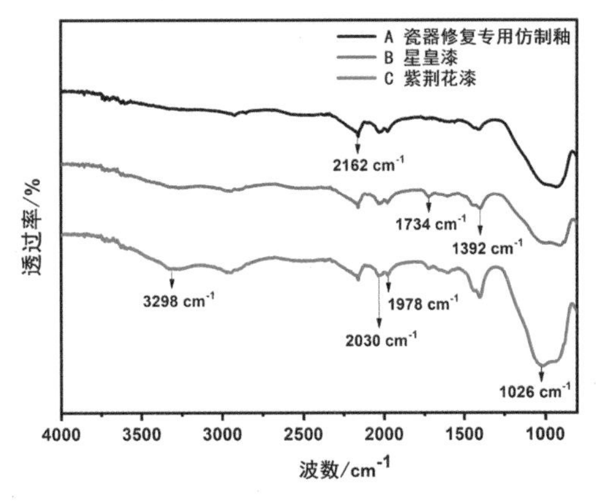

图6-29　红外谱图

3. 温度对耐黄变性能的影响

耐高温老化实验中，三种仿釉基料的ΔE值整体均呈上升趋势，老化时间越长，ΔE值相应增大，且随着温度上升，ΔE值也相应上升。

瓷器修复专用仿制釉、星皇漆二者ΔE值的变化接近，在温度为30℃时，ΔE值最大超过0.5，而温度为50℃时，ΔE值最大为0.72左右，但均未超过0.8，色差较小，变化幅度较为稳定。

紫荆花漆的ΔE值整体变化幅度较大，温度为10℃时，ΔE值最大已超0.5，接近0.9，而温度为50℃时，ΔE值最大接近1.6，色差较大，肉眼能看出轻微的颜色变化。

综上，同等温度条件下，三种仿釉基料耐黄变性能的强弱顺序依次为：瓷器修复专用仿制釉＞星皇漆＞紫荆花漆。

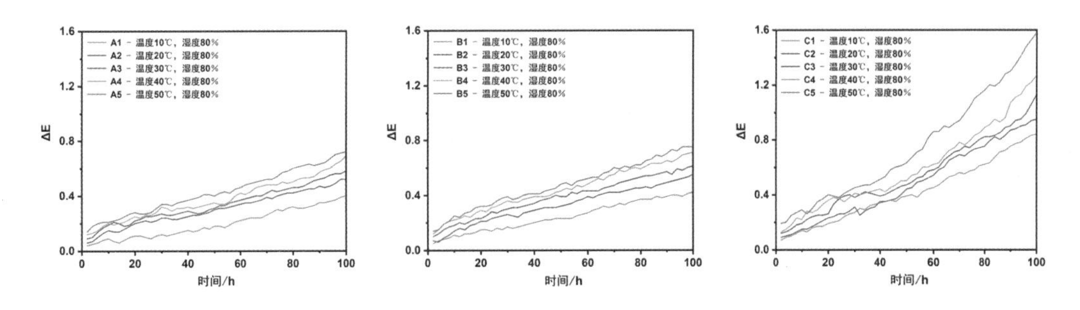

图6-30　ΔE值随温度变化曲线（从左至右：瓷器修复专用仿制釉、星皇漆、紫荆花漆）

4. 湿度对耐黄变性能的影响

耐湿度老化实验中，三种仿釉基料的ΔE值整体均呈上升趋势，老化时间越长，

ΔE值相应增大，并且随着湿度上升，ΔE值也相应上升，但是三种仿釉基料的色差均较小。

瓷器修复专用仿制釉在五种不同的湿度条件下，均表现出较好的耐黄变性能，ΔE值的变化较为稳定，最大值大致在0.55~0.65。

星皇漆ΔE值的变化较为稳定，但相较瓷器修复专用仿制釉，最大值略高，大致在0.63~0.85。

紫荆花漆在老化120h后，ΔE值有明显变化，随着湿度增大，ΔE值也逐渐增大，最大值大致在0.7~1.1。

综上，同等湿度条件下，三种仿釉基料耐黄变性能的强弱顺序依次为：瓷器修复专用仿制釉＞星皇漆＞紫荆花漆。

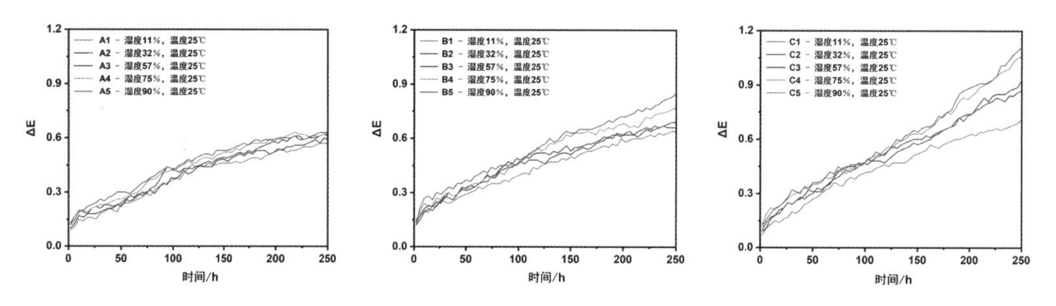

图6-31　ΔE值随湿度变化曲线（从左至右：瓷器修复专用仿制釉、星皇漆、紫荆花漆）

5. 紫外光对耐黄变性能的影响

紫外老化实验中，三种仿釉基料的ΔE值整体均呈上升趋势，变化幅度较大，老化时间越长，ΔE值相应增大，且随着紫外光光照强度增强，ΔE值也相应上升，均呈现出肉眼可见的颜色变化。

瓷器修复专用仿制釉在紫外光光照强度为0.15W/m^{2}时，色差较小，表现出较好的耐黄变性能。但随着紫外光光照强度的增加，ΔE值逐渐上升，紫外光光照强度为0.55W/m^{2}时，ΔE值超过2.0，有肉眼可见的颜色变化。

星皇漆在紫外光光照强度为0.55W/m^{2}时，变化幅度最大，ΔE值接近3.0，有肉眼可见的颜色变化。

紫荆花漆较另外两种仿釉基料，耐黄变性能最差，随着老化时间的增加，ΔE值呈现明显的上升趋势，在紫外光光照强度为0.15W/m^{2}时，ΔE值已接近15，随着紫外光光照强度增加，ΔE值接近20时，色差非常大，能非常明显地看出颜色变化。

综上，同等紫外光光照条件下，三种仿釉基料耐黄变性能的强弱顺序依次为：瓷器修复专用仿制釉＞星皇漆＞紫荆花漆。

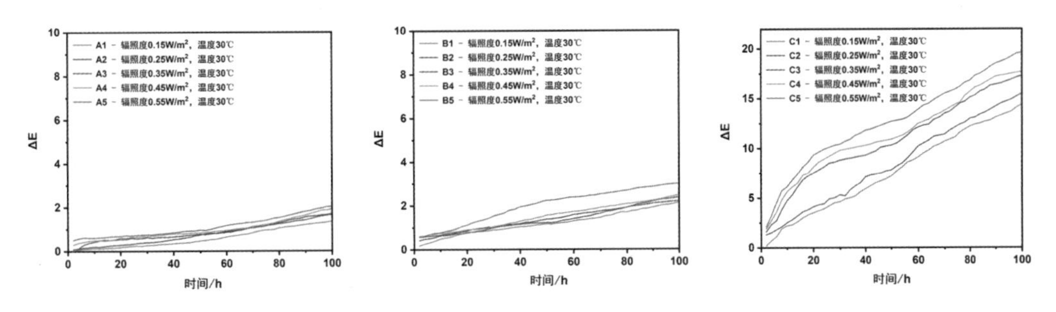

图6–32　ΔE值随紫外光变化曲线（从左至右：瓷器修复专用仿制釉、星皇漆、紫荆花漆）

6. 老化前后三种仿釉基料的结构变化

如图6–33所示，紫外老化后，三种仿釉基料在2964cm^{-1}、2831cm^{-1}以及1423cm^{-1}处的峰变强，证明三种仿釉基料以前的C–C聚合链被氧化破碎，生成更多的断裂烷烃。此外还可以发现，1734cm^{-1}、1392cm^{-1}以及1026cm^{-1}处的峰强度变强，表示三种仿釉基料的含氧官能团变多，其中紫荆花漆的变化最大，星皇漆次之，而瓷器修复专用仿制釉的变化最小。由此推测，在紫外光的作用下，三种仿釉基料成膜后的表面均发生了氧化老化，黄变与其表面的氧化有关。

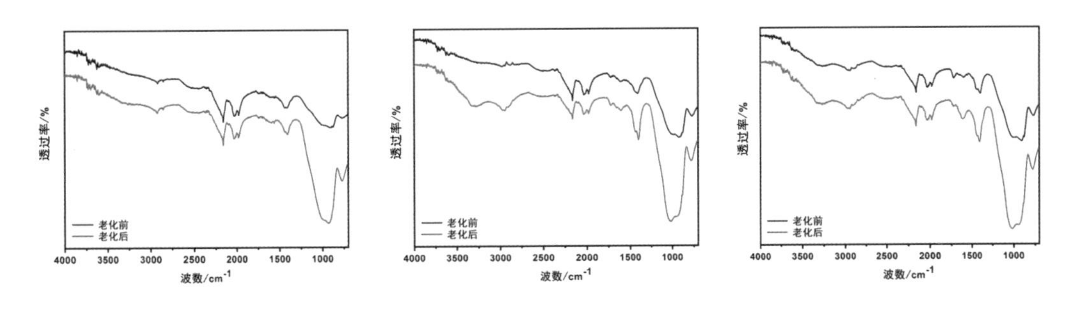

图6–33 老化前后红外光谱（从左至右：瓷器修复专用仿制釉、星皇漆、紫荆花漆）

（四）小结

瓷器文物保护修复工艺中，仿釉基料的选择直接关系到修复部位纹饰、釉色、质感的呈现，是瓷器文物修复部位能否与器物本体是否协调的重要环节。相较于在实际应用中会出现黄变，甚至起翘、开裂等问题的星皇漆、紫荆花漆，瓷器修复专用仿制釉成分虽与二者相近，但质地清透、制备简便、成膜速度较快且附着性良好，完全固化后有较强釉质感，有利于瓷器文物的保护修复工作。此外，瓷器修复专用仿制釉在不同人工加速老化条件下，均表现出较好的耐黄变性能。温度、湿度老化实验中，ΔE平均值变化范围较小（分别在0.05~0.75、0.09~0.65）；当紫外光光照强度为0.15W/m^{2}时，其耐黄变性能最强，随着紫外光光照强度增强，ΔE平均值变化范围为0.1~2.5；但紫外光光照强度为0.55W/m^{2}时，ΔE值超过2.0，有肉眼可见的颜色变化。因此，瓷器修复专用仿制釉虽表现出较好的耐黄变性能，但在日常保护修复工作中，保护修复后的瓷器文物仍应注意避光保存。

参考文献

[1]宋忠烈：《文物修复用的粘合剂》，《粘合剂》1987年第3期。

[2]周宗华、钟安永、陈德本、胡庆凤、陈德富：《文物修复用粘接剂的研制》，《景德镇陶瓷》1998年第1期。

[3]周双林：《文物保护用有机高分子材料及要求》，《四川文物》2003年第3期。

[4]杨世芳、代化、管蓉：《陶瓷用胶黏剂的研究现状》，《化学与黏合》2005年第2期。

[5]王喜梅、拓锐、柴娟：《耐高温有机胶黏剂研究进展》，《化学与黏合》2008年第6期。

[6]胡东波、张红燕：《常用清洗材料对瓷器的影响研究》，《文物保护与考古科学》2010年第1期。

[7]沈宇晨、胡更生、赵龙、边潮霞：《ΔEab计算色差值与视觉观察一致性的实验分析》，《广东印刷》2010年第5期。

[8]王荣、李玉虎、黄四平、赵岗：《浅谈有机高分子材料在文物保护中的应用及要求》，《人类文化遗产保护》2011年。

[9]申艾君、王明道、刘康、张亚坤、陈红歌：《馆藏竹木漆器类文物污染霉菌类群的鉴定与分析》，《河南科学》2011年第8期。

[10]俞蕙：《国外古陶瓷修复仿釉产品综述》，《文物修复与研究》2012年。

[11]高广颖、刘哲、沈镭：《耐热环氧胶粘剂的研究进展》，《化工新型材料》2012年第9期。

[12]武望婷：《文物上霉菌的分离及分子生物学鉴定》，《中国国家博物馆馆刊》2012年第10期。

[13]兰德省、周铁、夏寅、张尚欣、王东峰：《古代陶质文物粘接剂筛选初步研究》，《秦始皇帝陵博物院》2013年。

[14]包春磊：《海洋出水陶瓷器的科技保护》，《文物鉴定与鉴赏》2013年第7期。

[15]包春磊、贾世杰、符燕、刘爱虹：《“华光礁Ⅰ号”沉船出水青白瓷表面沉积物的分析》，《化学研究》2014年第1期。

[16]谢建军、冉德龙、丁出、唐立萍：《室温固化耐热环氧胶黏剂的耐介质性能》，《化学与黏合》2014年第2期。

[17]包春磊：《华光礁出水瓷器表面黄白色沉积物的分析及清除》，《化工进展》2014年第5期。

[18]陈泽铭：《对古陶瓷修复仿釉涂料的几点思考》，《艺术科技》2016年第11期。

[19]靳治良、刘端端、张永科、陈港泉、夏寅、苏伯民、周铁、吕功煊、罗宏杰：《盐分在文物本体中的迁移及毁损机理》，《文物保护与考古科学》2017年第5期。

[20]袁强亮：《古陶瓷修复中材料的选择与应用》，《文物鉴定与鉴赏》2017年第12期。

[21]杨植震、俞蕙：《环氧树脂粘结剂在文物工艺美术品修复中的应用》，《上海工艺美术》2018年第4期。

[22]戴维康、卜卫民：《便携式色度仪在古陶瓷修复中色温问题的探讨》，《文物保护与考古科学》2018年第5期。

[23]刘潮、李其江、吴隽、袁枫、张茂林、吴军明：《古陶瓷保护修复常用材料抗色变性能研究》，

《中国陶瓷工业》2019年第3期。

[24]谢丽娜、李玉虎、王盛霖、白崇斌：《改性磷酸盐胶黏剂和环氧树脂胶黏剂在陶质文物粘接中的对比研究》，《陕西师范大学学报（自然科学版）》2019年第4期。

[25]石俊雯、张茂林、李其江、袁枫：《陶瓷文物表面沉积物病害研究进展》，《陶瓷学报》2021年第2期。

[26]黄瀚东、白广珍：《瓷器文物常用清洗方法简述》，《文物鉴定与鉴赏》2021年第4期。

[27]吕团结、宋建祥、尚素红：《清康熙青花缠枝莲纹盘的二次修复保护》，《人类文化遗产保护》2022年。

[28]王毅婧、黄阳阳、黄小苹、刘臣、邱海丽：《真丝文物霉变菌株的分离、鉴定及防霉药剂筛选》，《文物保护与考古科学》2022年第1期。

[29]刘宏帅、纪东歌、周华：《陶瓷修复中原有锔钉的处理方法——以光绪款粉彩缠枝花果纹壮罐的修复为例》，《陶瓷研究》2022年第2期。

[30]吴启昌：《“南澳Ⅰ号”出水瓷器文物保护修复研究——以两件青花瓷器为例》，《客家文博》2022年第3期。

[31]付柳、何秋菊、周华：《漆木器文物修复用胶粘剂筛选研究》，《中国文物科学研究》2022年第4期。

[32]李波、宋朋遥、杨靖楠、侯博超：《漫谈传统瓷器修复工艺——以荣成博物馆馆藏明清青花瓷锔补器为例》，《文物鉴定与鉴赏》2022年第15期。

[33]姚兵：《纳米SiO_2微粒改善环氧树脂粘接剂性能的研究》，硕士学位论文，四川大学，2004年。

[34]王芳：《有机高分子文物保护材料稳定性研究》，硕士学位论文，西北大学，2005年。

[35]杨璐：《常用有机高分子文物保护材料的光老化改性研究》，硕士学位论文，西北大学，2006年。

[36]刘继江：《磷酸盐胶黏剂的制备及性能研究》，硕士学位论文，哈尔滨工程大学，2007年。

[37]胡珺：《柳孜运河遗址出土刻莲瓣白釉盏和青白釉碗的研究与修复》，硕士学位论文，中国科学技术大学，2016年。

[38]特日格乐：《故宫文华殿彩画霉菌病害特性分析和治理研究》，硕士学位论文，陕西师范大学，2020年。

[39]田斯宇：《修复秦俑环氧树脂粘结性能评价及其改性研究》，硕士学位论文，陕西师范大学，2022年。

[40]王丽琴：《彩绘文物颜料无损分析鉴定和保护材料研究》，博士学位论文，西北工业大学，2006年。

[41]任建新：《化学清洗》，甘肃科学技术出版社，1993年。

[42]俞蕙、杨植震：《古陶瓷修复基础》，复旦大学出版社，2012年。

[43]杨植震、俞蕙、陈刚：《古陶瓷修复研究》，复旦大学出版社，2016年。

第七章　文物保护修复实施

一、保护修复依据和原则

（一）保护修复依据

（1）《中华人民共和国文物保护法》（2017年修订）

（2）《中华人民共和国文物保护法实施条例》（2017年修订）

（3）《可移动文物修复管理办法》（2020年修订）

（4）《博物馆藏品管理办法》（1986年）

（5）《陶质彩绘文物病害与图示》（WW/T 0021—2010）

（6）《陶质彩绘文物保护修复方案编写规范》（WW/T 0022—2010）

（7）《陶质彩绘文物保护修复档案记录规范》（WW/T 0023—2010）

（8）《古代陶瓷科技信息提取规范　方法与原则》（WW/T 0053—2014）

（9）《古代陶瓷科技信息提取规范　化学组成分析方法》（WW/T 0054—2014）

（10）《古代陶瓷科技信息提取规范　形貌结构分析方法》（WW/T 0055—2014）

（11）《可移动文物病害评估技术规程　瓷器类文物》（WW/T 0057—2014）

（12）《科学技术档案案卷构成的一般要求》（GB/T 11822—2008）

（13）《照片档案管理规范》（GB/T 11821—2002）

（14）《电子文件归档与管理规范》（GB/T 18894—2002）

（15）《南京博物院馆藏清代官窑瓷器保护修复方案》

（二）保护修复原则

瓷器文物保护修复属于可移动文物保护的范畴，其保护修复的理念与实践都有着悠久的历史。在国际修复理念、现代科技手段等因素的共同作用下，形成了以“最大信息保留”“最小干预”“可再处理”“可识别”等为主要观点的保护修复原则，提升并完善了文物基本信息调研、保护修复技术路线、保护修复效果评估等环节。依据有关法律法规及行业标准，同时参考有关国际宪章准则，本项目所遵循的保护修复原则总结如下：

（1）最大信息保留原则。保护修复工作不得改变文物原貌，不得改变文物原有形状、功能、结构、材料等，对瓷器文物自身携带的所有价值要素，包括原制作痕迹、原收纳器具、传承过程中的流转记录等，都须进行有效保护和留存，客观、真实、全面地保存、延续文物的历史信息及全部价值。

（2）最小干预原则。在文物的利用、保护修复过程中，基于文物的永久保存和可持续利用，对其实施的不改变文物原状、最小化的影响干预后，应达到的最小干预程度。依据历史资料，采用传统工艺和现代保护修复材料进行保护修复施工的方法，为古陶瓷保护修复中的最小干预方法。最小干预的概念强调文物保护修复操作的慎重性，在保证文物物理、化学、生物结构稳定的前提下，尽可能多地保留其原有结构，将人为附加部分用在最有必要补全的地方，尽量减少对文物本体的干预。

（3）可再处理原则。选用的保护修复材料要强调其可再处理性，同时具备安全性、耐久性、与文物本体的兼容性等，不妨碍材料老化或材料、工艺发展、更新后的替换、弥补或改善。对文物实施的所有干预性操作均要留有余地，可根据具体需求最大限度还原到保护修复前的状态，确保文物的原真性。

（4）可识别原则。在尊重文物真实性的前提下，通过实施相应的保护修复技术以恢复文物原貌，具体包括器型、釉色、纹饰等内容的还原。在保证修复部位与文物原有部位整体和谐一致的前提下，做到近距离观察或是以手触摸的可识别，避免混淆修复部位与文物本体。修复部位须有详细的档案记录，以保证文物历史信息的可读性。

（5）优先选用成熟的工艺技术及保护修复材料，尽可能提高综合效益。保护修复工作不能留隐患，须在去除或抑制文物活动性或可诱发性病害的前提下尽可能延长保藏时效。新工艺或新材料要确保经过大量的实验及长期的时间验证，确定对文物本体无害且无隐患，才可应用于具体的保护修复工作。化学材料须慎用，如需使用，须严格控制使用量、使用浓度、使用范围等，使用结束，切记去除残留。

（6）针对具体文物设计有针对性的保护修复技术路线，确保文物保护修复档案的完整性。文物因其制作工艺、埋藏环境、保存条件等因素的影响，所产生的病害也不尽相同，因此，任何文物在保护修复前都须进行尽可能详尽的观察、检测、分析等工作，确保对文物有较全面的了解，方能实施具体的保护修复工作。在这期间须做好详细的档案记录，包括文物基本信息的调研、文物病害等内容的检测分析、保护修复方案的制订、保护修复材料的筛选、保护修复工作的实施以及文物保护修复后的储存与养护建议等，最终形成图文结合的文物保护修复档案。

二、保护修复方案制定思路及目标

通过文物保存环境及保护修复历史调查、病害类型探究和评测、理化检测分析等工作的开展，确定该批清代景德镇官窑瓷器文物的结构稳定性基本良好。但抗战时期战火攻击、南路迁徙路途遥远、运输人员匮乏、存放环境恶劣，搬运途中的碰撞、跌落在所难免，导致部分瓷器文物存在严重的破碎、缺损等情况。加之南路迁徙后一直存放在朝天宫库房，该库房建造时间较早，库房内无窗且无环境控制设备，通风不畅、湿度高，种种不利因素致使文物器表、断面出现大量霉斑等微生物损害，劣化加速。

为延缓病害发展，应利用科学的保护修复手段，提高文物的力学强度、抗腐蚀能力，恢复文物的历史、艺术、科学价值以满足博物馆保藏、展陈、研究等需要。本次保护修复工作的主旨思路即是在全面、系统地调查、分析的基础上，遵循“保护现状、恢复原状、消除隐患、延长时效”的原则，最大限度保留文物的原真性，将人为干预降到最低，运用传统保护修复技术手段客观、安全、有效地恢复该批南京博物院馆藏瓷器文物的原有价值。

保护修复工作实施的具体目标如下：

（1）通过文物信息调研、科学检测、实验分析等研究，了解瓷器文物的制作工艺、方法和材料，为瓷器文物历史、文化、艺术、科学价值的研究提供客观、有效的依据。

（2）通过实施保护修复工作，消除或控制瓷器文物已有或潜在的病害，提高文物整体稳定性，缓解文物病害劣变程度，满足博物馆日常工作，尤其是保藏、展陈、研究、教育等工作的需要。

（3）通过保护修复材料的筛选实验，科学、精准地实施瓷器文物的保护修复工作，实现修复实践与理论研究的有机统一，同时建立健全的瓷器文物保护修复档案，为该类文物的保护修复工作提供规范化指导。

三、保护修复技术路线及场地设施、材料、工具

（一）保护修复技术路线

南京博物院馆藏清代景德镇官窑瓷器文物的保护修复技术路线是在病害调研评测、理化检测分析、科学实验研究的基础上，通过对已有相关历史文献、文物档案等资料的搜集、查阅，同时结合业内专家的指导意见制定的，并依据个案特性有所侧重（图7-1）。

（二）保护修复场地和设施

瓷器文物的保护修复工作需要充足的自然光，所以保护修复室设在有充足光线的房间，室温常年基本保持在25℃，相对湿度控制在50%~55%，以便保护修复材料能够稳定发挥其性能，提高保护修复效率。为尽可能使文物本体颜色不受环境因素而发生偏色现象，保护修复室配备了稳固、平坦，不易发生移动、颠翘的白色操作桌，且桌上铺设透明橡胶软垫以增加摩擦力，防止保护修复时可能产生的打滑、磨损。工作台上方安装有自动通风机和排风管道，用于吸除保护修复时产生的粉尘、有害气体等。工作椅可360°旋转且能按照需求进行升降调节，以便根据文物的具体情况调整合适的保护修复角度。保护修复室地面使用了地毯类的软质材料，防止地滑或行走不稳而导致不必要的磕损。

瓷器文物保护修复工序复杂，每个环节都可能存在粉尘、有机溶剂污染等，考虑到保护修复人员的健康状况，保护修复室依据具体实施内容划分出几个相对独立的工作区域，尽可

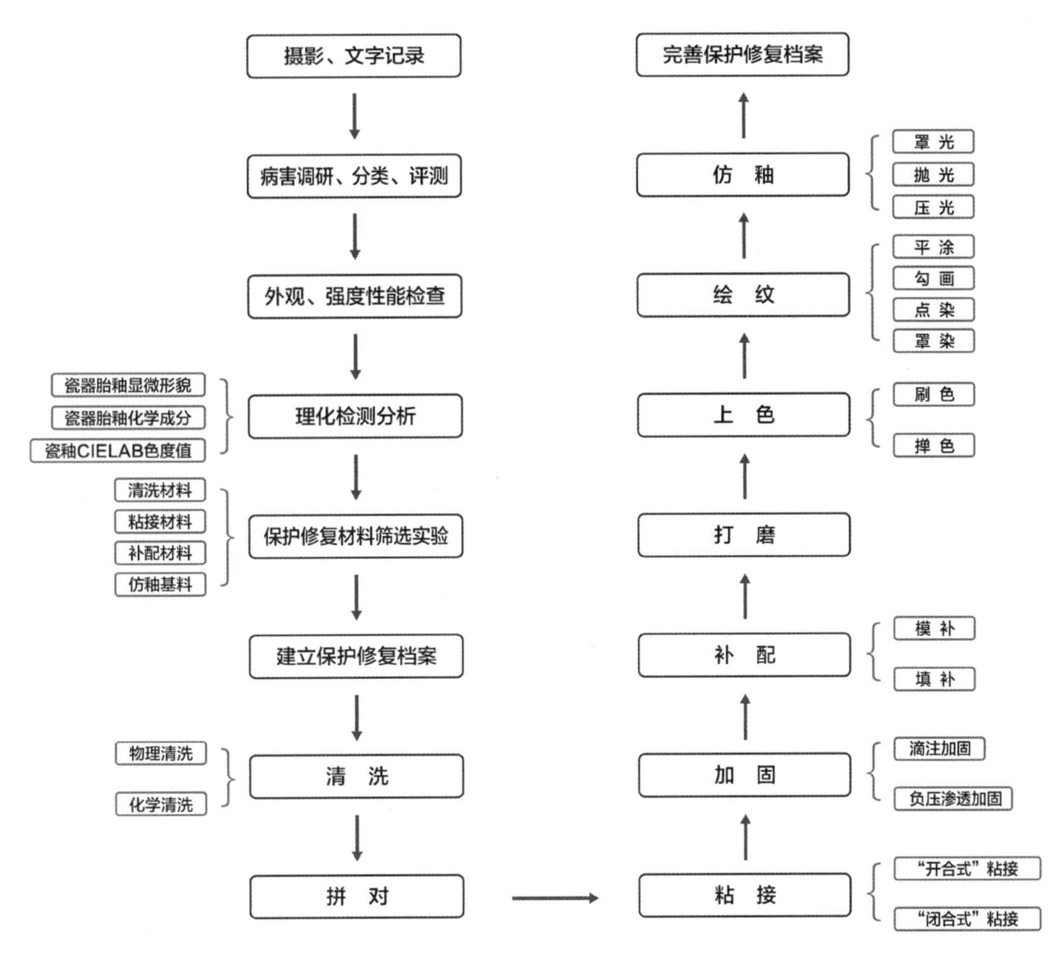

图7-1　保护修复技术路线

能做到干湿分开、功能分开。比如，清洗环节一般可在抗酸碱、耐腐蚀、防刻刮的实验室专用水池内进行；补配、打磨环节需要较大场地且容易产生较多粉尘，可在工作台上开展，并用小型手持式吸尘器及时清除工作台上的粉尘、残余物，防止飘散；上色、绘纹、仿釉环节因需要使用有机溶剂，可在通风橱内操作，降低化学吸入风险（图7-2）。

图7-2　瓷器文物保护修复室

为进一步强化安全管理，将文物安全、人员安全落实到位，保障文物保护修复工作正常、安全、有序地开展，南京博物院依据有关法规并结合实际工作内容，制定了文物保护修复室规章制度。此外，保护修复室配备了监控探头、防火和防盗自动报警设备、自动灭火装置等相关安防装置。考虑到实际工作中其他一些可能存在的安全隐患，保护修复室还配备了用于储藏待保护修复、保护修复中或已完成保护修复的文物保险柜，用于搬运或移动文物的专用推车，用于存放化学药品、有机溶剂等的危险品储存柜，保护修复人员用于防护自身安全的口罩、手套、护目镜以及创可贴、纱布、医用碘伏等外伤应急处置品。

（三）保护修复材料和工具

瓷器文物保护修复技艺发展至今，材料、工具不断更新换代，依据每件（套）文物的具体病害有针对性地选择合适的材料和工具，不仅能够支撑各项技术环节有序、高效地开展，更是保护修复效果高质量体现的物质前提。因此，在瓷器文物保护修复工艺技术中，了解材料自身的理化性质、工具的性能标准和使用方法是不容忽视的。针对文物病害调研得出的科学结论以及业内专家提供的经验指导，将此次保护修复工作中所涉及的主要材料和工具进行了归纳总结（表7-1、表7-2）。

表7-1　瓷器文物保护修复主要材料

序号	名称	用途	附图
1	去离子水	一种除去了呈离子形式杂质后的纯水，具有高纯度、低电导率、低溶解固体含量等特点。多用于清洗一般性附着物、结晶盐、有机脱模剂，或是漂洗残留在文物本体上的试剂等。	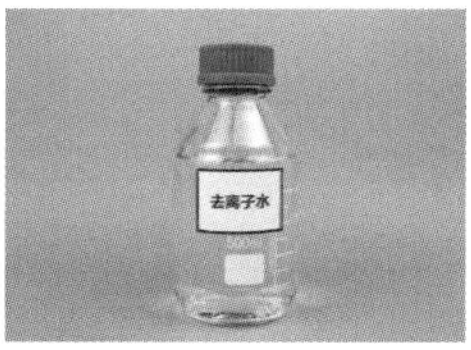 去离子水
2	乙醇	具有强渗透力，能够使构成细菌生命基础的蛋白质凝固，多用于消杀微生物及其代谢物。同时也因其具有极性和非极性两种性质，能够使胶水失去黏性，因此也可用于去除粘接时溢出的胶液。	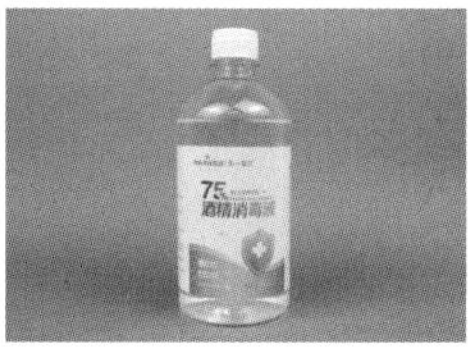 75
3	2A溶液	去离子水与无水乙醇的混合液，混合比为1∶1。主要用于去除微生物及其代谢物对器物造成的损害。	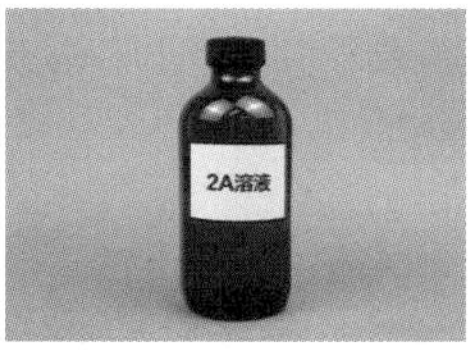 2A溶液
4	异噻唑啉酮	一种除菌剂，无色至黄绿色透明液体，易溶于水，主要通过断开细菌和藻类蛋白质的键，迅速且不可逆地抑制其生长，从而导致微生物细胞的死亡，对常见细菌、真菌、藻类等具有很强的抑制和杀灭作用。	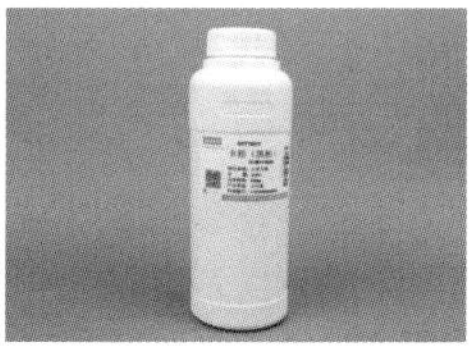

续表

序号	名称	用途	附图
5	丙酮	又名二甲基酮，密度0.7898g/cm^3，是一种无色透明的强效溶剂，多用于去除有机污染物、胶粘剂等，但其具有一定毒性，保存、使用时须严加注意。	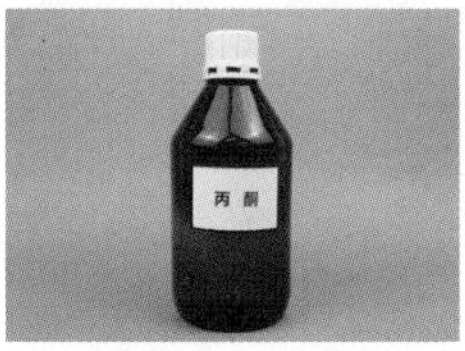
6	草酸	又名乙二酸，比重1.653（19/4°），是一种无色的柱状晶体，草酸根具有强还原性，多用于清洗冲线内的污垢。保存、使用时须严加注意。	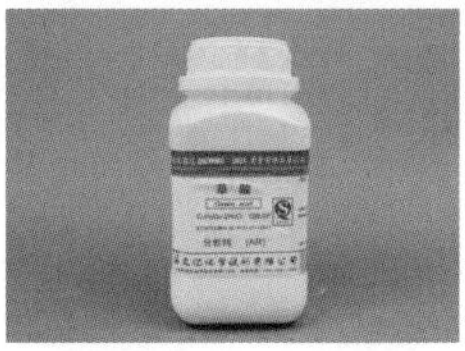
7	乙酸	一种有机一元酸，无色透明液体，用来调和醇水溶液的pH值，制备浓度适宜的硅烷偶联剂。	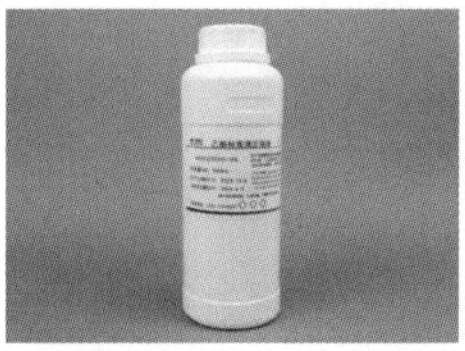
8	硅烷偶联剂	无色透明液体，可溶于水和有机溶剂，是一种含有功能基的有机硅化合物，适用于各种被黏合材料的断口表面处理，以增大黏合物（如环氧树脂胶粘剂）与被黏物表面之间的黏结力。	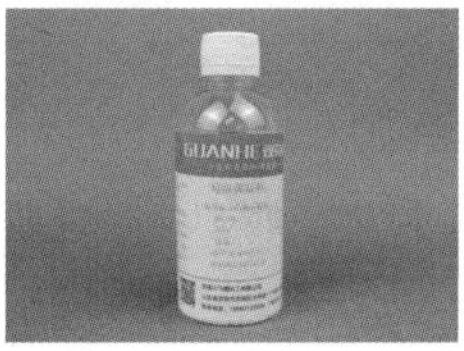
9	快干胶	又称瞬干胶，主要成分是α-氰基丙烯酸，是一种单组分、低黏度、无色透明且常温下可快速固化的胶粘剂。主要用于粘接、固定残片，也可对惊纹、冲口、裂缝等病害进行加固处理。	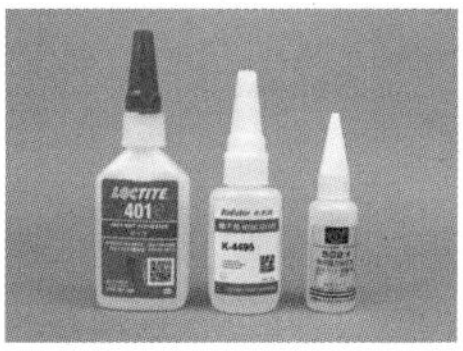
10	Hxtal NYL-1	一种专门为文物保护修复工作设计、无色透明的室温双组份环氧树脂胶粘剂，具备折光率高、流动性好、抗紫外光以及高低温交替色变能力佳等优良性能，可在加固工艺中，对惊纹、冲口、裂缝等病害进行负压渗透加固。	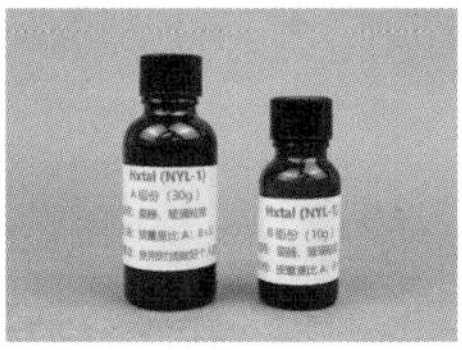
11	环氧树脂胶粘剂	具备适用范围广、粘接强度高等优良性能。多与无机填料混合后用于瓷器文物缺失部位的补配处理，也可将A、B组分按比例混合后用于残片的粘接固定或缝隙填充。	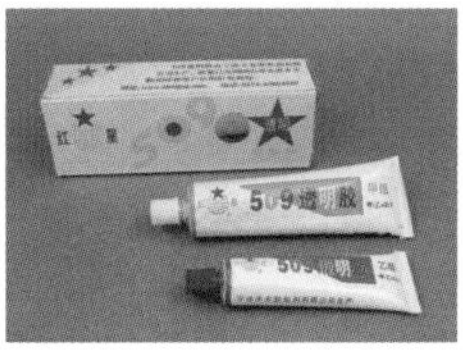

续表

序号	名称	用途	附图
12	高岭土	瓷器生产的主要原料，因江西省景德镇高岭村而得名，主要成分是$Al_2O_3 \cdot 2SiO_2 \cdot 2H_2O$。质纯的高岭土细腻洁白，呈松软土状，具有优良的可塑性、黏结性、悬浮性、分散性、电绝缘性、抗酸溶性、耐火度等性能，理化性质优越。多作为无机填料与环氧树脂胶粘剂混合后对瓷器文物缺损部位进行补配，以复原文物立体结构。	
13	滑石粉	化学成分主要是$Mg_3[Si_4O_{10}](OH)_2$，为白色或类白色、微细、无砂性粉末，具有化学性不活泼、遮盖力良好、吸附力强等特点。可作为无机填料与α-氰基丙烯酸胶粘剂或环氧树脂胶粘剂混合，对瓷器文物进行缝隙填充、小面积补配、接缝处凹凸感处理等。	
14	无机颜料	用天然矿物或无机化合物制成的颜料，具备耐光、耐热、耐候、易分散、耐溶剂性好、遮盖力强等特性，在瓷器文物保护修复的上色、绘纹工艺中，不易发生变色、浮色、跑色、渗色等现象，因而使用占比较大。	
15	瓷器修复 专用仿制釉	一种新型仿釉基料，具备质地清透、制备简便、成膜速度快、附着性好、完全固化后釉质感强、耐黄变性能佳等特点，其使用贯穿瓷器文物保护修复工艺中上色、绘纹、仿釉三大环节。	
16	稀释剂	一种由酯、醇、酮、苯类等有机溶剂配制而成的一类稀释剂，无色透明液体，具备溶解性、挥发性，能够降低釉料黏度，加快涂膜干燥速度，提升成膜后的均匀度，因此，常被用来稀释釉料、着色剂，使其更易上色成膜。	
17	消光剂	主要用来降低漆膜表面的折射率，使之由镜面反射变为漫反射，以此增加质感。可与仿釉基料搭配使用，通过调整二者比例，修复部位质感可与文物本体保持基本一致。	
18	进口石蜡	因其含油量适中，具备良好的防潮和绝缘性能、化学稳定性好、韧性强、透明度高，故多用在瓷器文物保护修复工艺中的仿釉环节，对修复部位做抛光处理，以获得柔和、润泽的釉面质感。	

表7-2 瓷器文物保护修复主要工具

序号	名称	用途	附图
1	羊毛笔刷	将红榉木圆弧木柄前端切开后，放入用水盆湿做法制作而成的中光锋羊毛，再用铜丝加固，锁牢刷毛，由此制作而成。多在清洗、补配工艺中，用来去除器物表面或断面的浮尘等附着物。	
2	猪鬃刷	以猪鬃为原材料制作而成，有软硬之分，具备密实刚韧、弹性强、不易变形等特点。主要用来刷洗瓷器文物器表或残片断面的污染物。	
3	净化擦拭棒	由双层聚酯纤维无尘布和合成树脂杆加工而成，不含污染物。溶剂吸收能力强且能与绝大多数溶剂兼容，吸收微粒或液体后不会轻易掉出或挤出，具备良好的紧锁能力，可反复擦拭，不会掉屑或刮伤被擦拭器件，擦拭后化学残留物含量低。多用于消除边角、缝隙等部位的污染物以及去除多余胶粘剂。	
4	无尘棉棒	在无尘净化车间生产、分切、成形、清洗、包装的一种工业或医用棉签，由双棉头和棉棒组成。棉头采用不含硅的脱脂棉，棉绒结实且稳固性好，双头多用，洁净度高，擦拭时无棉丝掉落且蘸取溶剂不会因过度膨胀而变形。棉棒为纸质杆，柔韧有度且光滑无毛刺。多用于清洁瓷器文物的死角部位。	
5	无尘擦拭布	由100％聚酯纤维双编织而成，柔软耐磨，不会损伤器物，具备高效吸水性、防静电功能以及优良的除尘效果。主要用于吸附瓷器文物清洗完成后的多余液体。	
6	超声波清洗机	通过高频震动清洗溶剂，不断冲刷器表、断面深处，以分解污垢、细菌等附着物，并使之脱离，实现深度清洁。	
7	纳米无痕胶	PET材质制成，具有透明度高、黏性强、韧性佳、撕取干净且不易留残胶等特点。多在拼对、补配工艺中，用于固定各残片或模具的位置。	

续表

序号	名称	用途	附图
8	绝缘胶布	具备优异的耐磨性能、延展性能以及黏合性能，易于手撕且不会留胶。多在打磨工艺中使用，可预先贴在文物本体与补配部位的衔接处，以避免使用打磨机打磨时对瓷器文物釉面造成损伤。	
9	EVA热熔胶	以乙烯—醋酸乙烯共聚物（也称乙烯—乙酸乙烯共聚物）为基料的一种热塑性树脂。常温下为固体，加热熔融到一定程度则变为可流动且具有一定黏性的液体粘合剂，多被制成圆柱状后装入热熔胶枪内使用。具有安全环保、软化温度低、熔胶均匀、几秒钟即可冷却凝固、黏合性好、去除方便等特点，多在粘接工艺中用于固定残片位置。	
10	热熔胶枪	与EVA热熔胶搭配使用，其作用是通过PTC热敏发热芯快速聚温，使枪体内部保持恒温，溶胶后能够均匀、稳定出胶。	
11	吹风机	清洗工艺中，可对冲线进行局部加热，使试剂更易渗入，通过氧化还原反应将冲线内的污染物置换出来；补配工艺中，可用来加热红白打样膏以方便卸模。需要注意的是，使用吹风机加热器物时，须整体预热且温度不宜过高。	
12	牙科模型蜡	俗称“红蜡片”，由蜡原料制成，主要成分为石蜡、微晶蜡、卡那巴蜡。该材料使用便利、易于修整，但厚度较薄且材质较软，因此，在瓷器文物保护修复的补配工艺中，多用于制作小面积缺失部位的模具。	
13	红白打样膏	主要成分为树脂、硬脂酸、滑石粉、立德粉等，软化温度50℃~70℃，硬固时间2min~5min，具备良好的可塑性，取模清晰、操作方便。在瓷器文物保护修复的补配工艺中常用作压印模具，多用于面积缺失较大的情况。	
14	有机脱模剂	包括脂肪酸皂、甘油、凡士林等。主要作为界面涂层涂抹在模具内壁或外壁，以形成均匀的薄膜，防止填补材料与模具发生黏结，使成型后的填补材料易于脱离且脱离后的表面光滑洁净。	

续表

序号	名称	用途	附图
15	调胶棒	不锈钢材质，扁平圆头，厚度约为0.1mm，柔韧且富有弹性，可调配各类胶粘剂。多用来混合环氧树脂胶粘剂和无机填料等。	
16	起子	一般选用薄而平滑、柔韧性好的牛角片削制而成。在补配工艺中，用来挑起贴合在文物表面、塑件部位的打样膏或蜡片的专用工具。	
17	坯刀	选用硬度高、韧性足的超薄高碳钢锯条，按实际需求剪裁后，用打磨机磨出所需弧度，为方便使用，手握处用耐磨绳捆绑扎牢。补配工艺中用来调配胶料，以填补缝隙、小面积缺损、修复部位打磨后的表面孔洞等。	
18	软刀片	刀片为不锈钢材质，刀刃锋利，薄软且韧性佳，能够很好地与器表贴合。主要用来采集样品、去除文物表面污染物以及粘接时溢出器表且完全固化的胶粘剂等。	
19	手术刀	由刀片和刀柄组成。刀片为碳钢材质，具备刃口稳、刀锋利、耐用高等特性，补配工艺中常用来修整修复部位的形制，可根据修复部位大小选择型号合适的刀片及刀柄。常用的刀片型号：10号、11号、20号、21号、23号；刀柄型号：3号、4号。	
20	木砂纸	补配工艺中的常用工具，一般在使用电动打磨机完成粗打磨后，再选用木砂纸对修复部位进行细处理。常用型号：80#、120#、180#。	
21	金相砂纸	补配、上色、绘纹、仿釉工艺中不可缺少的工具之一。属于干磨砂纸，主要用来对修复部位进行精打磨，以增加其平整度、光滑度、细腻度。常用型号：W14、W50、W70。	

序号	名称	用途	附图
22	电动打磨机	主要用于对修复部位形制进行粗处理。可根据实际需求，更换合适的打磨配件或调整打磨速度。	
23	白瓷板	主要用作制备色板、调配色料，一般选用冷白色瓷板为佳。	
24	定制毛笔	选用生长在羊颈后、腿里侧的细光锋羊毛做笔锋，毛锋细柔且笔直，涂刷时不易掉毛、散尖、留下笔痕，是上色、仿釉工艺中的重要工具之一。	
25	定制刷笔	选用劲利适中、毛锋短小的动物毛卷捆而成，形如小伞状。多在上色、仿釉工艺中，用于制作釉面纹路，抑或是对修复部位与文物本体的衔接处进行模糊处理。	
26	定制网板	由不锈钢编织网、钢丝、圆棒制作而成，一般与定制刷笔搭配使用，通过刷笔在网板上来回横扫，笔毛反复回弹使色料在修复部位形成均匀的雾状或大小不一的点状。	
27	勾线笔	绘纹工艺中，可根据纹饰的形状大小、线条粗细等，选择适宜的材质、型号以补绘纹饰。	
28	镊子	一种辅助工具。清洗时，可用来夹取小碎片；上色、绘纹、仿釉时，可用来夹捡修复部位上的杂物。	

续表

序号	名称	用途	附图
29	抛光布	由柔性超细纤维材料制成，不会损伤衔接修复部位与文物本体的过渡区，多用于对修复部位进行抛光处理。	
30	转盘	可左、右平稳旋转，减少器物搬动。器物缺损面积较大或体型较大时使用。	
31	小型鼓风机	上色、仿釉时，通过调节出风量来加快试剂的干燥速度。	

四、保护修复主要步骤

（一）采集信息、建立档案

文物是历史文明的载体，是不可再生资源，也是博物馆保藏、展陈、研究、教育等工作的物质基础，因此，在保护修复工作开展前，对文物展开信息采集、建立保护修复档案具有举足轻重的意义。《陶质彩绘文物保护修复档案记录规范》（WW/T 0023—2010）中对“保护修复档案”做了明确阐释，其是指在文物保护修复全部过程中，对文物本身信息和实施保护修复所使用的各类方法、材料以及检测分析数据、结果、评估的记录，主要包括文字、绘图和影像记录。此外，还明确规定了文物保护修复档案的相关术语、文本内容、记录格式、记录用文字、记录信息源以及记录方法。

采集文物信息、建立保护修复档案是现代文物保护修复工作中极为重要的环节，是为了留存文物的原始信息以及人为干预的保护修复工艺流程、保护修复所用材料、技术难点、解决方法等内容，具有极为重要的保存价值，不仅是追溯文物历史信息的来源之一，同时有助于文物保护修复工作的归纳、总结和提高，能够为研究者、保护者查证提供翔实可靠的资料。因此，整个采集、记录过程要始终坚持五大原则，即实时性、客观性、真实性、准确性、完整性。文物保护修复档案参照《陶质彩绘文物保护修复档案记录规范》（WW/T

0023—2010）的要求进行整理记录，除要收集文物名称、收藏单位、入藏时间、登录号、来源、年代、质地、尺寸、重量、级别等基本信息外，还要对所要保护修复的对象有更清晰、深刻的认知，主要包括调研文物保存环境、明晰文物已知病害、查阅文物历史信息、分析文物理化性质、熟知文物结构特征、确定保护修复方案等。

文物病害情况的不同决定了其保护修复的方法、程度以及所需材料、工具等各方面的不同。总结南京博物院馆藏清代景德镇官窑瓷器文物的病害类型，此次保护修复工作的重点、难点主要集中在拼对粘接、补配塑形、上色绘纹、仿釉做旧等工艺环节。由于文物数量较多、种类繁复，在开展保护修复工作时，保护修复人员需根据实际情况，及时对使用材料、修复工艺、操作条件、工作内容等做好文字、图像记录，确保过程的完整性以及内容的一致性，以便后续归档查阅（图7-3）。

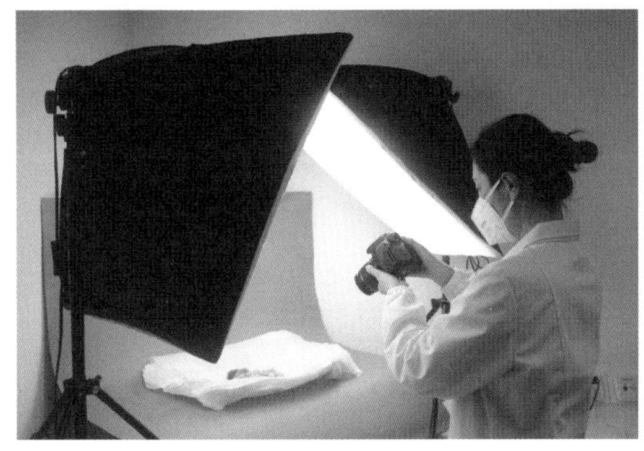

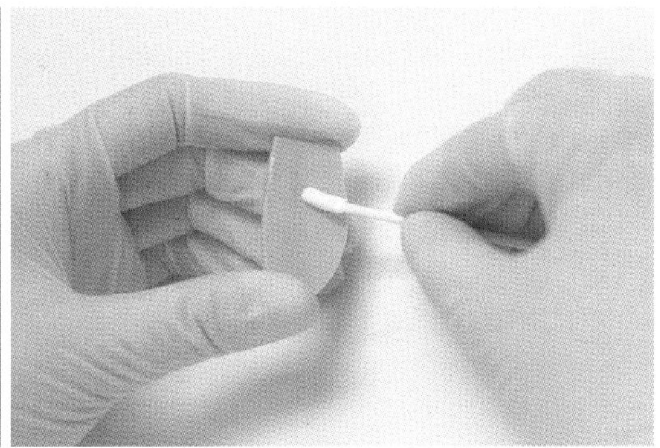

图7-3　采集文物信息

（二）清洗

1. 清洗目的及原则

清洗是具体实施文物保护修复工作的第一步，也是最基础的环节。清洗是通过选用合适的试剂和方法，对文物表面或断面附着物进行转化、溶解、剥离，以达到初步还原文物面貌的过程。基于对文物本体的保护，清洗应遵循“先物理后化学”的原则。清洗前应对清洗工艺、清洗材料、清洗效果进行研究和评估，以确定正确、有效的清洗方法，如需使用化学试剂，应控制好试剂浓度和反应时间，避免因使用化学试剂或操作方法不当而造成文物本体的损伤。安全、高效的清洗不仅能够帮助辨识文物形貌，发现可能忽略的重要信息，更能为后续的保护修复工作提供技术上的支持。

基于对清代景德镇官窑瓷器文物制作工艺痕迹的判别、分析，变形、橘釉、流釉、斑点、断料、落渣、串烟、窑粘、窑红这类“病害”，虽极易与缺损、侵蚀、附着物等病害混淆，但因其不仅具备稳定性，而且是具有鲜明特征的制作痕迹，故在清洗过程中应予以保留。另有一部分制作痕迹，如窑裂、缩釉、惊釉、针孔、爆釉等，因其极易成为污染物聚集的开放性通道，故属于活动“病害”，存在诱发其他病害的隐患，应及时采取相应的技术处理。此外，受复杂的保存环境影响，该批瓷器文物表面还出现了大量微生物及其代谢产物，破坏文物外观的同时，对文物产生了一定的腐蚀作用，亟须进行安全去除。科学、有效的清洗工作需遵循以下原则：

（1）安全原则。包括选用的试剂安全、操作的方法安全以及保护修复人员的自身安全。通过对文物胎、釉、彩以及附着物的目测及检测，确定文物整体稳定性、致密度、工艺特征以及附着物的种类、污染老化程度，选用经时间、经验验证的清洗试剂在局部区域进行方法、材料试验，以确保清洗试剂、工艺的安全性、可操作性，同时，还应注意化学试剂的毒害性、腐蚀性，做好自我防护工作，确保自身安全。

（2）适度原则。清洗是一项干预性操作，须尽可能将文物上的附着物彻底清洗干净，但绝不能以牺牲文物原状来换取附着物的清除。因此，清洗要注意尺度和范围，须由弱到强、循序渐进，防止因过度清洗而使文物本体产生新的损伤。清洗一般遵循“整体—局部—整体”的技术路线，须对器物内壁、圈足内侧、残片断面、纹饰或雕塑的凸起、凹陷处等细节部位仔细清洗，如若使用化学试剂去污，清洗完成后须反复漂洗，避免试剂残留。

（3）保留原则。瓷器文物的病害种类按其成因可分为制作性“病害”、使用存储性病害两大类，因此，在对文物开展清洗前，须对其病害种类有明确认知。对于在制作过程中产生的“病害”，如窑裂、窑粘、落渣、串烟、斑点、橘釉、流釉、缩釉、惊釉、针孔等，抑或是前人为防止混淆，存储时在文物上做的编号、标记等，都属于文物的原始信息，须予以保留（图7-4）。

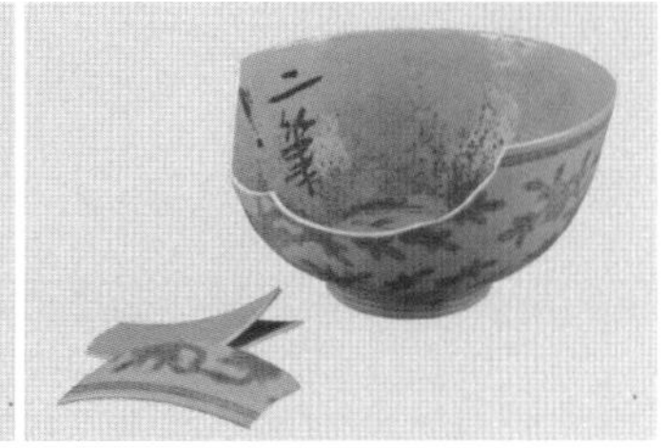

图7-4　文物原有编号

2. 清洗工艺

经病害调研评测、胎釉理化性能分析，确定该批清代景德镇官窑瓷器文物结构稳定，胎体致密，吸水率低，釉层附着力较高，器表及断面附着物主要为浮土、灰尘、土垢、生物损害、原有保护修复痕迹等，污染程度较高，因此按对附着物种类，选用物理、化学相结合的清洗工艺去除污染物。

（1）物理清洗法

物理清洗是一种利用机械或水力的作用清除文物表面及断面附着物的方法，因其对大气环境、文物本体、保护修复人员几乎无污染、腐蚀、损伤等，故也是文物清洗工艺中最常使用的方法。天然水中含有多种杂质，如碳酸氢钙、氯化物等，这些杂质都有加重文物病害的可能，故选用去离子水作为物理清洗的主要试剂。按附着物种类，分三类开展清洗工作：

（1）浮土、灰尘（图7-5）。针对这类不牢固且非油腻的附着物，可先选用羊毛笔刷对文物整体进行轻扫、拂拭，使器表、断面的浮土、灰尘吸附在羊毛笔刷上，再用猪鬃刷轻轻刷洗直至器表、断面洁净，但要注意避免羊毛笔刷与文物反复摩擦引起静电，导致吸附更多灰尘。

图7-5　浮土、灰尘的清洗

（2）土垢（图7-6）。这类干固的土块、硬壳等一般附着得比较牢固，可先将无尘布按附着物的面积大小进行裁剪，然后用去离子水完全润湿后贴敷于土垢处，待其软化，用软刀片紧贴器表慢慢刮除。此种方式不仅温和安全，而且能有效防止污物的扩散、转移。

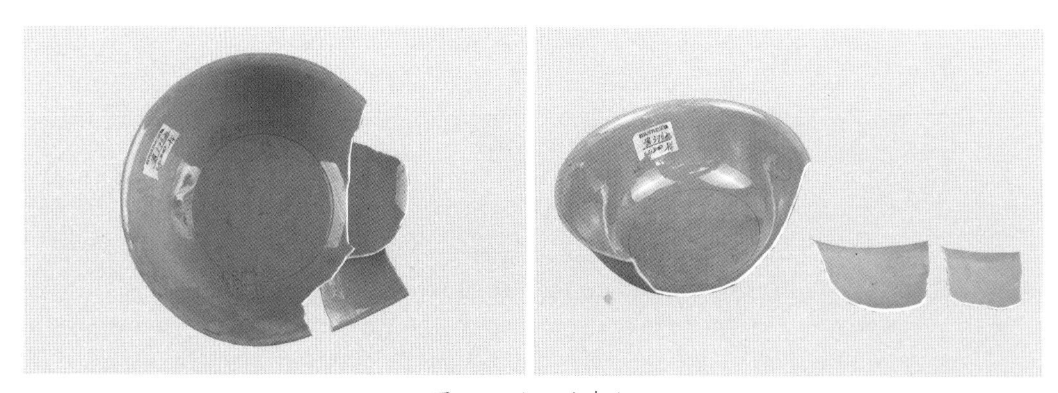

图7-6　土垢的清洗

（3）断面（图7-7）。断面是否清洗干净直接关系到胶粘剂的黏附效果，因此，针对断面附着物的清洗工作是瓷器文物保护修复过程中不可忽视的一个重要环节。在流动的细水注下，用猪鬃刷对嵌入沟缝的污物进行刷洗，为避免遗漏或因冲刷而掉落的碎碴磨损器表，可先做好临时标记，再有序进行刷洗。完成初步清洗后放入超声波清洗机，利用强弱声波在试剂中不停交替促使数以万计的微小气泡产生、破裂的原理快速冲刷断面污物，其间需时刻关注文物情况。

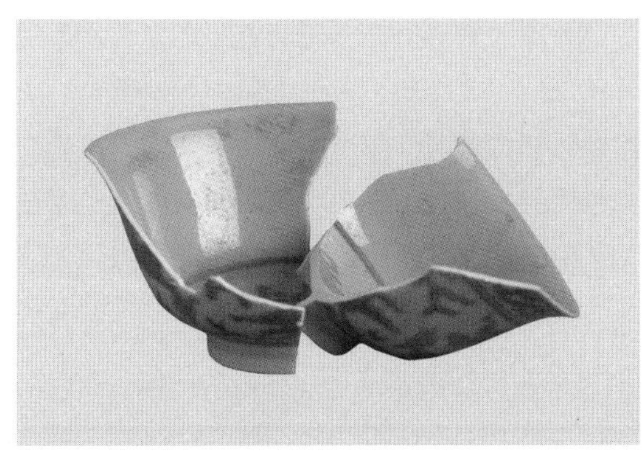
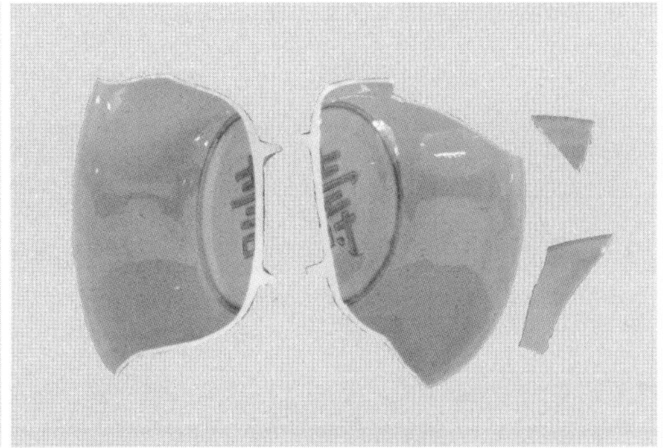

图7-7 断面的清洗

（2）化学清洗法

化学清洗是利用化学试剂与文物上的附着物发生化学反应，以恢复文物原状的方法。一般情况下，清洗能力强的化学试剂，对瓷器文物本体的损伤也较大，因此，选用化学试剂对文物进行清洗前，须对文物病害种类、化学试剂性能等有全面、准确的了解，并且须局部试验可行后才能使用。另外，化学试剂大多存在毒害性、腐蚀性，因此，操作时须做好防护工作，化学去污后，须用去离子水反复漂洗文物，以免试剂残留造成二次污染。与此同时，还须按规定取用、存储化学试剂，使用后的废液也应集中统一处理。按附着物种类，分三类开展清洗工作：

（1）裂缝（图7-8）。该批清代景德镇官窑瓷器文物中有部分文物出现了长短不等、穿透胎的纹路，加之灰尘等附着物的逐日堆积，目前已呈棕红色或黑褐色，如不及时加以保护修复，不仅影响整体美观，更有破碎的隐患。有鉴于此，选用低浓度草酸对裂缝进行清洗。先用吹风机整体预热器物后再局部加热裂缝（适当加热有助于扩大器物孔隙，加速化学试剂溶解、反应，但温度不宜过高，手触略烫即可），然后利用草酸的还原性质去除裂缝里的顽固附着物，反复操作直至裂缝颜色变淡，最后用去离子水浸泡器物，反复更换直至电导率维持在恒定范围内。

图7-8 裂缝的清洗

（2）生物损害（图7-9）。保存条件有限，导致该批瓷器文物器表及断面存在大量微生物及其代谢物滋生的现象。经取样分析，主要有青霉属、曲霉属、镰孢霉属、帚枝霉属、芽孢杆菌属、葡萄球菌属等，通过除菌剂筛选实验，选择CIT/MIT作为主要除菌剂，同时选用挥发性强且不易有残留的医用酒精或2A溶液进行辅助处理。用浸泡过除菌剂的净化擦拭棒在器表、断面以来回卷动的方式将污染物从器表、断面处揭起，动作须轻缓，力度须适中，避免将灰尘、浮土等压入缝隙内部。

图7-9　生物损害的清洗

（3）原有保护修复痕迹（图7-10）。部分瓷器文物进行过临时的保护修复，但原有粘接材料已经变黄失效，并且存在粘接不够平滑、严密的问题。抠取粘接材料进行试验后，确定了采用水和丙酮浸泡拆解，再进一步清洗的方案。先用热水（水温约55℃）浸泡器物，促使粘接部位松动、脱落，然后将残片置于装有丙酮的烧杯中密封静置，静置期间须每隔24h查验一次浸泡效果，待烧杯中出现白色粉末或絮状物时，即可将残片取出并用超声波清洗机反复清洗，直至测出的电导率数值维持在恒定范围内，如若断面仍有胶粘剂残留，可用手术刀剔除。

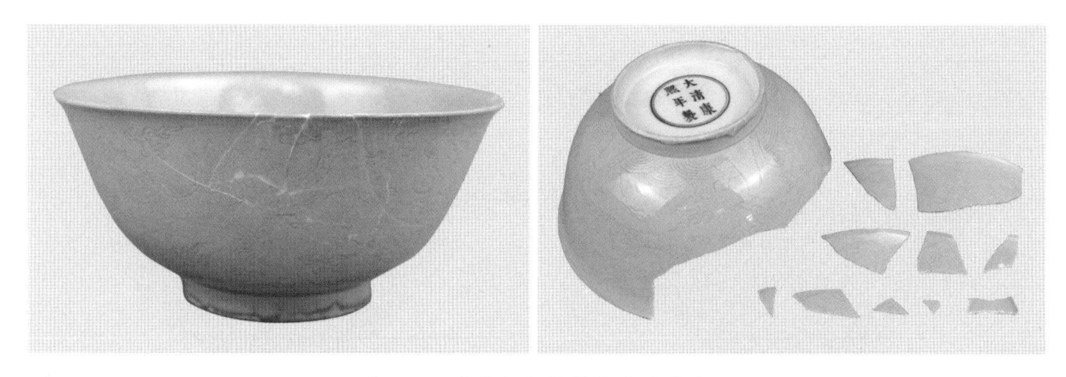

图7-10　原有保护修复痕迹的清洗

（三）拼对

1. 拼对目的

瓷器文物虽然结构稳定但极其易碎，究其原因，主要是瓷器内部以硅氧共价键结合，晶体排列极不规则，当受到外界较大冲击力时，通常不以弹性方式、塑性方式变形，而是瞬间断裂。本项目保护修复的清代景德镇官窑瓷器文物在南迁途中几经波折，虽大部分完整无缺，但仍有小部分文物在运输途中因不可抗力而破碎，加之同品种、同工艺、同规格的文物可能有多件且每运至一个地方都须重新清点、记录，难免发生混淆，因此，在粘接工作开始前须对破损文物及残片展开拼对、核实工作，确定每一片残片的位置以及相互之间的咬合关系。总结其目的主要有以下四个方面：

（1）检查器物的现有残片是否能够一一对应。

（2）残片粘接面是否能够相互吻合。

（3）是否能够恢复器物的原有结构。

（4）是否能够找到缺失的残片。

通过拼对、核实工作，能够直观认识残片在器物整体结构中的正确位置以及器物的缺损程度，从而确定最优的粘接顺序，使残片拼合、粘接得更加精准。

2. 拼对工艺

对清洗干燥后的瓷器文物进行无胶拼对，能够有效避免粘接时极易发生的残片“嵌入”困难、断面碴口错位等弊端，同时还能以此确定粘接时的先后顺序以及操作方法。此次从朝天宫库房提取的文物残片有百余片，各品种混杂在一起，无法第一时间准确判断其归属，可从残片釉色、厚度、形状、纹饰四个方面完成分类、拼对、核实工作（图7-11）。

图7-11　残片的拼对、核实

（1）釉色。瓷器的釉色是最直观的特征之一，此次保护修复的清代景德镇官窑瓷器文物釉色丰富，主要有白釉、黄釉、紫釉、酱釉、祭红釉、青花、釉里红、黄地绿彩、蓝地黄彩等，其中黄釉又分为全黄釉和内白外黄釉。因此，可按照釉色的不同种类进行初次分类和集中。

（2）厚度。景德镇官窑瓷器的制作由朝廷严格把控，器物的制式、配釉、制胎、画工、图样等都有一套成体系的标准，因此，烧成的器物釉层均匀、胎壁厚薄基本一致。但即便如此，一件器物的不同部位，比如碗壁（近口沿）、碗腹（近圈足），其厚度依然存在差异，而同一部位的厚度则相差甚微。因此，可将厚度相近的残片进行再次分类和集中。

（3）形状。破碎的瓷器，每一片残片都有其特有的形状，因此，残片碴口的形状则成为拼对时的一个指示性特征。依据残片形状、碴口凹凸特点，找到造型特征较为鲜明的残片，据此可大致判定器物整体的外形特征，然后再依据其他辨别要素确认剩余的残片。

（4）纹饰。拼对时，纹饰是确定残片位置是否准确的一项重要指标。本项目保护修复的50件（套）清代景德镇官窑瓷器文物，按纹饰种类及工艺特征可分为云龙纹、团凤纹、御题诗纹、折枝寿桃纹、寿桃花鸟纹、暗刻云龙纹、暗刻缠枝花卉龙纹、暗刻云龙云鹤纹等，纹饰种类丰富，粘接时可作为定位残片的一项参考依据。

（四）粘接

1. 粘接目的及质量标准

粘接，顾名思义，即是利用胶粘剂的黏附作用，将同种或不同种的固体材料牢固地连接在一起。粘接技术被应用到文物保护修复工作中，有赖于高分子合成材料工业的发展。适宜的胶粘剂能够使断裂、破碎的文物重新接合，恢复文物的完整性以及整体结构的稳定性，为了解、研究文物的历史信息、艺术价值提供物质基础。结合文物自身特性和实际情况正确选用胶粘剂，不仅能够提升工作效率，还是工作质量高低的重要保障。粘接技术的好坏直接关系到文物外形结构是否能够有效恢复，因此粘接工作须具备以下质量标准：

（1）粘接位置准确，接缝处无明显凹凸感。粘接前，应确定好残片所在位置；粘接时，可用指甲垂直于接缝处反复轻磨几下，确定无明显凹凸感后再滴胶。

（2）粘接后无胶体污染，确保文物的外观美感。粘接时，胶粘剂应遵循少量多次的滴加原则，溢出的胶粘剂在未固化时，可用浸润过酒精或2A溶液的净化擦拭棒及时清理，但不可擦拭接缝处，以免影响粘接效果；固化后的多余胶粘剂可用手术刀沿着器壁剔除干净，力度要适中，以免刮伤釉层。

2. 粘接工艺

文物保护修复工作中可选用的粘接材料种类繁多，因此，掌握现有胶粘剂的理化性能是开展粘接工作的首要前提。总结业内学者经验，同时通过大量性能实验分析、比较、筛选后，选用广东恒大生产的K-4495胶粘剂完成本项目的粘接工作。粘接工作对“准确度”的要求极高，这不仅体现在对粘接材料的准确认知，还体现在对粘接顺序、粘接浓度、粘接力度等方方面面的准确掌控。为了能够更精准地完成此项工作，选用以“闭合式”为主、“开合式”为辅的粘接工艺对破碎的清代景德镇官窑瓷器文物进行粘接。具体操作方法如下：

（1）碴口预处理（图7-12）。水在断面的残留不仅阻隔胶粘剂对文物断面的完全浸润，使其黏附力降低，还会在胶粘剂加热固化的过程中产生鼓泡现象，如遇外力，必然会使粘接后的文物再度分离。因此，对残片进行拼对、核实后，可用吹风机对残片碴口进行适当加热，将残留的水分蒸发出去，以此增强断面对胶粘剂的吸附能力，提高断面的内聚力。

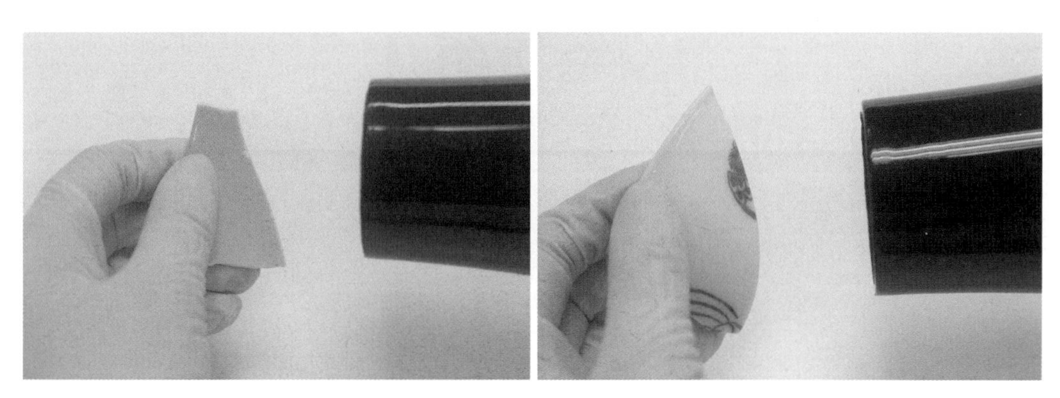

图7-12　碴口预处理

（2）“开合式”粘接（图7-13）。适用于器物体型较大、残片碴口能够完全咬合或者破碎情况严重、残片数量较多的瓷器文物。确定粘接顺序后，依次进行粘接。一般选择从器物底部或是能起到支撑作用的部位开始，自下而上逐片粘接，将胶粘剂薄且匀地涂抹在已经做过预处理的残片断面上，然后略施力将两片残片的碴口对正压合，按计划好的粘接顺序有条不紊地完成粘接工作。

图7-13　“开合式”粘接

（3）“闭合式”粘接（图7-14）。适用于器型较小或者经核实后残片数量较少，抑或是经拼合后裂隙较宽的瓷器文物。首先用热熔胶或纳米无痕胶将残片全部拼合，确认残片所处位置精确无误后，再用胶粘剂沿着裂隙滴注粘接，少量多次且须及时清理溢出的胶粘剂。完全固化后，用手术刀去除定位用的热熔胶或纳米无痕胶以及多余的胶粘剂，确保文物器表洁净。

图7-14 “闭合式”粘接

（五）加固

1. 加固目的及意义

加固是选择透明、无色泽、具有理想渗透力和适合操作的渗透速度、有较好黏合力以及一定胶结强度的材料作为固化剂，在不使文物外表发生原色加深、眩光等一系列改变的前提下，使文物表面或内部形成支撑性的结构组织，增加文物表面或内部结构强度的一种技术手段。

此次保护修复的清代景德镇官窑瓷器文物整体结构虽较为稳定，无剥釉、掉彩等现象，但部分瓷器文物存在惊纹、冲口、裂缝等活动病害和可诱发病害，因这三种病害在文物保护修复过程中所使用的操作工艺基本相似，故可统称为“冲线”类病害。当文物釉层出现开裂（即“冲线”类病害），原来相对稳定的状态被打破，内部应力会导致病害继续发展，甚至胎体开裂，并且随着时间推移，灰尘、有机污垢等外来污染物也会进入冲线内，使得冲线发黄、发黑，影响瓷器文物整体美观。与此同时，冲线部位成为瓷器文物与外界物质交换的通道，内部可溶盐分在外界水分的作用下，通过毛细作用在釉层表面形成盐析现象，继而导致剥釉等病害的产生。因此，须对此类病害进行预防性处理以提高文物整体强度，避免病害蔓延。

2. 加固工艺

通过目测观察以及仪器检测，明确惊纹、冲口、裂缝三种病害的不同“病症”以及发展趋势，有的放矢，选用不同的加固试剂，采用不同的加固工艺对文物病害进行预防性保护处理，以提高文物整体结构的强度、硬度和牢度，达到科学有效的保护修复目的。

（1）滴注加固（图7-15）。通过渗透作用使化学试剂进入到文物结构内部，将脆弱的结构重新黏合在一起，以提高文物自身强度的一种工艺，也是瓷器文物加固工艺中最常使用的方法，需选择具有优良渗透性、低分子量的高分子材料。α-氰基丙烯酸酯胶粘剂（以下简称α-胶）具有无色透明、低黏度、强渗透性且易去除的特性，因而多被选用。滴注时，须将α-胶的塑料瓶嘴垂直于“冲线”类病害，自上而下缓慢滴注，可用指甲轻轻敲击器表使胶液更好地渗透，溢出的胶液可参照粘接工艺中提及的方法去除。

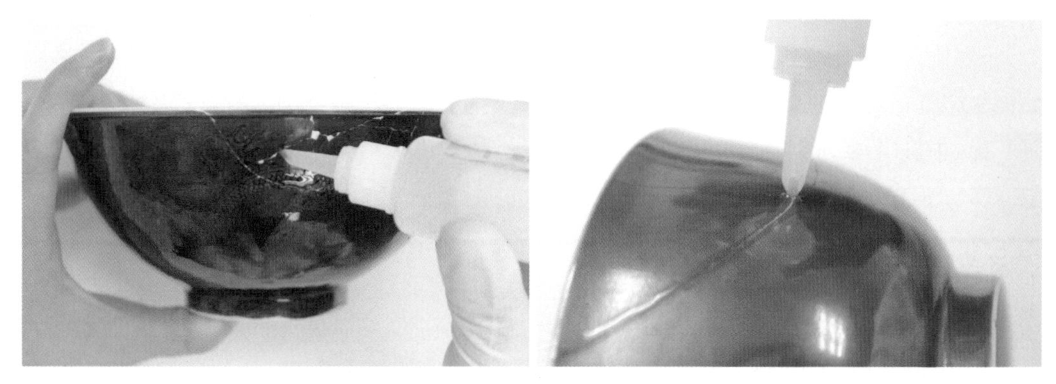

图7-15　滴注加固

（2）负压渗透加固。选用经业内验证，具备折光率高、流动性好、抗紫外光以及高低温交替色变能力佳的Hxtal NYL-1进行负压渗透加固。具体操作如下：将胶粘剂涂抹在洗净干燥后的“冲线”类病害上，然后放入真空箱或负压箱中，“冲线”须水平放置；打开真空箱开关进行抽真空，真空表数值达到0.02Mpa~0.03Mpa即可；待胶粘剂完全吸入“冲线”中，30min~60min后打开放气阀放气，每次放气量0.05p，每5min~10min放气一次，放气时间5s左右，放气4~6次后直至达到真空表数值为0正常气压，或24h后打开放气阀，分次放气直至达到真空表数值为0正常气压；从真空箱取出器物后去除多余胶粘剂，然后将其放在无尘环境下自然固化。

（六）补配

1. 补配目的及参照依据

补配，即是针对残缺不全的文物，依据缺失部位与文物整体结构的构造和联系，选用可塑性强、易操作、与文物胎体相兼容的高分子有机化学材料，通过适宜的补配工艺和精巧的补配技术，恢复文物原有造型的完整性、艺术性、价值性的过程。在文物保护修复工艺体系架构中，补配工艺起着保护与修复的双重作用。一方面，通过灵活运用科学的保护修复工艺，给文物注入新的生命力，复原文物立体结构，提升文物安全指数，强化文物对外界环境的防御作用，使其更易于保藏利用，为科学研究提供更为完整的信息；另一方面，恢复文物的原真性和完整性，通过文物各部分之间的相互作用提升文物的整体稳定性，不仅增强了文物自身的美学价值和艺术表现力，而且更有利于提高文物信息的可读性，发挥其社会教育功能。基于文物保护修复原则，文物缺失部位的造型复原须有客观参照依据，绝不能凭借主观臆想而改变文物原貌。针对文物造型缺失的不同类别，总结出以下两个参照依据：

（1）现有造型判定。此种判定方式是补配工艺中最常用的方法，主要针对碗、盘等倒件以及梅瓶、香炉等立件，但缺失部位（以垂直于器物的方向为基准线）占器物完整结构的百分比须低于60%，该种情况可直接在文物完好部位翻模后进行整体复原。

（2）同类造型判定。此种判定方式适用于雕塑件或者器物的某个部位有整体性缺失，比如梅瓶的口、颈、肩部缺失。这种情况下，就需要通过查阅大量文献、图录、考古发掘报告等，找到同时期相同窑口、相同造型的器物，获取文物尺寸等基本信息后，才能以此为参照复原文物整体形制。

2. 补配工艺

本项目保护修复的清代景德镇官窑瓷器文物多有缺损，严重者缺损面积近器物总结构的50%，但同类造型者居多，可互为参照。基于此，选用经实验筛选，具备耐腐蚀性和可逆性、化学性质稳定、收缩率和膨胀率较低、强度与瓷器文物胎体基本相似的红星509环氧胶粘剂与高岭土按100∶55混合而成的腻子，作为该批瓷器文物的主要补缺材料；α-胶与滑石粉混合而成的胶泥，作为粘接缝隙、塑件孔洞、小面积缺失部位的主要填补材料。补配工作按照制作模具、处理断面、翻制塑件、填补空隙、打磨还原五个步骤实施。

（1）制作模具（图7-16）。针对缺失面积较大的器物，选用硬化后不易变形的红白打样膏分别制作内、外模具，制作完成的模具须能完全包覆器物的缺失部位，且内、外模具充分夹合后，须有能够让多余的补缺材料溢出的开口。首先将红白打样膏置于盛有60℃左右热水的塑料盆中，盆底可平铺一块纱布或毛巾以防打样膏粘底；待其软化后取出揉搓均匀，按缺失部位的面积大小捏成厚度为5mm左右的长片；随即按压在器物完整部位取样，紧贴器壁并适当按压以排出空气，拓出与缺失部位造型相同的范模；最后待打样膏冷却硬化后，取下范模。针对缺失面积较小的器物，可选用操作简便、易于修整且具备一定支撑力的红蜡片，将其裁剪成需要的大小，用吹风机适当加热或置于温热的水中软化，在文物形制相对复杂的一面拓出范模后进行补配。

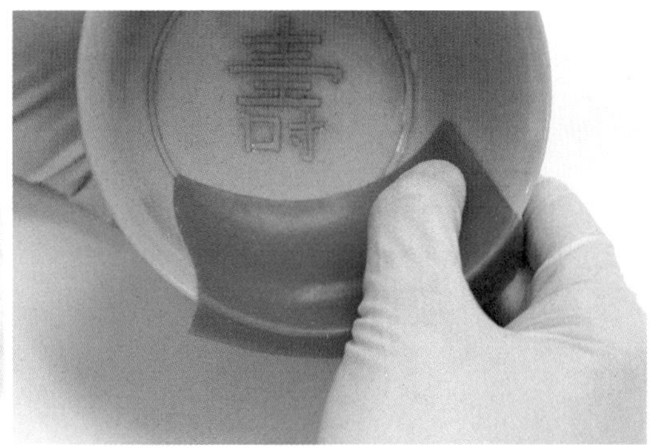

图7-16　制作模具

（2）处理断面（图7-17）。部分瓷器文物缺失面积较大，为使补配材料与文物断面之间能有更好的黏结力，依据具体情况，选用硅烷偶联剂对文物断面进行预处理。已有文献、实验证明，硅烷偶联剂可提高复合材料的机械强度，用其处理残片断面，可将环氧树脂胶粘剂的粘接强度提高60%左右，并能增强其耐水性。制备方法：先用乙醇和去离子水配制醇水溶液，然后在醇水溶液中滴加乙酸调整pH值，最后缓慢滴加硅烷偶联剂，配制成浓度为2%左右的透明溶液。使用时可用无尘棉棒蘸取试剂，涂擦在残片断面，室温干燥约30min后进行后续操作。

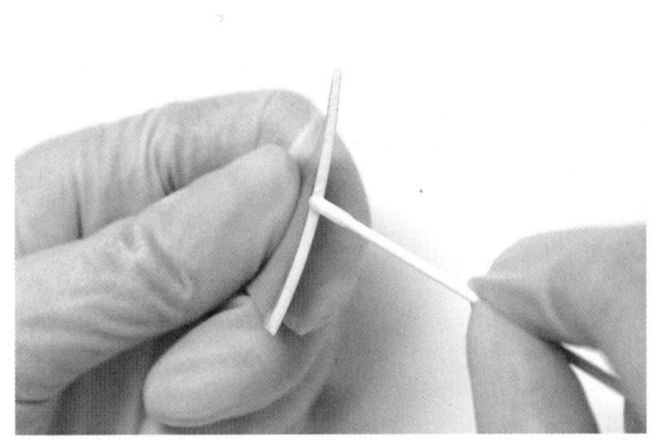
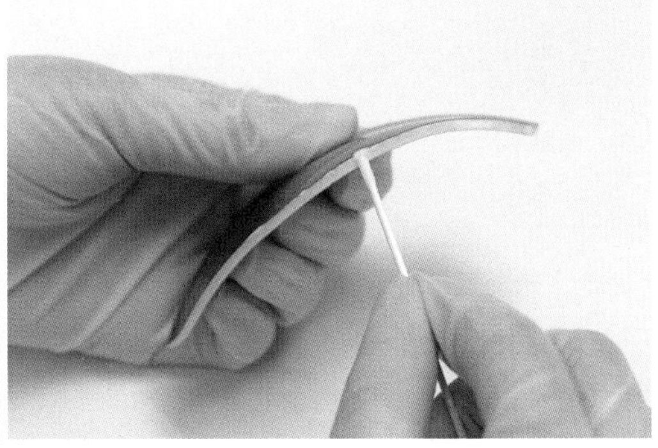

图7-17　处理断面

（3）翻制塑件（图7-18）。为防止补缺材料与模具发生粘连，将脱模剂涂抹在与文物器壁相贴合的模具面后，置于器物缺失部位，用纳米无痕胶或热熔胶固定，使之不发生位移。填充补缺材料后，适度用力压紧内、外模具，使其能够充分贴合，溢出的补缺材料可用净化擦拭棒及时清除。待补缺材料固结成型后，去除固定胶、卸除模具，若模具较难脱卸，可用吹风机适当加热，切忌硬掰硬扯，以免损伤文物，最后用去离子水将塑件上的脱模剂清洗干净。

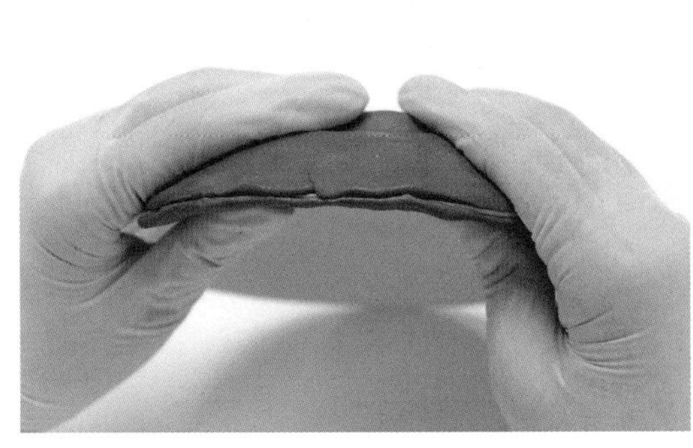
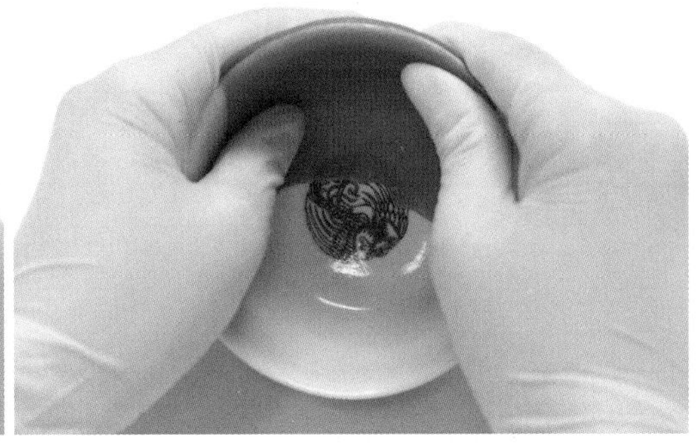

图7-18　翻制塑件

（4）填补空隙（图7-19）。补配完成后，对文物整体进行查漏补缺、形制修整，以提高粘接部位、塑件部位的平整度、光润度，是开展上色、绘纹、仿釉工艺的重要保障。选用α-胶、滑石粉按比例制备黏稠且不流淌的胶泥，用坯刀蘸取后对毛边、伤釉、伤彩、残片粘接后的缝隙，以及塑件部位的毛边、批缝、孔隙等进行涂抹填充。操作时须紧贴文物或塑件表面，少量多次进行叠加，反复堆积至与文物器表凹凸基本一致，须做到孔隙部位填实、缺失部位补平。

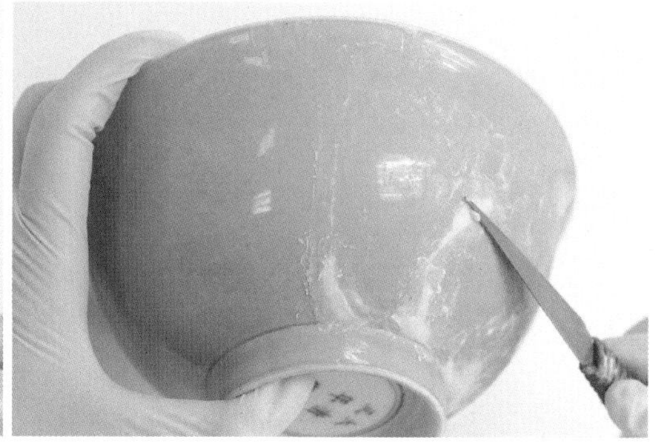

图7-19　填补空隙

（5）打磨还原（图7-20）。先用电动打磨机对塑件部位进行粗打磨，使其与文物器表弧度、厚薄基本一致，必要时可在文物本体与塑件部位衔接处预先贴上绝缘胶布，以防打磨时损伤瓷器文物釉面，再用木砂纸对粘接缝隙、塑件部位进行细打磨，使其趋于平滑，最后用金相砂纸进行精打磨。砂纸的选用要遵循由粗到细的原则，打磨过程中如若发现或产生新的毛边、批缝、孔隙等，须再次进行填补，如此反复直至还原器物形状、质感、纹理等造型特征，且手触光滑、无凹凸感。

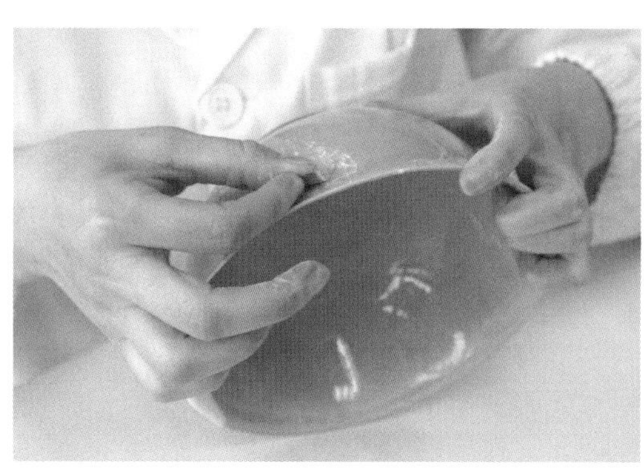
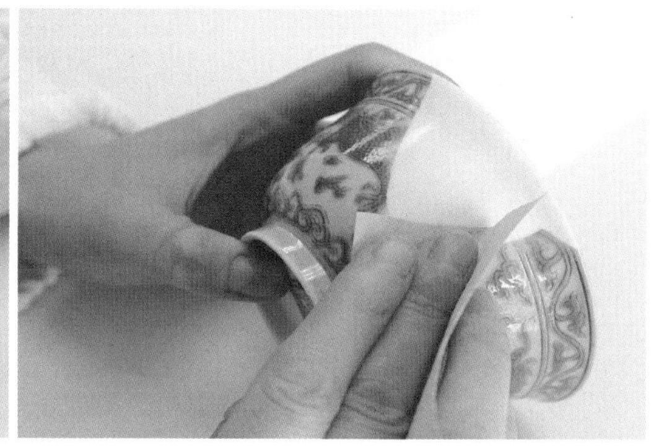

图7-20　打磨还原

（七）上色

1. 上色目的及辨色技巧

上色即是通过对补配部位进行着色处理，修饰、淡化补配痕迹，令其色泽、质感与文物本体一致，从而达到观感上的复原。依照文物原有釉色对补配部位进行上色，是文物保护修复工作中又一至关重要的环节。复原补配部位釉色，不仅能够使瓷器文物保护修复工作提升到新的台阶，还能在展览陈列时给观众增加视觉美感。

本项目保护修复的清代景德镇官窑瓷器文物釉色种类丰富，即使是单色釉瓷器文物，也因制作时的温度、时间、气氛、胎釉各元素分布等客观因素而呈现丰富多彩的变化，加上瓷器文物的保护修复工作须在自然光下开展，反射到保护修复人员眼睛里的釉色也会因光线的强弱而发生冷暖变化。文物保护修复的本质是一个模拟过程，为使补配部位的颜色能够无限接近文物本体，首要问题则是明确文物釉色特点，以此制定正确的调色方案。依据长期、持续、稳定的瓷器文物保护修复经验，总结出以下三个辨色技巧：

（1）确认釉色的基准色。任何一件瓷器文物都含有一个最基本的颜色，可以从色彩的三属性，即色相、明度、彩度进行感官识别，确定需要进行保护修复的文物本体的色彩相貌、明暗程度，这是决定上色后的补配部位能否与文物原有部位融为一体的关键因素。

（2）明确釉色的层次关系。瓷器文物釉色的层次关系一般分两种，一种是在同一维度下的色彩变化，另一种是两个或两个以上维度下的色彩变化。明确釉色的层次关系，确定合适的上色顺序，可使保护修复后的器物呈现通透、明净的色彩质感。

（3）掌握釉色的变化规律。瓷器文物固有色、光源色、环境色在色相、色度、色性上的不同，使文物表面呈现丰富、复杂的色彩，从色彩的变化形式上可分为突变、推移、叠加三种。上色前仔细观察文物釉色的变化规律，可有效避免补配部位上色后的生硬刻板。

2. 上色工艺

基于文物保护修复原则，以满足展览陈列、便于保藏为目的，对文物历史信息的保留范围和精修仿造程度二者之间的关系进行了合乎时宜的调整，依据相关实验分析，选用瓷器修复专用仿制釉（仿釉基料）、无机颜料（着色剂）、稀释剂三者的混合物，按文物病害的面积大小，分两类开展上色工作。一类是针对伤釉、伤彩、毛边、残片粘接后的缝隙、磕伤等面积小于$0.5cm^2$的病害，为避免过度干预，仅做补色处理；另一类则是针对大面积的缺失，依据文物本体釉色复原补配部位色彩。上色采用多种技法，同时遵循由浅入深的上色原则，对补配部位逐层上色，达到观感上的和谐一致。

（1）刷色（图7–21）。依据补配部位的面积大小，选用定制的羊毛毛笔蘸取调配好的试剂在补配部位平涂上色，这是一种传统且普遍使用的上色技法。为使上色后的补配部位不显突兀，上色时需在补配部位与文物本体衔接处做过渡处理，相较喷涂法，刷色法不仅可将过渡面积控制在半指宽，而且通过反复涂刷、叠压，能够提高试剂在补配部位的附着力。

（2）掸色（图7–22）。其上色原理主要是利用笔毛在网板上来回横扫时的反弹作用，将调配好的试剂弹成雾状小点，通过不同色汁的相互叠压对补配部位上色，具有操作简便、上色快、不易留痕、过渡自然等优点，上色后的器物不仅远看色彩协调一致，而且近看会有丰富多彩的层次变化。

图7-21　刷色

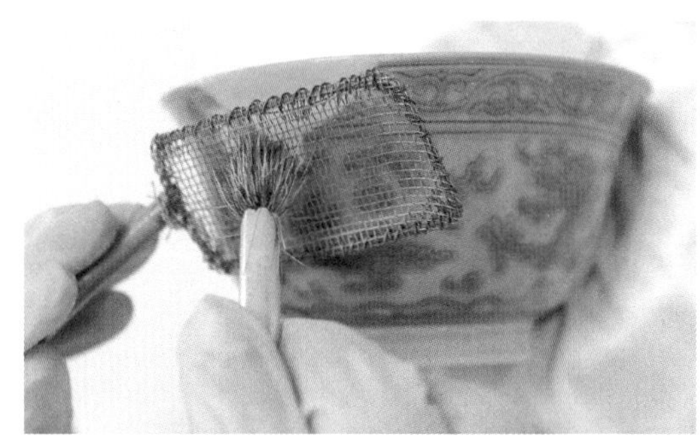
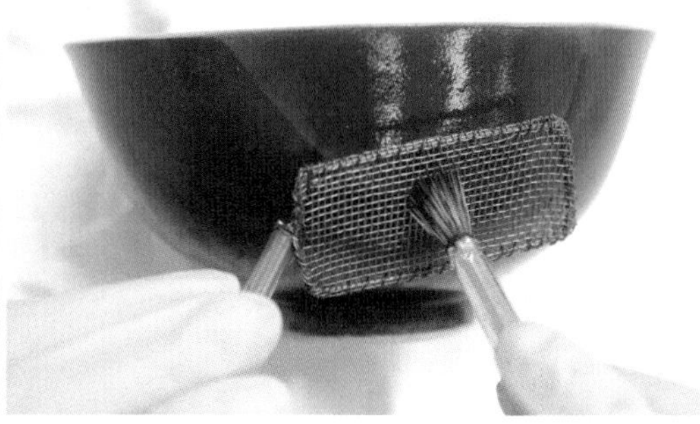

图7-22　掸色

（八）绘纹

1. 绘纹目的及原则

瓷器文物的纹饰特征、表现手法，以其自身的独立意义承载着中国传统文化，是中外文化交流的重要载体。景德镇官窑瓷器特别重视吉兆图案的运用，龙纹、凤纹、蝙蝠纹、寿桃纹、花卉纹等均是常用的装饰题材，也是清代皇室宫廷专用的经典吉祥纹饰。总结本项目中需要进行纹饰补绘的瓷器文物，其装饰纹样主要包括云龙纹、团凤纹、折枝寿桃纹三大类，补全器物缺失纹饰，还原整体风格特征，能够使其教化、审美的双重功能得到充分、有效的发挥。纹饰的补绘工作基于以下原则开展：

（1）掌握史料依据须全面、客观，切忌主观随意增减。纹饰的补全工作需建立在以足够充分的文献资料为佐证的前提下，避免对文物进行任何结构或者装饰上的改造，补绘的纹饰要符合文物本体的原始外观形态。

（2）确定组成器物整体纹饰的种类、布局、风格。纹饰补绘前，要明确器物由几组纹饰组成、纹饰的疏密情况以及文物整体的风格特征，须遵从文物自有纹样的规律性，保持纹样原有的艺术风格，忠于文物原状的同时避免补绘的纹饰过于僵硬、凝滞。

（3）正确把握审美标准。文物既是历史的遗存也是艺术品，具有强烈的艺术表现力，而文物的艺术价值主要蕴藏在其历史真实性中，因此，须正确把握审美标准。此外，要严格区别于艺术创作，避免因过度体现艺术完整性而主观改变文物原状，失去文物因自然变化而呈现的艺术魅力。

2. 绘纹工艺

宫廷瓷器画样即所谓官样，系由宫廷画师直接绘制并作为御用瓷器制作的蓝本，与民间绘画的意境和文化取向大不相同，其最主要的特点之一就是器物造型和纹饰布局的对称性。基于同类器物纹样的一致性以及器物自有纹样的规律性，选取上色时所用试剂，运用平涂、勾画、点染、罩染四种绘画技法对缺失部位的纹饰进行补绘，以丰富器物的呈现效果，传达有效的历史价值、文化价值以及艺术价值。

（1）平涂（图7-23）。依照器物纹饰的布局、走向，用定制羊毛毛笔蘸取调配好的色汁，在一定范围内均匀填涂缺失部位的纹饰，此种方法也被称为“没骨平涂”。平涂时，可用蘸有底色的毛笔修饰、淡化色块边缘，使之分出阴阳向背。

图7-23 平涂

（2）勾画（图7-24）。纹饰是点和线的排列堆积，通过用笔力度、运笔速度、行笔方法，描画出粗细、深浅、浓淡、虚实、纵横、疏密的线条，不仅可以使补绘的纹饰更加丰富、饱满、富有立体感，而且能从视觉上增加整体的层次感、空间感以及动态感。

图7-24 勾画

（3）点染（图7-25）。依据纹饰特征，可分两种方法进行补绘。一种是用勾线笔蘸取同一色系但颜色较深的色汁，在平涂的色块上，小面积或局部进行加深处理，增强纹饰的明暗效果。另一种则是按照器物胎釉元素经高温反应后呈现在纹饰上的特征，用勾线笔蘸取不同颜色的色汁由浅入深，不规则地进行点染，以获得分布不均匀、形状不规则的色斑或色点，从而保持器物原真性和协调性的统一。

图7-25　点染

（4）罩染（图7-26）。纹饰补绘完成后，用薄且透明的色汁对整体进行罩染，主要起到弱化纹饰轮廓、降低色彩饱和度、调整明暗对比度的作用，使补绘的纹饰能够与底色融为一体，整体更显柔和、朴重。

图7-26　罩染

（九）仿釉

1. 仿釉目的

仿釉是文物保护修复工艺中的最后一道工序，选用具备无色透明、固化快、固化后釉质感强、耐黄变性能佳等特性的高分子仿釉材料，对已经完成上色、绘纹工序的补配部位进行光泽处理。一方面将色层笼罩其中，可使修复部位的釉色、纹饰更显灵动、柔和；另一方面可以淡化上色、绘纹时的笔触痕迹，使其与文物本体呈现出较一致的自然旧貌、光泽质感，形成视觉上的延续，提升整体的协调统一性。

2. 仿釉工艺

依据不同器物表面呈现的不同光泽质感，采用三种技法对清代景德镇官窑瓷器文物进行仿釉处理：

（1）罩光（图7–27）。瓷器文物保护修复仿釉工艺中最常用的技法，可适当提高稀释剂用量以降低仿釉基料的黏稠度，调配出稀薄的仿釉涂料后，对修复部位进行罩光处理。使用此种技法修复后，能对光线产生干涉作用，具备一定的色散效果。

图7–27　罩光

（2）抛光（图7–28）。修复部位完全固化后，可直接用抛光布进行整体抛光，或是在修复部位适量涂擦一些进口石蜡，然后再用抛光布擦拭抛光。使用此种技法能够获得柔和、润泽的釉面质感。

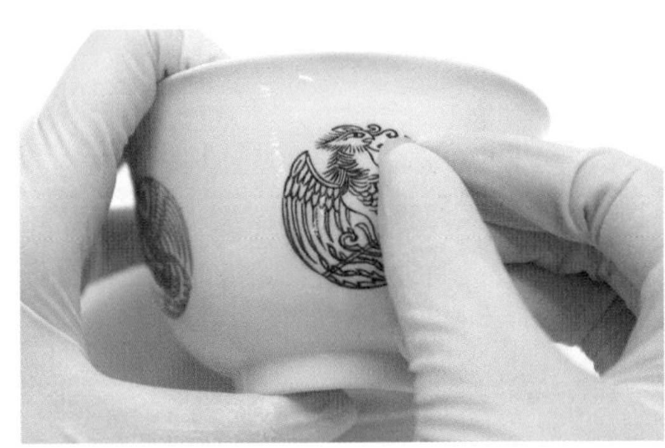

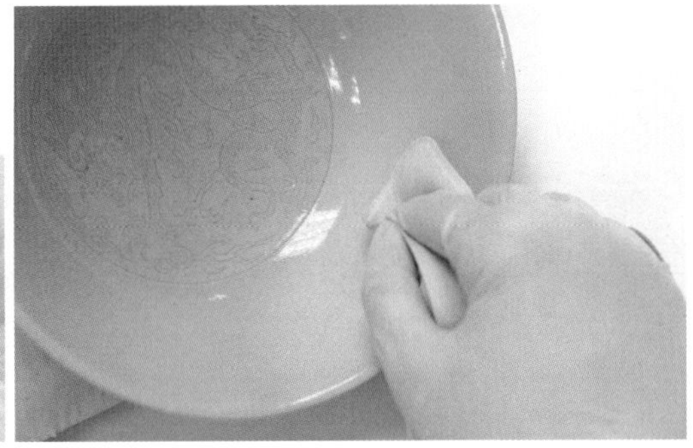

图7–28　抛光

（3）压光（图7–29）。修复部位如果过亮，可进行压光处理。先用金相砂纸对修复部位进行打磨，然后蘸取无色透明的仿釉涂料，采用撣色法复原其质感，使其与文物本体光感保持一致。

图7-29　压光

（十）完善文物保护修复档案

文物的病害程度与时间成正比，因此，对文物实施必要且科学的保护修复、完善文物保护修复档案的撰写与管理，都是让文物得以妥善保藏、实现文物活化利用的必要条件。真实、详细的文物保护修复档案具备历史再现性，在传递历史信息方面与实物遗存具有同等重要的地位。一方面，文物保护修复档案是文物历史信息、人为科学干预的客观凭证，能够为文物保藏、展陈、利用安全提供有效保障；另一方面，文物保护修复档案作为文物信息、人为干预的原载体，不仅凝集了保护修复工艺成果，还包括保护修复过程中的经验教训，是为保护修复工作、科研学术活动能够持续发展而留存的重要依据。

文物保护修复工作开展期间，往往会发现许多细节，比如制作痕迹、生活残留痕迹等，这些都是重要的历史、考古、科技研究资料。此外，在文物保护修复实施过程中，面对每件器物的“个性”，需要针对不同情况适时地调整保护修复方法、保护修复材料等，诸如此类的信息和内容，都需使用文字、图像等多种手段进行详细地收集、整理、记录，以补充、完善文物保护修复档案的内容，增强文物保护修复工作的规范性。一份规范、翔实的瓷器文物保护修复档案应包括封面、文物基本信息表、方案设计及保护修复单位信息记录表、文物保存现状表、文物检测分析表、文物保护修复过程记录表、文物保护修复自评估与验收表、绘图登记表、影像资料登记表等。此外，与文物保护修复档案一起整理、归档的还应包括文物出（入）库凭证、文物保护修复点交单、文物保护修复方案等（图7-30）。

文物保护修复档案资料须与文物一一对应，共同构成有机联系的统一整体。档案记录须及时、客观、准确，档案中的用语应尽量规范化，不可凭个人的偏好随意进行描述，避免造成不必要的误差与误解。文物保护修复项目完成后，参照《科学技术档案案卷构成的一般要求》（GB/T 11822—2008）的要求将文物保护修复档案整理归档，其中，照片档案的保存参照《照片档案管理规范》（GB/T 11821—2002）的要求执行。所有已归档的纸质文件可扫描后形成电子文件备份，参照《电子文件归档与管理规范》（GB/T 18894—2002）的要求执行。归档后的文物保护修复档案不得随意删除、修改。

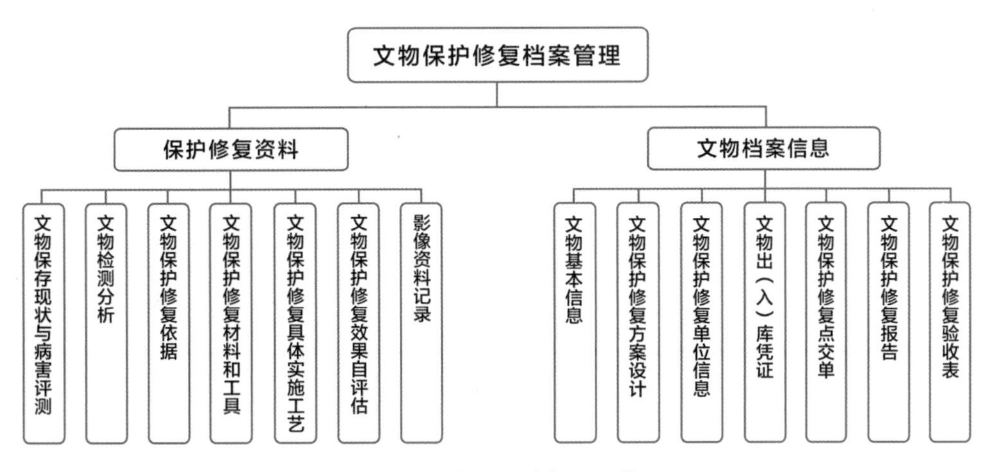

图7-30　文物保护修复档案管理

五、保护修复技术难点及解决方法

瓷器文物保护修复是一项以人为经验性技能为主导，借助科学检测、实验分析提高保护修复精准度，从而保障保护修复效果和质量的工作。瓷器是由瓷石、高岭土、石英石等在窑内经高温烧制，外表施有玻璃质釉或彩绘的器物。目前博物馆有关瓷器文物的保护修复工作，多在恒定的室温条件（温度25℃，湿度50%~55%）下，严谨、规范、合理地使用保护修复工具及材料，对文物原有形制、釉色、纹饰等内容进行仿制、模拟，消除或控制已有或潜在的病害，使之能够保持整体性和连贯性，延续其价值。近几年虽然瓷器文物保护修复领域新成果、新技术的应用开展颇有成效，但依然存在一些亟待解决的技术难题。

本项目保护修复的南京博物院馆藏清代景德镇官窑瓷器文物，由于南迁途中的种种险情以及朝天宫库房基础设施的欠缺，病害状况堪忧。经病害调研统计，该批瓷器文物中24%存在中度病害，66%存在重度病害，加之残片混杂、缺失面积大且器物纹饰繁复，极大地增加了此次保护修复工作的难度。为全面、准确、完整地还原该批清代景德镇官窑瓷器文物的历史价值、艺术价值、科学价值，满足博物馆保藏、展陈、研究等需求，本项目凭借多年保护修复经验，同时借助现代科技手段，逐个击破拆分清洗、拼对粘接、补配塑形、上色绘纹、仿釉做旧等保护修复工艺中的几大技术难点。以下梳理并总结此次保护修复工作中的技术难点和解决方法，以期能够在促进瓷器文物保护修复水平有效提升的同时，为瓷器文物的保护修复工作提供更加科学、规范、专业的参考。

（一）拆分清洗

本项目保护修复的清代景德镇官窑瓷器文物的病害几乎涵盖了所有病害类型，最棘手的是对微生物及其代谢物、“冲线”类病害以及原有保护修复痕迹的清除。经保存环境调研，朝天宫库房内湿度较高，瓷器文物表面已有的灰尘、疏松土垢等，通过静电、毛细吸附等作用，吸收空气中的水分，进而加速盐析，为微生物的滋生提供了有利条件，不仅促使“冲线”类病害继续发展，腐蚀瓷器文物胎釉，致使胎体、釉层开裂，而且原有保护修复材料也开始失效、脱落。

化学试剂选用何种浓度最适宜？胎体孔隙内残留的胶粘剂如何去除？粘接错位的器物采用何种方式拆分最恰当？选用化学试剂控制或清除病害后，如何判断文物胎釉已无化学试剂残留？这些都是此次拆分清洗工艺中亟需解决的技术难题。通过评估污染物病害、确定污染物种类、判定污染物病害性质、查阅文物保护修复日志、分析已被论证的清洗方法，制定了以物理清洗法为主、化学清洗法为辅的拆分清洗技术路线。选择以CIT/MIT为主，挥发性强且不易有残留的医用酒精或2A溶液为辅的方法去除文物上的生物损害；针对“冲线”类病害，选用具有还原性和漂白性的浓度为2%左右的草酸（弱酸）去除；粘接错位的文物，采用温水加温法进行拆分处理，残留的胶粘剂视残留量、残留位置等情况选用丙酮覆盖法或丙酮浸泡法予以去除；凡选用化学试剂清除病害的文物，最后均用去离子水浸泡，反复更换直至电导率维持在恒定范围内，以此作为判断文物胎釉是否有化学试剂残留的标准。

（二）拼对粘接

瓷器在常温下无塑性变形，理论强度虽很高，但实际强度却只有理论强度的1%左右，抗拉、抗弯、抗冲击强度均较小，因而在外载荷作用下极易发生脆性断裂。此次从朝天宫库房提取的瓷器文物残片有百余片，并且存在多件器物残片混杂的情况，如若在拼对、核实过程中有残片遗漏或是将残片归置错误，不仅会给后续工作带来不必要的麻烦，甚至还有造成文物二次损伤的隐患。因此，如何快速、准确、有效地解决残片归属问题，是此次保护修复工作中的关键性节点之一。保护修复人员凭借多年实践经验，总结出一套行之有效的方法，即遵循大片优先原则，从残片釉色、厚度、形状、纹饰四个方面入手，展开综合分析，大幅提高了判断的精准度。

残片“嵌入”困难、断面碴口错位是粘接时极易发生的问题。为有效解决上述难题，可在无胶拼对后先用热熔胶固定残片，然后用无色透明、占用空间小、渗透性强的胶粘剂滴加在残片缝隙处完成粘接。要想有效提高粘接工艺的精准度，首先应在粘接前对残片碴口进行加温处理，蒸发残余水分，保持碴口清洁度以增强其对胶粘剂的吸附能力；其次要明确粘接时滴胶的先后顺序，同时还要兼顾各残片间的关系；最后在拼合时，要反复确认残片碴口的贴合度以防错位。如若是“开合式”粘接，胶粘剂要薄且匀地涂抹在残片断面的中心线位置；如若是“闭合式”粘接，可先用点胶法固定残片，以便发生粘接错位时拆分处理，然后用滴注法沿粘接缝隙进行加固。涂胶后应适当施力压合残片，以增加粘接的牢固性。

（三）补配塑形

补配塑形是文物再现其价值及艺术表现力的基础，是瓷器文物保护修复工艺流程的重要组成部分。经病害评测，该批清代景德镇官窑瓷器文物有近70％的器物存在不同程度的缺损，其中，存在大面积缺失的器物占比约40％，另有部分器物的缺失面积占其总面积的比例高达60％。大面积的缺失容易导致补配、打磨形状不准确，因此，采用何种工艺技法，如何复原符合瓷器文物保护修复质量要求的外观形貌，对保护修复人员来说是一项极大的挑战。景德镇御窑厂由于制瓷工艺的不断改进，烧成的瓷胎不仅洁白细腻，而且轻薄致密，但目前博物馆使用的补配材料很难与瓷器文物的胎体特点保持一致，因而在复原器物形制的同时如何兼具白净轻薄之感，这无疑给保护修复人员增加了更多的压力。

基于上述难点，结合补配材料性能特点和试验效果验证，补配塑形工作采用模补法与填补法相结合，选用红星509环氧胶粘剂与高岭土按100：55混合而成的腻子，作为该批瓷器文物的主要补缺材料；α-胶与滑石粉混合而成的胶泥，作为粘接缝隙、塑件孔洞、小面积缺失部位的主要填补材料。此外，为提高复合材料与瓷器文物断面间的黏结强度，在填充补配材料前，选用硅烷偶联剂对器物断面进行预处理。工艺技法、补配材料固然重要，但要想使补配部位能够与文物原有形制完全融为一体，打磨环节不容忽视。该批瓷器文物均是立体器物，因此，塑形、打磨时要时刻以“整体”为基准。首先以器物原有边缘线（如口沿、圈足）为参照，顺延成一个统一的整体，与此同时，还要兼顾整体弧度（如盘腹、碗腹），使其厚薄一致，最后要注意补配部位与文物本体衔接处的契合程度，达到手触过渡平滑、顺畅无错落感的标准。

（四）上色绘纹

现代文物保护修复技术，早已不仅仅是对文物历史原真性的复原，更注重对文物艺术表现力的追求，尤其是展陈修复，修复品不再仅仅是陈列的补充或外延，更是能够丰富、完善展览主题的观赏品。因此，在复原文物外貌的同时，博物馆强调对文物的精细修复，突出视觉美学，力求复原文物的原真美感。如何达到“精”益求“精”，一直是瓷器文物保护修复工作者致力于攻克的难题。此次保护修复的清代景德镇官窑瓷器文物，其釉色均为皇室御用色，呈色均匀纯净且浓淡有别，所绘纹饰舒雅流畅、构图饱满紧凑、线条遒劲有力，想要复原文物原有的艺术风格实属不易，加上不同色性的光源对文物的影响，想要做到无限接近文物原貌更是难上加难。部分文物缺失面积较大，如何在控制保护修复面积的同时兼顾整体的和谐统一、如何以微小的色差变化表现出自然的过渡性、如何在合理构建纹饰布局的前提下做到自然流畅……这些都是此次上色、绘纹工艺中需要解决的重点、难点。

瓷器釉色是利用不同的金属氧化物作为着色剂，在一定温度和火焰气氛下，通过一系列物理、化学反应而呈现出的色彩。为还原釉色明亮通透之感，上色前需进行打底处理，使补配部位平整光滑，这样才能在上色时凸显色彩的明度和纯度。一般而言，在瓷器文物的上色工艺中，白色颜料的用量占比较大，但由于景德镇官窑瓷器文物釉色鲜艳光亮，保护修复人员果敢用色，大幅降低白色颜料的用量，直接选用与文物釉色相近且较为鲜亮的无机颜料，与瓷器修复专用仿制釉、稀释剂混合后，采用刷色—掸拨—刷色的上色技法，反复叠加，使颜色深浅不一、自然融合。此外，针对伤釉、伤彩、毛边、残片粘接后的缝隙、磕伤等面积小于$0.5cm^2$的病害，遵循最小干预原则，仅做补色处理。纹饰无论是线条还是色块，都是分色阶层次的，依据同类瓷器或瓷器文物上尚存的图案纹饰内容、画风、结构、层次关系、运笔变化等，大致勾勒出纹饰后填色，采用平涂、勾画、点染、罩染等技法由浅至深、由轻至重、层层叠加，深入细微地刻画纹理，使缺失的图案纹饰能够与文物本体意境融彻、相得益彰。

（五）仿釉做旧

瓷器的制作原料皆含二氧化硅（SiO_2），高温下可形成玻璃状透明物质，正因如此，才给人以虚实相生的美学意境。依据超景深三维视频显微镜成像分析，该批清代景德镇官窑瓷器文物施釉轻薄且覆盖均匀，加上严苛的制瓷标准，器物表面的光滑程度较高，因此，文物器表对光的镜面反射能力也较强，呈现出明洁光亮之感。瓷器胎体的密度一般低于釉层，氧气可以通过无釉的底足进入胎体内部，经过岁月的淘洗和沉淀，缓慢老化瓷器胎釉内部的反光物质，使其火气逐渐褪去，形成自然老化后的温润质感。如何避免复原好的釉色、纹饰生硬突兀、浮于表面？如何衔接景德镇官窑瓷器文物所特有的清亮润泽之感？如何弱化上色、绘纹时留下的笔触痕迹？这不仅是复原瓷器文物质感的关键点，也是瓷器文物保护修复工艺流程中不可忽视的最后一道技术环节。

瓷器文物修复部位的质感复原，并不是单一地模仿釉层的外观色彩，而是调整釉面的光泽以及仿制釉面的老化，使器物整体连贯一致，文物质感能否完满复原，直接关系到保护修复后整体艺术效果的呈现。仿釉做旧环节不仅对仿釉材料的选用有较高要求，而且需要保护修复人员具备较深厚的技术底蕴。一般保护修复后的部位与文物本体会存在较明显的光泽差异，故采用以刷色法为主、掸拨法为辅的方式复原其质感，一方面能避免喷笔喷涂时因气浪而形成的边缘雾区，另一方面可灵活调整试剂间的比例，将保护修复后的釉色、纹饰笼罩其中并保证光感的一致性。虽然每件瓷器文物都有其独具特色的自然老化色，但一般都可在棕黄色至灰褐色之间的渐近色里搜索、对比、调试，找准颜色后仅需淡淡地覆盖几遍即可烘托出器物的年代感。

参考文献

[1]曹永兴、周庆立、蒋荣、王康、周华：《硅烷偶联剂对环氧树脂的增粘效果》，《粘接》1993年

第3期。

[2]王良贤：《硅烷偶联剂对粘接性能的影响》，《航天工艺》1995年第2期。

[3]陈灿强：《文物修复工作中的粘接技术小议》，《文物修复与研究》1999年。

[4]段洪东、李鹏、徐桂云：《有机硅烷偶联剂对丙烯酸酯胶粘剂粘接作用的研究》，《中国胶粘剂》2000年第3期。

[5]杨晓邬：《文物修复中的粘接技术》，《四川文物》2006年第5期。

[6]黄利初：《谈清代宫廷瓷器画样对粉彩工笔花鸟画的影响》，《陶瓷研究》2011年第3期。

[7]黄善勇：《海捞瓷器的脱盐处理及加固保护》，《福建文博》2012年第4期。

[8]吕淑玲：《浅谈北宋慈云寺佛塔青瓷菩萨修复保护中的最小干预方法》，北京燕山出版社，2013年。

[9]徐喻琼、游敏、赵亚蓝：《偶联剂对胶接结构性能的改进研究》，《材料导报》2014年第S2期。

[10]郑冬青：《纸质文物保护修复档案的规范化建设》，《兰台世界》2014年第26期。

[11]张宇娜、匡怡、郑益：《硅烷偶联剂对桥面铺装环氧树脂胶粘剂粘结性能的影响研究》，《中国水运（下半月）》2021年第1期。

[12]白广珍、李波、王笑：《瓷器文物“冲线”类病害清洗与修复》，《中国陶瓷工业》2022年第3期。

[13]毛晓沪：《古陶瓷修复》，文物出版社，1993年。

[14]李乃胜：《海洋出水瓷器保护研究》，科学出版社，2016年。

[15]李奇：《古陶瓷修复技艺实录》，武汉理工大学出版社，2017年。

[16]青海省文物考古研究所、秦始皇帝陵博物院：《青海省彩陶文物保护修复报告》，科学出版社，2017年。

[17]刘江卫：《中国陶质彩绘文物保护修复案例报告　青州香山汉墓》，科学出版社，2020年。

[18]朱祥德、李奇：《修和集粹：湖北省文物交流信息中心陶瓷文物保护修复研究与实践汇编》，武汉出版社，2022年。

[19]中华人民共和国国家文物局：中华人民共和国文物保护行业标准之《陶质彩绘文物保护修复档案记录规范》（WW/T 0023—2010），2010年7月1日发布，2010年9月1日实施。

第八章　保护修复案例

一、清康熙景德镇官窑釉里红团凤纹瓷碗

（一）文物基本情况

清康熙景德镇官窑釉里红团凤纹瓷碗（2:66947）收藏于南京博物院朝天宫库房（南迁文物，原箱号：公820），通高5.9cm，口径9.2cm，底径4cm，重95.42g，属清代瓷器类文物。碗直口，口沿下轮廓线缓收，深弧腹，圈足。通体施白釉，釉面泛橘皮纹。碗内底饰釉里红团凤纹一组，碗外壁饰釉里红团凤纹五组，足底白釉青花双圈内楷书“大清康熙年制”六字双行款。胎质坚致细腻，杂质极少，因瓷胎的含铁量微乎其微，故胎体颜色白润洁净，修胎规整且薄厚适中。釉质纯净光润，白中略闪青色，胎釉结合紧密。釉里红发色纯正，浓艳鲜亮，以圆为形状主体绘制单只凤凰，线条纤细清晰（图8-1）。

图8-1　文物出库图

（二）文物病害分析

依据中华人民共和国文物保护行业标准《可移动文物病害评估技术规程　瓷器类文物》（WW/T 0057—2014）的要求以及病害评测，从文物的完整性角度出发，对该件文物的病害情况进行客观分析：文物整体理化性能稳定，碗身缺失近三分之一；团凤纹纹饰有两组各缺失近二分之一；碗壁（近口沿处）有一条长约2cm的惊纹；器表及断面附着土垢、微生物等；碗内壁有褐色黏附物（表8-1）。依据文物具体情况绘制病害图（图8-2）。

表8-1 清康熙景德镇官窑釉里红团凤纹瓷碗病害现状评估

病害类型	破碎	缺损	惊纹	附着物	生物损害
病害程度	轻度	重度	中度	重度	重度

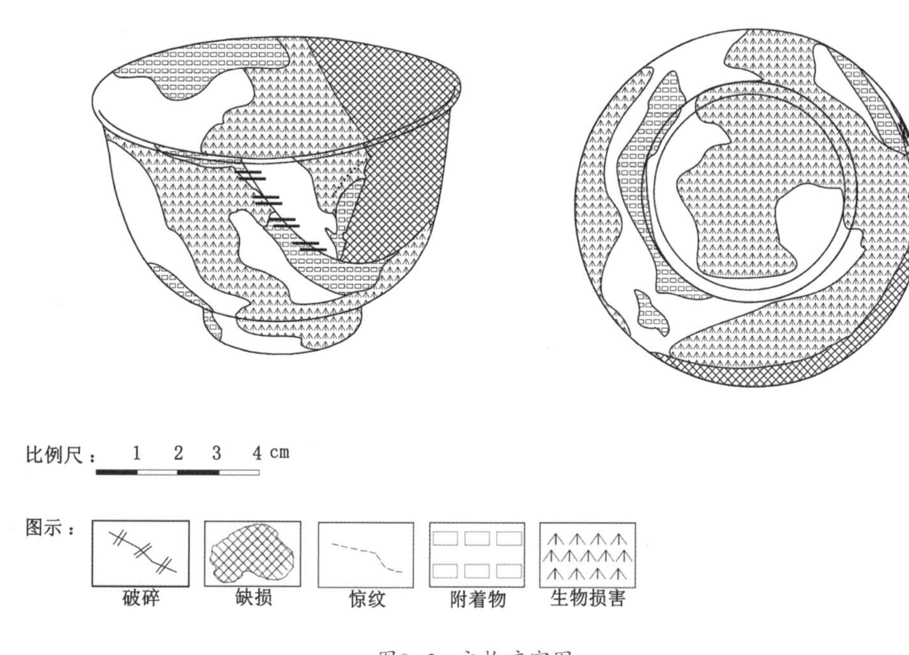

图8-2 文物病害图

（三）拟采取的保护修复技术路线

1. 保护修复工具及材料

保护修复工具：净化擦拭棒、无尘棉棒、无尘擦拭布、羊毛笔刷、猪鬃刷、手术刀、软刀片、调胶棒、坯刀、起子、纳米无痕胶、绝缘胶布、红白打样膏、有机脱模剂、电动打磨机、木砂纸、金相砂纸、定制毛笔、勾线笔、白瓷板、小型鼓风机、吹风机、转盘、镊子等。

保护修复材料：去离子水、酒精、2A溶液、异噻唑啉酮（CIT/MIT）、α-胶、K-4495胶粘剂、红星509环氧胶粘剂、高岭土、滑石粉、硅烷偶联剂、无机颜料、瓷器修复专用仿制釉、稀释剂等。

2. 主要保护修复技术路线

采集文物基本信息，对文物价值及保存现状进行调研与评估，以此为基础同时参照总体保护修复方案，制定有针对性的具体保护修复方法与步骤（图8-3）。

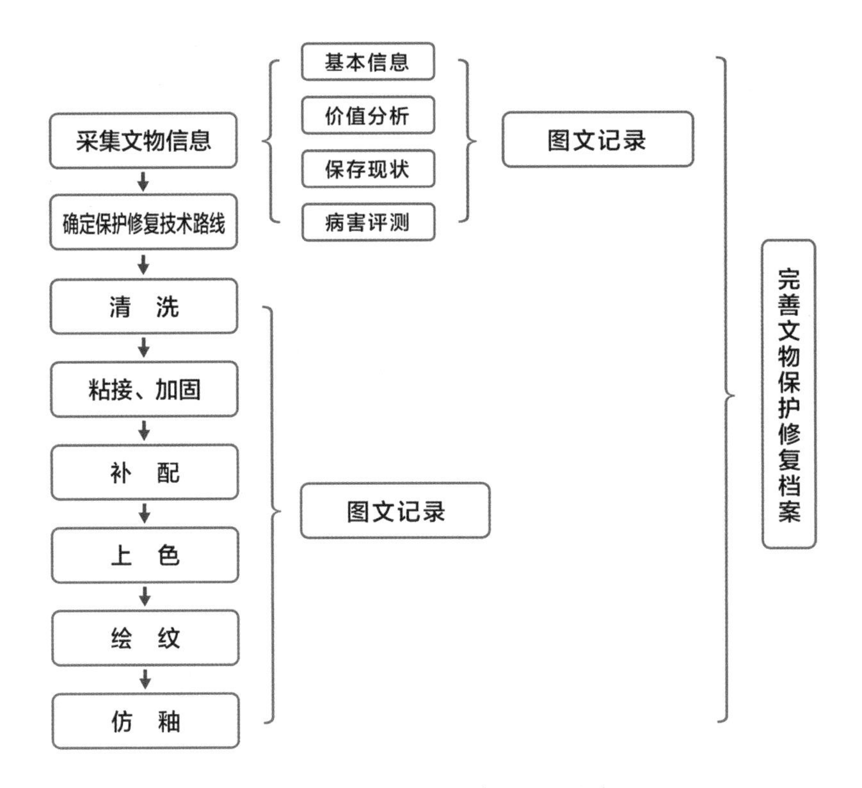

图8-3　主要保护修复技术路线

（四）保护修复工艺流程

1. 清洗

经病害评估及检测分析，该文物器表以及断面污染物主要包括土垢、微生物及其代谢物等。通过开展清洗材料筛选实验，同时选取两处较典型的病害区域进行清洗试验（试验面积约1cm × 1cm），依据试验结果，确定该件文物采用以物理清洗法为主、化学清洗法为辅的方法去除器表及断面污染物。先用羊毛笔刷拂扫器表浮尘、残土，再用净化擦拭棒蘸取除菌剂（CIT/MIT、酒精）在内外器壁、断面以来回滚动的方式清除霉斑及褐色黏附物，最后用去离子水去除残留试剂，猪鬃刷刷洗断面（图8-4）。

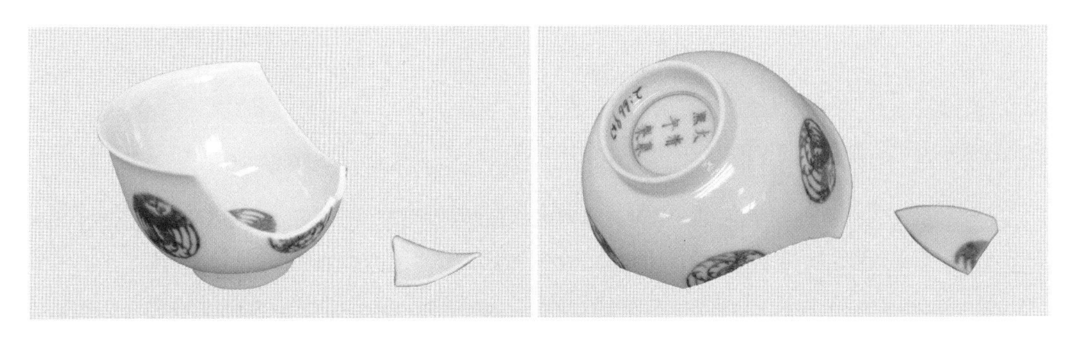

图8-4　清洗完成

2. 粘接、加固

经拼对、核实，有残片一片能够与该件文物纹饰、断面碴口形状相吻合，采用“闭合式”粘接工艺进行粘接。将残片拼合在正确位置后，用纳米无痕胶固定，将K-4495胶粘剂沿断缝连接处自上而下、少量多次进行滴注粘接，完全固化后，用手术刀去除定位用的纳米无痕胶以及多余的胶粘剂，确保文物器表洁净。针对碗壁（近口沿处）长约2cm的惊纹，在开展补配工作前须进行加固处理，将α-胶顺着惊纹走向滴注，用指腹轻轻震动惊纹两侧使其充分渗透，反复操作以达到最佳效果，溢出的胶粘剂可用酒精清除（图8-5）。

图8-5　粘接、加固

3. 补配

依据文物器型及缺损情况，采用模补法复原其立体结构。将打样膏放入盛装温热水的容器中浸泡，待其受热软化后取出，按压在文物完整部位取样，分别拓印出内模、外模；冷却定型后用起子取下翻制好的模具，涂上脱模剂后置于文物缺失处并用纳米无痕胶固定；依据清康熙景德镇官窑釉里红团凤纹瓷碗的制作工艺特征以及多组材料筛选实验，选用粘接强度、耐老化性能均较好的红星509环氧胶粘剂与高岭土按100：55调和后填充在模具内；完全固化后卸模、修整，反复打磨使补配材料表面平整光滑，直至还原该文物完整器形且手触无凹凸感（图8-6）。

图8-6　补配完成

4. 上色

依据文物本体呈现的青白釉色，选用经实验验证、具备良好耐黄变性能的瓷器修复专用仿制釉为仿釉基料，稳定性优良的无机颜料为着色剂，加入稀释剂混合后，采用能够控制过渡面积的刷色法上色，由浅入深，反复调整试剂的色彩相貌、明暗程度，复原补配部位釉色，视觉上达到与文物本体底色基本一致（图8-7、图8-8）。

图8-7　上色

图8-8　上色完成

5. 绘纹

文物碗内底、碗外壁共饰釉里红团凤纹六组，可互为参照。由于铜元素对窑炉中的温度、气氛等极为敏感，烧成后的釉里红呈现丰富多变的颜色。绘纹前，须理清釉里红色彩的变化规律，采用点涂、勾画等技法对缺失的纹饰进行补绘。依据纹饰线条粗细、颜色浓淡、布局疏密，选用型号合适的勾线笔蘸取调配好的试剂勾勒出干净、利落的线条，羽翼部分可在纸巾上吸附掉多余试剂后进行不规则的点涂。须注意整体纹饰的布局走向以及颜色的深浅变化，使补绘的纹饰衔接自然、和谐流畅（图8-9）。

图8-9　绘纹

6. 仿釉

依据保护修复前检测的光泽度值，适时调整瓷器修复专用仿制釉与稀释剂之间的比例，以提高试剂的光泽度。用定制的羊毛毛笔蘸取调配好的试剂轻扫修复部位，反复操作以复原修复部位的光泽质感，使其与文物本体保持质感上的统一（图8-10）。

图8-10 仿釉

（五）保护修复档案

清康熙景德镇官窑釉里红团凤纹瓷碗（2:66947）保护修复档案内容包括文物基本信息、方案设计及保护修复单位信息、文物保存现状及病害评测、理化检测分析结果、文物保护修复使用材料记录、文物保护修复实施过程记录、文物保护修复前后以及保护修复过程中的照片、保护修复效果自评估等（图8-11）。

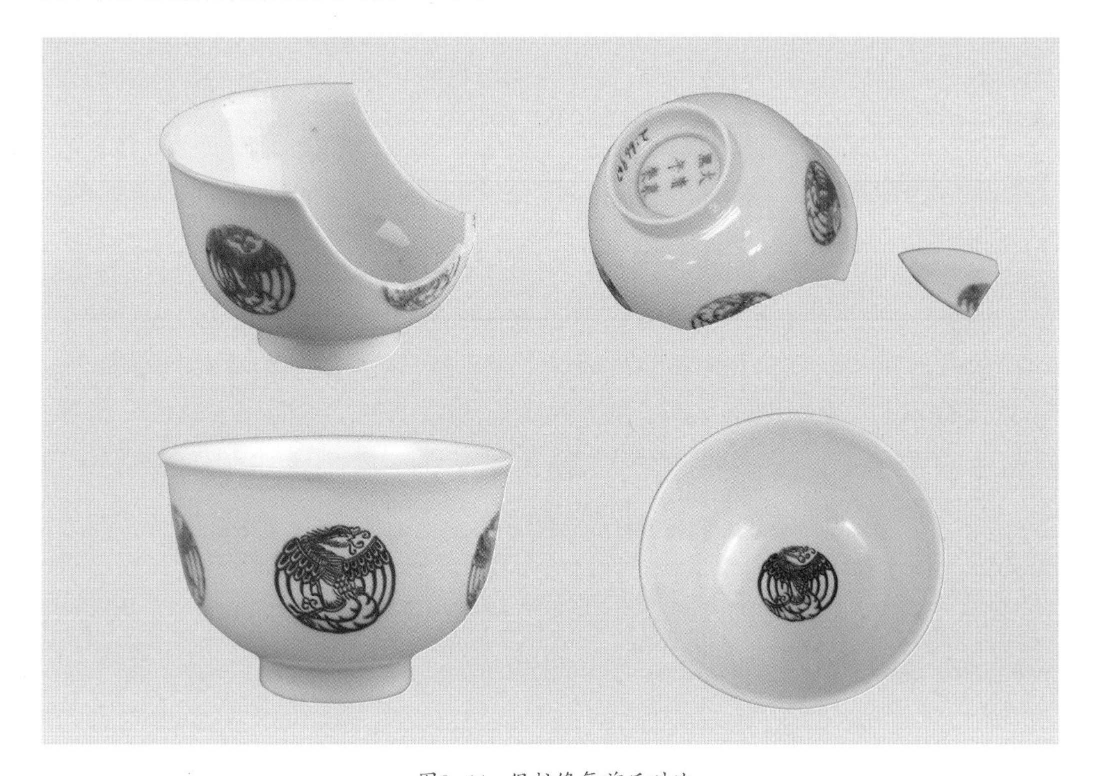

图8-11 保护修复前后对比

二、清雍正景德镇官窑内白外黄釉暗刻花卉龙纹瓷碗

（一）文物基本情况

清雍正景德镇官窑内白外黄釉暗刻花卉龙纹瓷碗（2:81566）收藏于南京博物院朝天宫库房（南迁文物，原箱号：公1949），通高6.8cm，口径14.9cm，底径5.8cm，重178.27g，属清代瓷器类文物。碗撇口，弧壁，深腹，圈足。内施白釉，外施黄釉，釉下以暗刻花卉龙纹为饰，足墙暗刻双环线一周，圈足内施白釉，青花双圈内楷书“大清雍正年制”六字双行款。胎质细腻光洁，烧结度和致密度均较高，胎密度基本一致且修胎规整。釉色明亮淡雅，整体施釉均匀（图8-12）。

图8-12　文物出库图

（二）文物病害分析

依据中华人民共和国文物保护行业标准《可移动文物病害评估技术规程　瓷器类文物》（WW/T 0057—2014）的要求以及病害评测，从文物的完整性角度出发，对该件文物的病害情况进行客观分析：文物整体理化性能稳定，但破碎严重；釉面损伤较多；器表附着土垢、微生物等；已做临时性的粘接处理（表8-2）。依据文物具体情况绘制病害图（图8-13）。

表8-2　清雍正景德镇官窑内白外黄釉暗刻花卉龙纹瓷碗病害现状评估

病害类型	破碎	伤釉（彩）	附着物	生物损害	其他病害
病害程度	重度	中度	重度	重度	重度

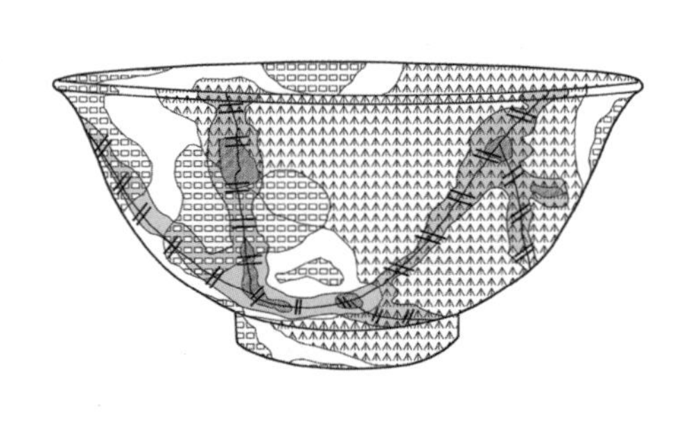

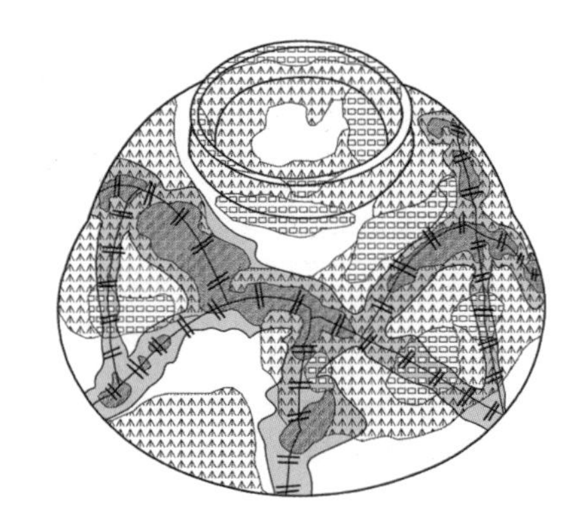

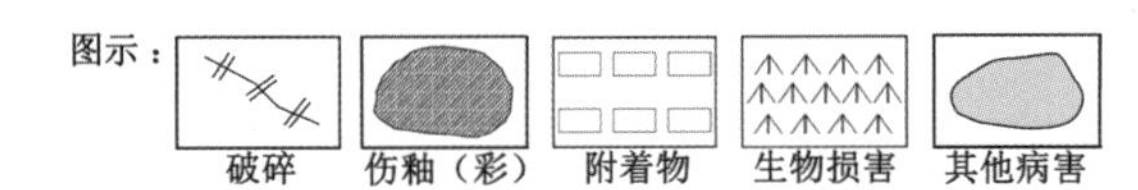

图8-13　文物病害图

（三）拟采取的保护修复技术路线

1. 保护修复工具及材料

保护修复工具：净化擦拭棒、无尘棉棒、无尘擦拭布、羊毛笔刷、猪鬃刷、手术刀、软刀片、坯刀、热熔胶枪、EVA热熔胶、木砂纸、金相砂纸、定制毛笔、勾线笔、白瓷板、小型鼓风机、吹风机、转盘、镊子等。

保护修复材料：去离子水、丙酮、酒精、2A溶液、异噻唑啉酮（CIT/MIT）、K-4495胶粘剂、α-胶、滑石粉、硅烷偶联剂、无机颜料、瓷器修复专用仿制釉、稀释剂等。

2. 主要保护修复技术路线

采集文物基本信息，对文物价值及保存现状进行调研与评估，以此为基础同时参照总体保护修复方案，制定有针对性的具体保护修复方法与步骤（图8-14）。

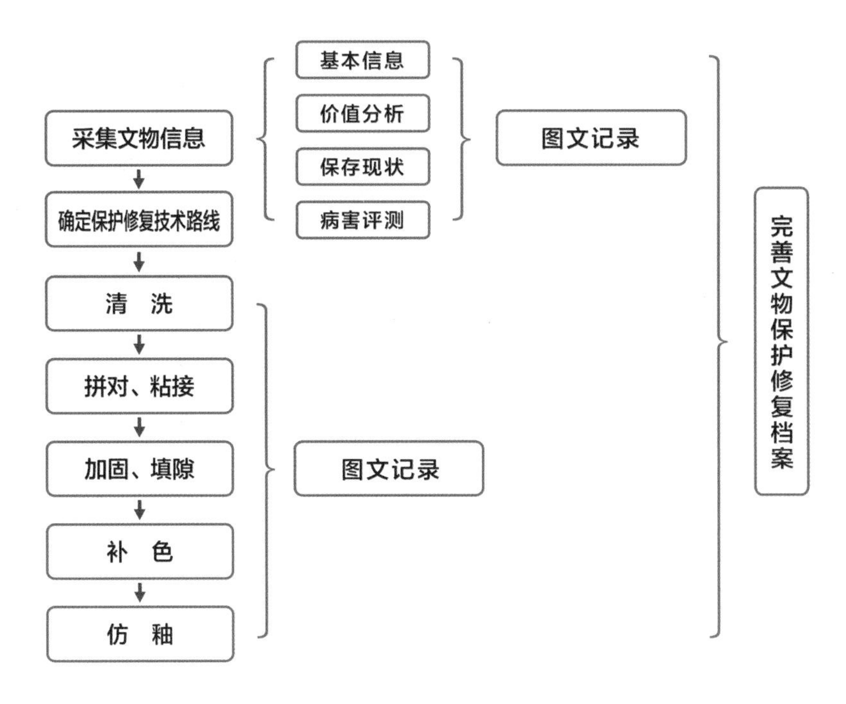

图8-14 主要保护修复技术路线

（四）保护修复工艺流程

1. 清洗

经病害评估、检测分析以及查阅文物保护修复档案，原保护修复所用粘接材料为502瞬干胶粘剂。通过开展清洗材料筛选实验，同时选取两处较典型的病害区域进行清洗试验（试验面积约1cm×1cm），依据试验结果，确定该件文物采用以物理清洗法为主、化学清洗法为辅的方法去除器表及断面污染物。针对微生物及其代谢物，选用净化擦拭棒蘸取除菌剂（CIT/MIT、酒精）在内、外器壁以来回滚动的方式清除。针对原有保护修复痕迹，先用65℃左右的热水浸泡，促使粘接部位松动、脱落；然后将残片置于装有丙酮的烧杯中密封静置，待烧杯中出现白色絮状物，取出残片并用去离子水反复冲洗，断面残留的胶粘剂，可先用手术刀剔除，再用猪鬃刷刷洗；最后将残片放进超声波清洗机，以40KHz的超声波频率反复清洗，直至测出的电导率数值维持在恒定范围内（图8-15）。

2. 拼对、粘接

经拼对、核实，该件文物虽破碎情况严重且存在较多釉面损伤，但整体并无缺失，因此，选用“开合式”粘接工艺还原器物立体结构。从器物底部开始，自下而上，依据残片形状、厚度、纹饰等拼合要素，拼接后用热熔胶固定，选用经实验筛选，具备渗透性强、固化速度快、粘接性能及耐老化性能良好的K-4495胶粘剂滴注在断缝连接处，利用毛细效应完成残片间的渗透黏合（图8-16）。

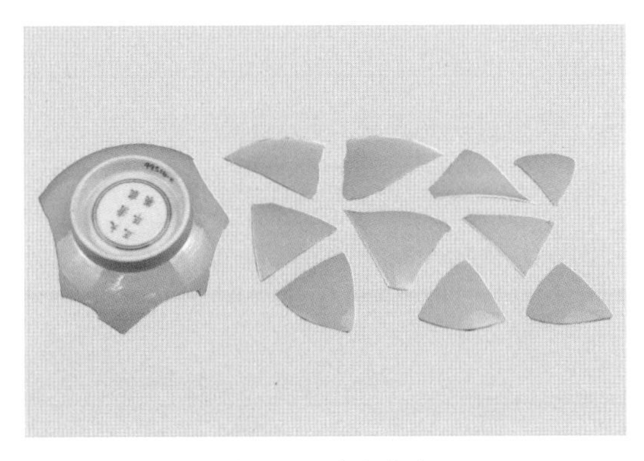

图8-15 清洗完成

图8-16 拼对、粘接

3. 加固、填隙

由于该件文物的残片数量较多，为防止漏粘、胶粘剂滴加过少等情况，须在清除热熔胶后，用K-4495胶粘剂顺着缝隙的方向依次进行补滴，溢出的胶粘剂可用蘸有酒精的净化擦拭棒清除。完成加固后，选用α-胶、滑石粉按比例调配黏稠且不流淌的胶泥，用坯刀蘸取后涂抹于空隙处，少量多次进行叠加，反复堆积至与文物器表凹凸基本一致，最后用砂纸打磨至平整光滑（图8-17）。

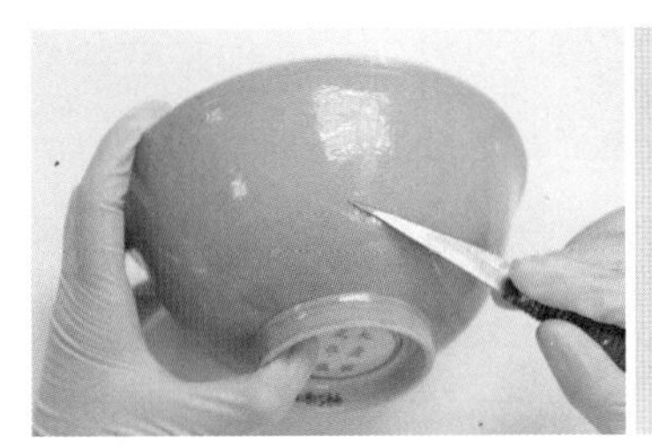

图8-17 加固、填隙

4. 补色

遵循文物保护修复中的最小干预原则，选用经实验验证、具备良好耐黄变性能的瓷器修复专用仿制釉为仿釉基料，稳定性优良的无机颜料为着色剂，加入稀释剂混合后，调配出与文物本体釉色的色彩相貌、明暗程度等基本一致且具备一定遮盖力的底色。选用型号合适的勾线笔蘸取调配好的试剂，补全断缝以及釉面损伤处的颜色，由浅入深，反复勾画直至达到观感上的和谐一致（图8-18）。

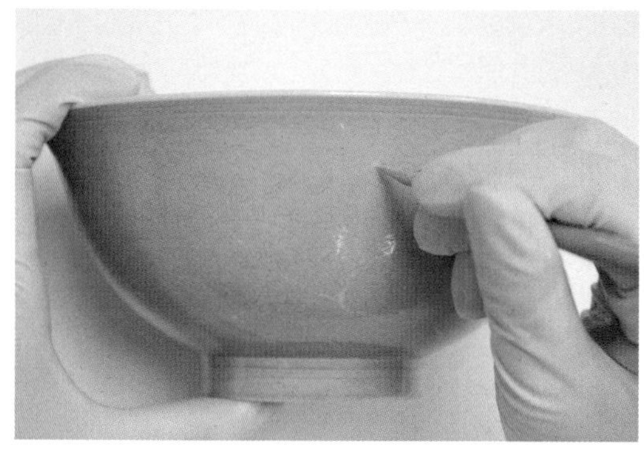

图8-18　补色

5. 仿釉

依据保护修复前检测的光泽度值，适时调整瓷器修复专用仿制釉与稀释剂之间的比例，以提高试剂的光泽度。用定制的羊毛毛笔蘸取调配好的试剂轻扫修复部位，反复操作以复原修复部位的光泽质感，使其与文物本体保持质感上的统一（图8-19）。

图8-19　仿釉

（五）保护修复档案

清雍正景德镇官窑内白外黄釉暗刻花卉龙纹瓷碗（2:81566）保护修复档案内容包括文物基本信息、方案设计及保护修复单位信息、文物保存现状及病害评测、理化检测分析结果、文物保护修复使用材料记录、文物保护修复实施过程记录、文物保护修复前后以及保护修复过程中的照片、保护修复效果自评估等（图8-20）。

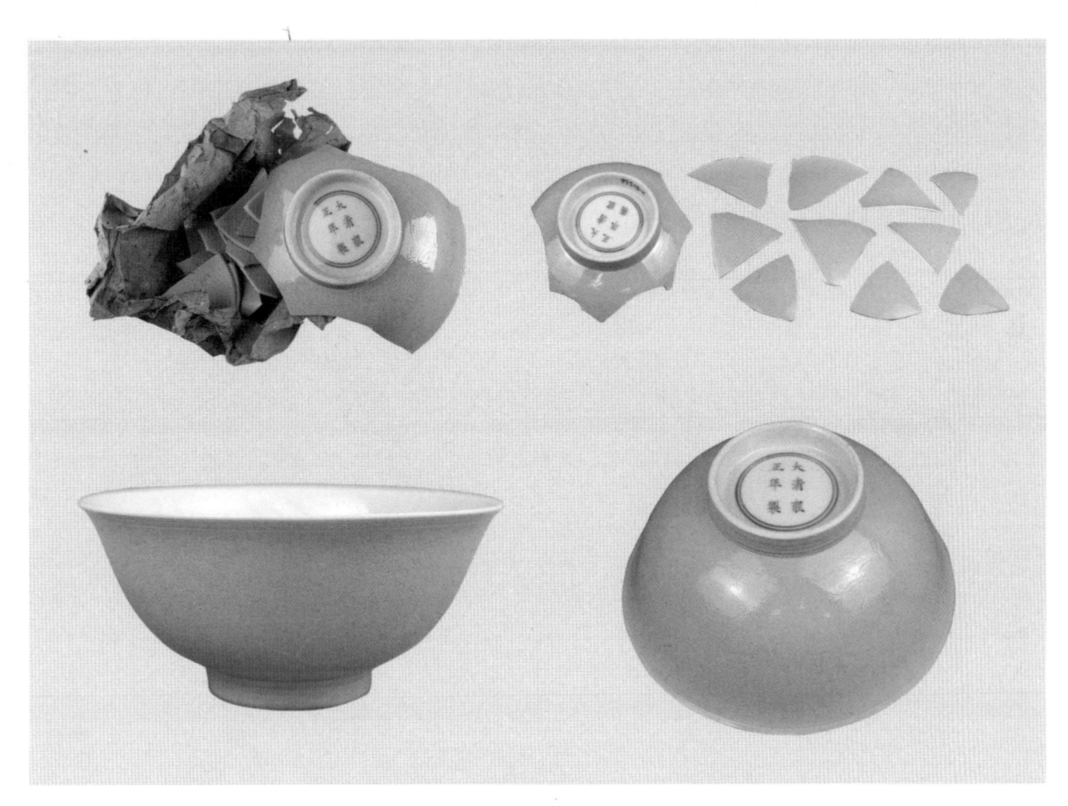

图8-20　保护修复前后对比

三、清乾隆景德镇官窑黄地绿彩云龙纹瓷碗

（一）文物基本情况

清乾隆景德镇官窑黄地绿彩云龙纹瓷碗（2:76649）收藏于南京博物院朝天宫库房（南迁文物，原箱号：公590），通高5.2cm，口径10.3cm，底径4.7cm，重109.28g，属清代瓷器类文物。碗撇口，弧腹，圈足。内外均施黄釉，碗内底黄釉地上以绿彩绘双圈楷书寿字纹，碗外壁黄釉地上以绿彩绘纹饰三组，近口沿处饰卷草纹，卷草纹上下各饰绿彩环线一周，碗腹饰云龙纹，近足处饰如意纹，所有绿彩图案下的瓷胎上均有与之相对应的刻画轮廓线。圈足内施白釉，青花篆书“大清乾隆年制”六字三行款。胎质洁白精细，厚薄适度且器型规整。釉色透亮，有较强的玻璃质感（图8-21）。

图8-21　文物出库图

（二）文物病害分析

依据中华人民共和国文物保护行业标准《可移动文物病害评估技术规程　瓷器类文物》（WW/T 0057—2014）的要求以及病害评测，从文物的完整性角度出发，对该件文物的病害情况进行客观分析：文物整体理化性能稳定，碗壁缺失近四分之一；缺损部位附近有一条总长约5cm的裂缝以及一条总长约9cm的惊纹；釉面有损伤；器表及断面附着土垢、微生物等（表8-3）。依据文物具体情况绘制病害图（图8-22）。

表8-3　清乾隆景德镇官窑黄地绿彩云龙纹瓷碗病害现状评估

病害类型	破碎	缺损	伤釉（彩）	裂缝	惊纹	附着物	生物损害
病害程度	中度	重度	中度	重度	重度	重度	重度

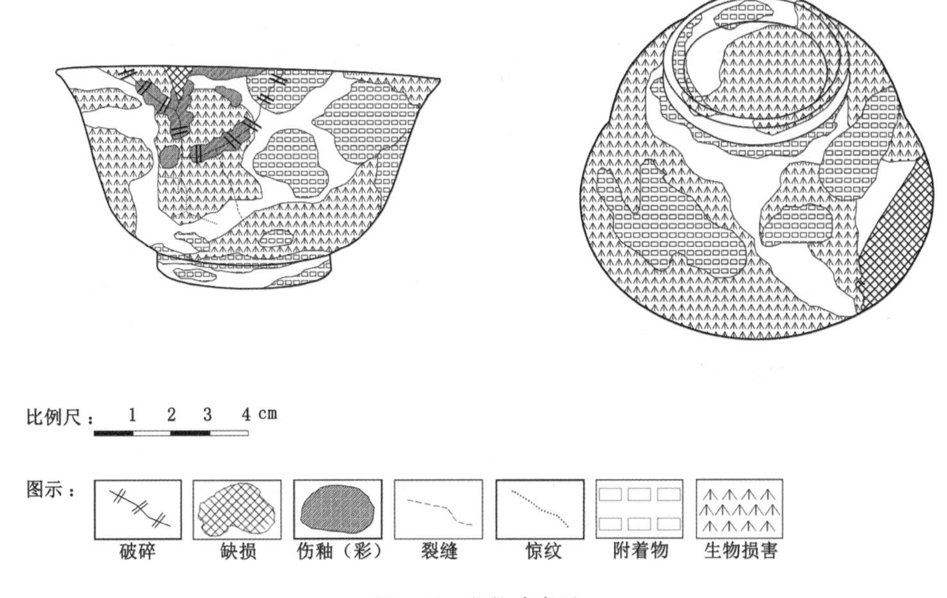

图8-22 文物病害图

（三）拟采取的保护修复技术路线

1. 保护修复工具及材料

保护修复工具：净化擦拭棒、无尘棉棒、无尘擦拭布、羊毛笔刷、猪鬃刷、手术刀、软刀片、调胶棒、坯刀、起子、热熔胶枪、EVA热熔胶、纳米无痕胶、绝缘胶布、红白打样膏、牙科模型蜡、有机脱模剂、电动打磨机、木砂纸、金相砂纸、定制毛笔、定制刷笔、定制网板、勾线笔、白瓷板、小型鼓风机、吹风机、转盘、镊子等。

保护修复材料：去离子水、酒精、2A溶液、异噻唑啉酮（CIT/MIT）、α-胶、K-4495胶粘剂、红星509环氧胶粘剂、高岭土、滑石粉、硅烷偶联剂、无机颜料、瓷器修复专用仿制釉、稀释剂等。

2. 主要保护修复技术路线

采集文物基本信息，对文物价值及保存现状进行调研与评估，以此为基础同时参照总体保护修复方案，制定有针对性的具体保护修复方法与步骤（图8-23）。

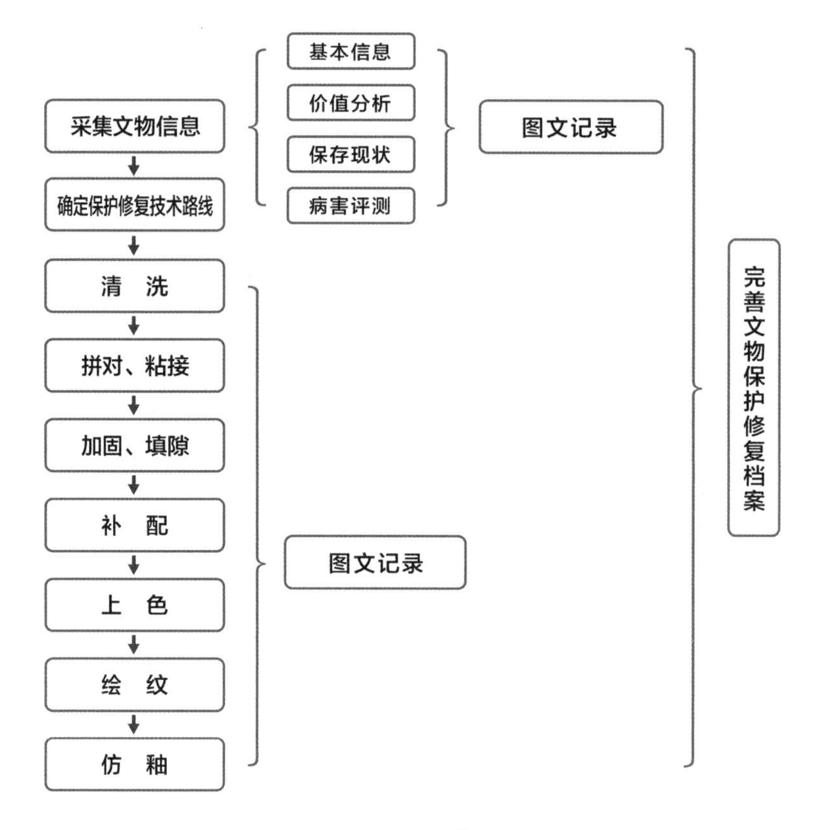

图8-23 主要保护修复技术路线

（四）保护修复工艺流程

1. 清洗

经病害评估及检测分析，该文物器表及断面污染物主要包括土垢、微生物及其代谢物等。通过开展清洗材料筛选实验，同时选取两处较典型的病害区域进行清洗试验（试验面积约1cm × 1cm），依据试验结果，确定该件文物采用以物理清洗法为主、化学清洗法为辅的方法去除器表及断面污染物。针对微生物及其代谢物，选用净化擦拭棒蘸取除菌剂（CIT/MIT、酒精）在内、外器壁以来回滚动的方式清除。针对器物上已呈棕褐色的裂缝，选用低浓度的草酸，利用其还原性使裂缝颜色变淡，最后用去离子水浸泡器物，反复更换直至电导率维持在恒定范围内（图8-24）。

2. 拼对、粘接

经拼对、核实，属于该件文物的残片共计两片，选用“闭合式”粘接工艺对残片进行粘接。确认残片所处位置无误后用热熔胶固定，选用经实验筛选，具备渗透性强、固化速度快、粘接性能及耐老化性能良好的K-4495胶粘剂滴注在断缝连接处，利用毛细效应完成残片间的渗透黏合，待胶粘剂完全固化后，用手术刀去除定位用的热熔胶以及多余的胶粘剂（图8-25）。

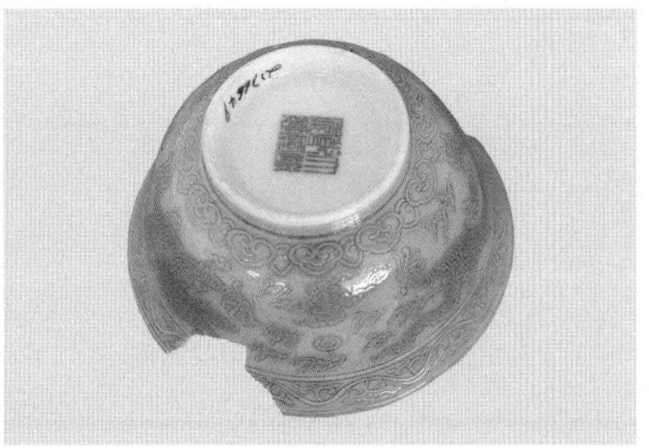

图8-24　清洗完成

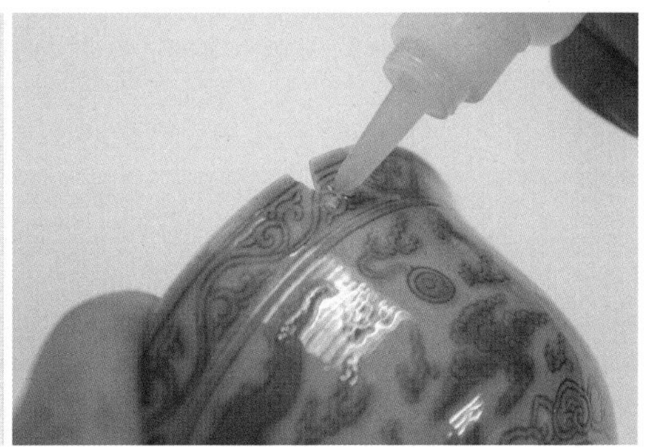

图8-25　拼对、粘接

3. 加固、填隙

该件文物存在裂缝、惊纹，二者均属于活动病害和可诱发病害，随着时间推移、环境变化，仍会继续发展和蔓延，因此，为避免诱发其他病害，须做好加固工作。选用具备良好渗透性的α-胶，采用滴注法对裂缝及惊纹进行加固处理，溢出的胶粘剂可用蘸有酒精的净化擦拭棒清除。完成加固后，选用α-胶、滑石粉按比例调配黏稠且不流淌的胶泥以填补缝隙，少量多次进行叠加，直至与文物器表凹凸基本一致，最后用砂纸打磨至平整光滑（图8-26）。

图8-26　加固、填隙

4. 补配

依据文物器型及缺损情况，采用以模补法为主、填补法为辅的方法复原其立体结构。针对面积较大的缺失，采用模补法进行补配。先将打样膏放入盛装温热水的容器中浸泡，待其受热软化后取出，按压在文物完整部位取样，分别拓印出内模、外模，冷却定型后用起子取下翻制好的模具，涂上脱模剂后置于缺失部位并用纳米无痕胶固定，依据清乾隆景德镇官窑黄地绿彩云龙纹瓷碗的制作工艺特征以及多组材料筛选实验，选用粘接强度、耐老化性能均较好的红星509环氧胶粘剂与高岭土按100 : 55调和后填充在模具内。针对面积较小的缺失，采用填补法进行补配。先将红蜡片按缺失面积裁剪成合适的大小，用温水软化后拓印出外模，在定型后的模具上涂好脱模剂，置于缺失部位固定，选用α-胶、滑石粉按比例调配黏稠且不流淌的胶泥进行填充，少量多次进行叠加，完全固化后卸模、修整，直至还原该文物完整器形且手触无凹凸感（图8-27）。

图8-27　补配完成

5. 上色

经CIELAB色度值检测分析，该件文物黄釉的黄蓝值（b*）较高，红绿值（a*）的绝对值较小，黄釉的饱和度较高且呈冷色调。有鉴于此，选用经实验验证、具备良好耐黄变性能的瓷器修复专用仿制釉作仿釉基料，加入雌黄、棕茶等稳定性优良的无机颜料，经反复调色试验后与稀释剂混合，配制出最接近该件文物黄釉底色的试剂。然后选用定制刷笔蘸取调配好的试剂，在定制网板上以拂刷、掸拨的方式上色，反复操作直至还原补配部位颜色，使其与文物本体底色基本一致。针对粘接后的缝隙以及釉面损伤，遵循文物保护修复中的最小干预原则，选用型号合适的勾线笔蘸取调配好的试剂，由浅入深补全其颜色（图8-28、图8-29）。

6. 绘纹

依据纹饰整体布局，采用平涂、勾画、点染、罩染等绘画技法对缺失的纹饰进行补绘。先大致勾画出纹饰轮廓，然后用蘸有色汁的毛笔均匀填涂，待纹饰基本成型后，用蘸有底色的毛笔修饰、淡化纹饰轮廓，使分出阴阳向背。该件文物所有绿彩图案下的瓷胎上，均有与之相对应的刻画轮廓线，因此，依据纹饰的线条走向，选用极细勾线笔蘸取棕褐色色汁勾勒出纹饰线条，使补绘的纹饰更加饱满，从视觉上提升整体的层次感、空间感以及动态感（图8-30）。

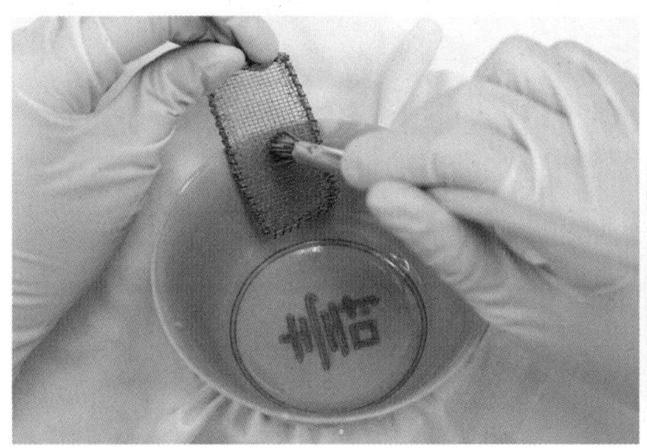
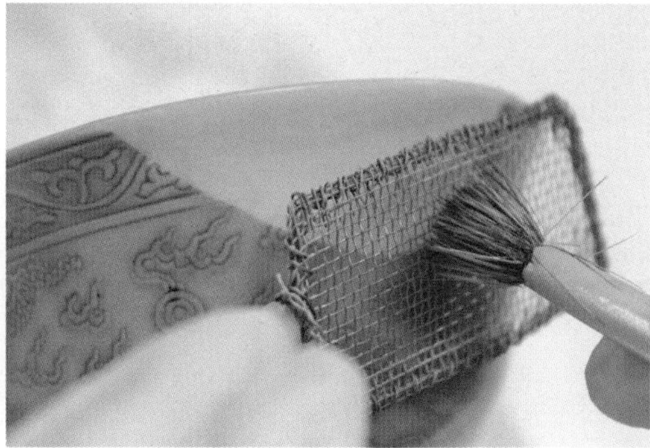

图8-28　上色

图8-29　上色完成

图8-30　绘纹

7. 仿釉

依据保护修复前检测的光泽度值，适时调整瓷器修复专用仿制釉与稀释剂之间的比例，以提高试剂的光泽度。用定制的羊毛毛笔蘸取调配好的试剂轻扫修复部位，反复操作以复原修复部位的光泽质感，使其与文物本体保持质感上的统一（图8-31）。

图8-31　仿釉

（五）保护修复档案

清乾隆景德镇官窑黄地绿彩云龙纹瓷碗（2:76649）保护修复档案内容包括文物基本信息、方案设计及保护修复单位信息、文物保存现状及病害评测、理化检测分析结果、文物保护修复使用材料记录、文物保护修复实施过程记录、文物保护修复前后以及保护修复过程中的照片、保护修复效果自评估等（图8-32）。

图8-32　保护修复前后对比

馆藏瓷器类文物保护修复档案

项目名称：南京博物院馆藏清代官窑瓷器保护修复

文物名称：清乾隆景德镇官窑内白外黄釉瓷盘（2:66807）

2022年11月

中华人民共和国国家文物局制

表 1　文物保护修复基本信息

名　称	清乾隆景德镇官窑内白外黄釉瓷盘		
收藏单位	南京博物院	登录号	2:66807
来　源	南迁文物 原箱号：公 820	年　代	清乾隆
材　质	瓷	级　别	一般文物
方案设计单位	南京博物院	保护修复单位	南京博物院
方案名称	南京博物院馆藏 清代官窑瓷器 保护修复方案	批准单位 及文号	江苏省文物局 〔2019〕24 号
提取日期	2019.08	提取经办人	徐飞、周璐、韩畅
返还日期	2023.01	返还经办人	田建花、周璐
备　注			

表 2　文物保存现状

原保存环境	存放于 1936 年建成的朝天宫库房，库房内无窗户，文物保存在定制的箱子内，器物间用硫酸纸、泡沫纸等隔开。库房内较潮湿，无温湿度控制系统，年均温度 25℃左右，相对湿度 70%左右。	
保护修复前	**尺　寸（cm）**	**重　量（g）**
	口径 14.2，底径 9.2，通高 3.1	141.06
原保护修复情况	无	
病害状况	缺损、伤釉（彩）、附着物、生物损害	
病害评估	重　度	
病害图	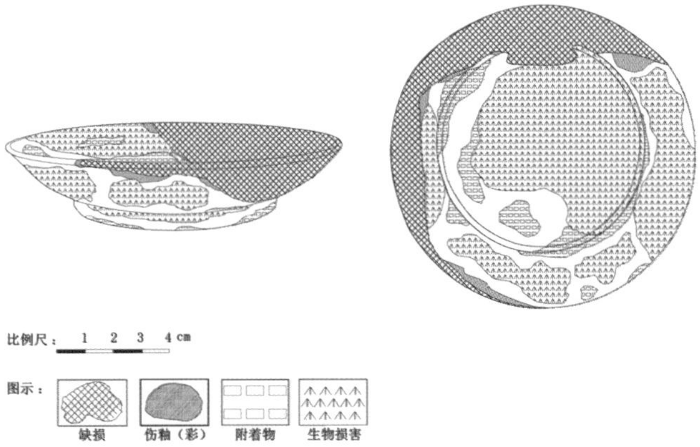	
备　注		

表 3 文物检测分析

<table>
<tr><td>登录号</td><td>2:66807</td><td>名 称</td><td>清乾隆景德镇官窑内白外黄釉瓷盘</td></tr>
<tr><td rowspan="8">检测分析一</td><td rowspan="2">取样部位</td><td>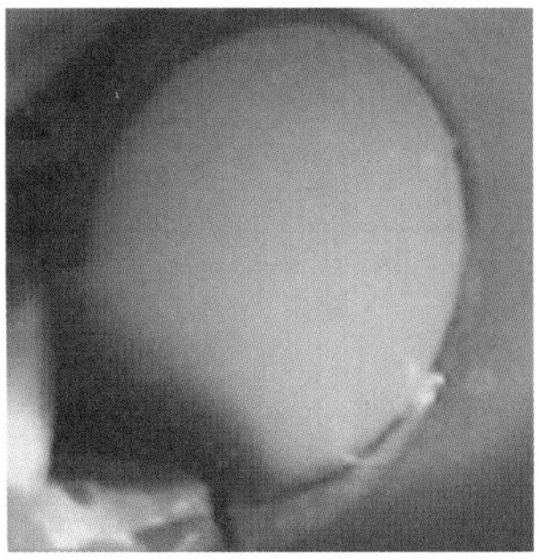</td><td>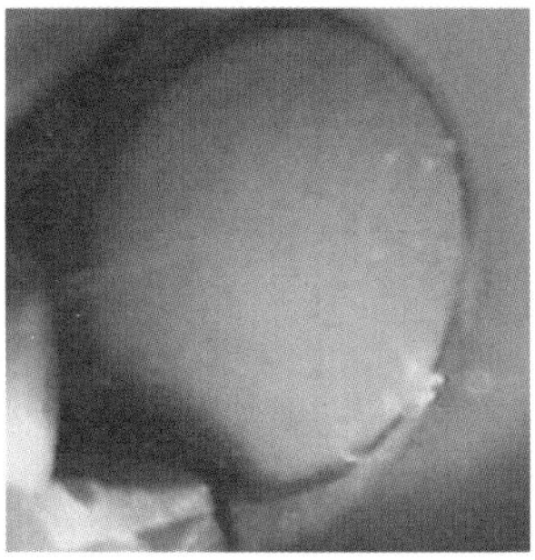</td></tr>
<tr><td>盘内底白釉</td><td>盘外壁黄釉</td></tr>
<tr><td>检测目的</td><td colspan="2">获得文物胎釉元素定性及半定量数据，确定其化学组成</td></tr>
<tr><td>检测单位</td><td colspan="2">南京博物院</td></tr>
<tr><td>检测仪器</td><td colspan="2">便携式能量色散型 X 射线荧光光谱仪（Niton XL3t）</td></tr>
<tr><td rowspan="2">检测结果</td><td colspan="2">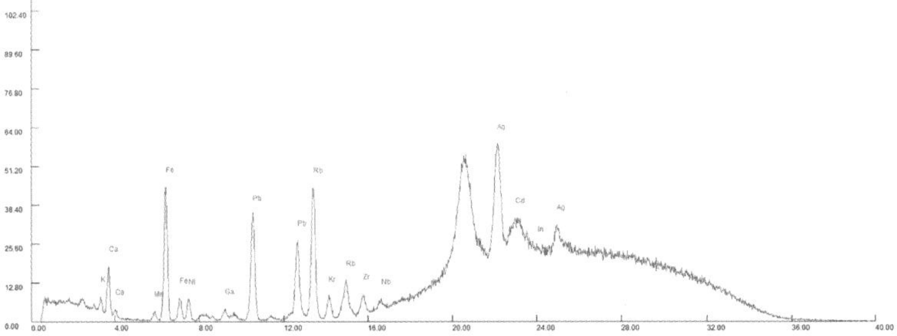

白釉 EDXRF 检测图</td></tr>
<tr><td colspan="2">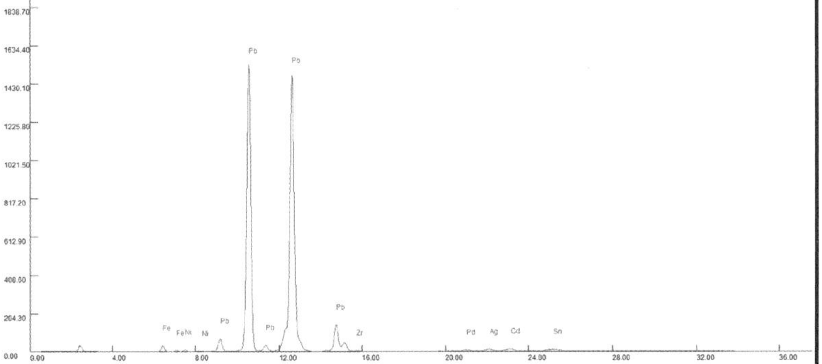

黄釉 EDXRF 检测图</td></tr>
</table>

<table>
<tr><td rowspan="6">检测分析二</td><td>取样部位</td><td colspan="6">盘内底白釉、盘外壁黄釉、盘壁断面</td></tr>
<tr><td>检测目的</td><td colspan="6">了解文物内部结构特征，避免保护修复损伤</td></tr>
<tr><td>检测单位</td><td colspan="6">南京博物院</td></tr>
<tr><td>检测仪器</td><td colspan="6">超景深三维视频显微镜（VHX-1000）</td></tr>
<tr><td rowspan="2">检测结果</td><td colspan="3">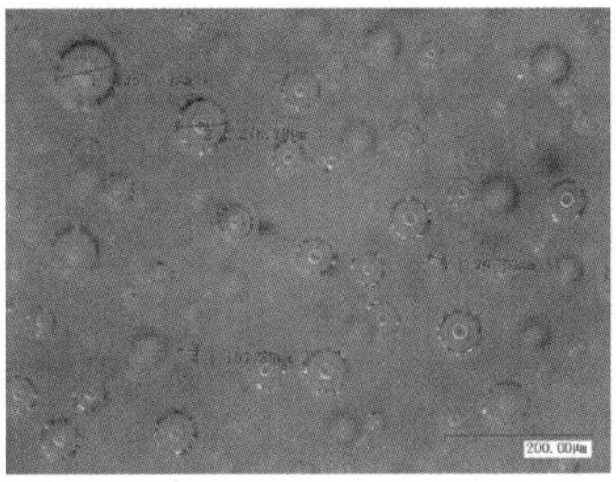
盘内底白釉</td><td colspan="3">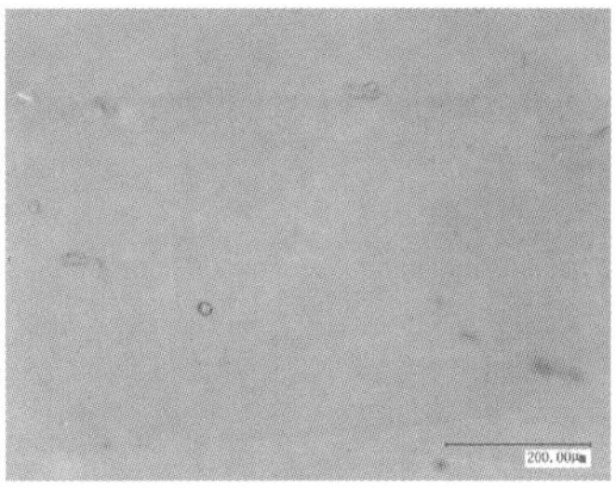
盘外壁黄釉</td></tr>
<tr><td colspan="3">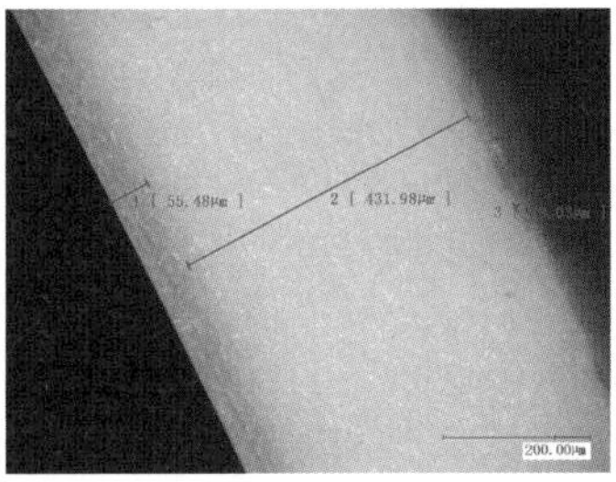
盘壁断面</td><td colspan="3">
胎体气孔</td></tr>
<tr><td rowspan="7">检测分析三</td><td>取样部位</td><td colspan="6">盘内底白釉、盘外壁黄釉</td></tr>
<tr><td>检测目的</td><td colspan="6">对比文物本体、修复部位色差值，控制保护修复质量</td></tr>
<tr><td>检测单位</td><td colspan="6">南京博物院</td></tr>
<tr><td>检测仪器</td><td colspan="6">便携式色彩色差计（HP-2136）</td></tr>
<tr><td rowspan="3">检测结果</td><td colspan="3">白　釉</td><td colspan="3">黄　釉</td></tr>
<tr><td>L*</td><td>a*</td><td>b*</td><td>L*</td><td>a*</td><td>b*</td></tr>
<tr><td>77.35</td><td>-3.71</td><td>1.30</td><td>62.40</td><td>-1.53</td><td>30.57</td></tr>
<tr><td rowspan="5">检测分析四</td><td>取样部位</td><td colspan="6">盘内底、盘外壁</td></tr>
<tr><td>检测目的</td><td colspan="6">对比文物木体、修复部位光泽度值，控制保护修复质量</td></tr>
<tr><td>检测单位</td><td colspan="6">南京博物院</td></tr>
<tr><td>检测仪器</td><td colspan="6">多角度光泽度计（HP-380）</td></tr>
<tr><td>检测结果</td><td colspan="6">22.6</td></tr>
</table>

表 4　文物保护修复记录

<table>
<tr><td colspan="7">工艺步骤及操作流程：
一、采集文物信息，建立文物保护修复档案。内容主要包括测量文物尺寸、重量、绘图和影像记录、检测分析胎釉主要元素组成、显微结构特征、文物本体色度值、光泽度值等。
二、清除文物器表及断面污染物，初步还原文物面貌。保护修复方法：物理清洗法为主，化学清洗法为辅。保护修复主要材料：去离子水、酒精、2A 溶液、异噻唑啉酮（CIT/MIT）等。
三、补配打磨，恢复文物原有造型的完整性。保护修复方法：模补法。保护修复主要材料：α-氰基丙烯酸酯胶粘剂、K-4495 胶粘剂、红星 509 环氧胶粘剂、高岭土、滑石粉、硅烷偶联剂等。
四、打底上色，复原补配部位色彩。保护修复方法：刷色法与掸色法相结合。保护修复主要材料：无机颜料、瓷器修复专用仿制釉、稀释剂等。
五、仿釉做旧，恢复补配部位光泽质感。保护修复方法：刷色法。保护修复主要材料同四。
六、检测分析文物修复部位色度值、光泽度值。
七、完善文物保护修复档案。</td></tr>
<tr><td>技术变更</td><td colspan="6">无</td></tr>
<tr><td rowspan="9">保护修复后</td><td colspan="3">尺　寸（cm）</td><td colspan="3">重　量（g）</td></tr>
<tr><td colspan="3">口径 14.2，底径 9.2，通高 3.1</td><td colspan="3">143.34</td></tr>
<tr><td colspan="6">色度值</td></tr>
<tr><td colspan="3">白　釉</td><td colspan="3">黄　釉</td></tr>
<tr><td>L*</td><td>a*</td><td>b*</td><td>L*</td><td>a*</td><td>b*</td></tr>
<tr><td>77.26</td><td>-3.29</td><td>1.68</td><td>65.39</td><td>-1.56</td><td>31.13</td></tr>
<tr><td colspan="6">光泽度值（60°）</td></tr>
<tr><td colspan="6">23.5</td></tr>
<tr></tr>
<tr><td>项目负责人</td><td colspan="2">周　璐</td><td colspan="2">保护修复人</td><td colspan="2">周　璐</td></tr>
<tr><td>完成日期</td><td colspan="2">2022.09</td><td colspan="2">审　核</td><td colspan="2">田建花</td></tr>
</table>

保护修复日志

日　期	文物保护修复主要内容
2019.09	测量文物尺寸、重量、拍照、绘图、建立文物保护修复档案
2020.01	清除文物器表及断面污染物
2020.04	检测分析文物胎釉主要元素组成
2020.07	检测分析文物胎釉显微结构特征
2020.10	检测分析文物本体色度值、光泽度值
2021.02	补配打磨，恢复文物原有造型的完整性
2021.08	打底上色、仿釉做旧，还原补配部位釉色及光泽质感
2022.07	检测分析文物修复部位色度值、光泽度值
2022.09	完善文物保护修复档案

影 像 资 料

保护修复前

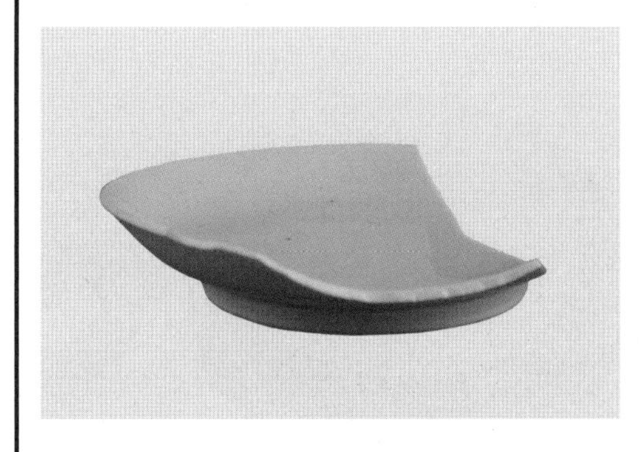

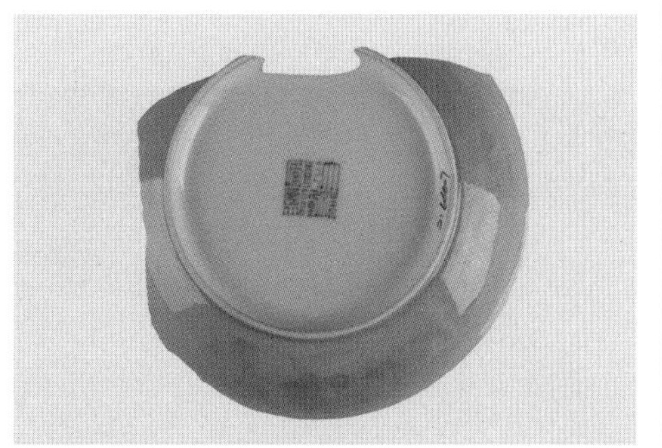

文物出库图

<table>
<tr><th colspan="2">保护修复中</th></tr>
<tr><td>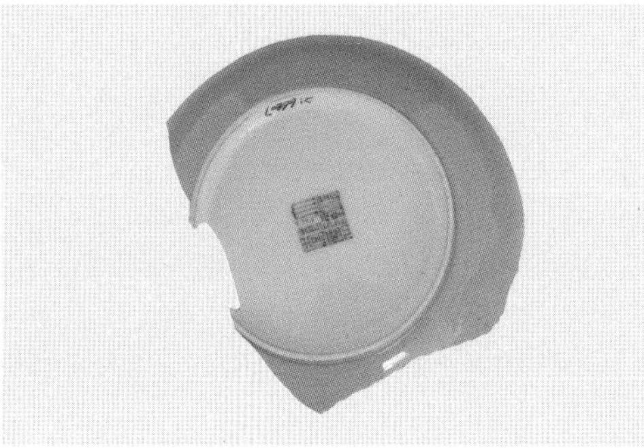</td><td>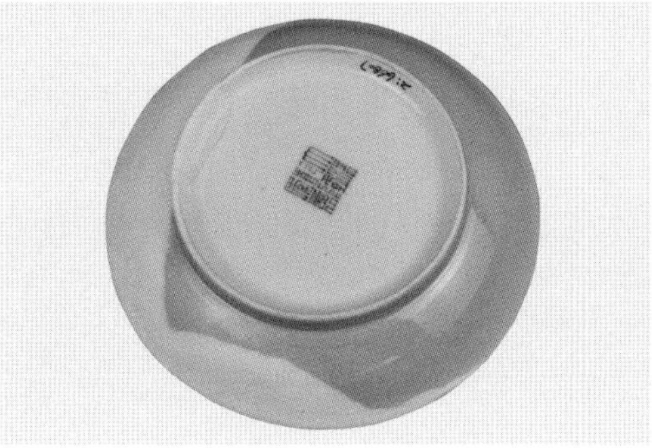</td></tr>
<tr><td>①清洗完成图</td><td>②补配完成图</td></tr>
<tr><td>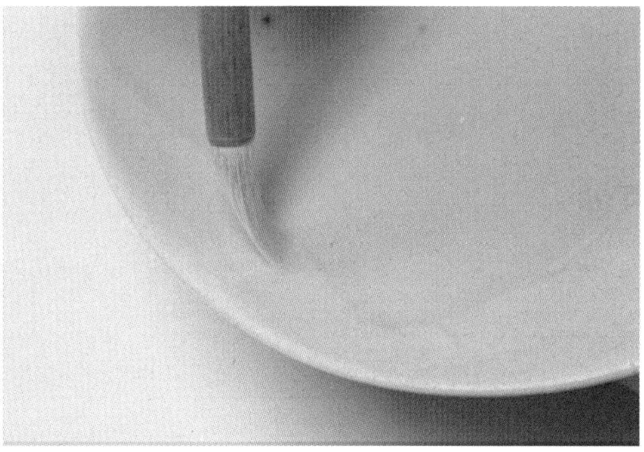</td><td>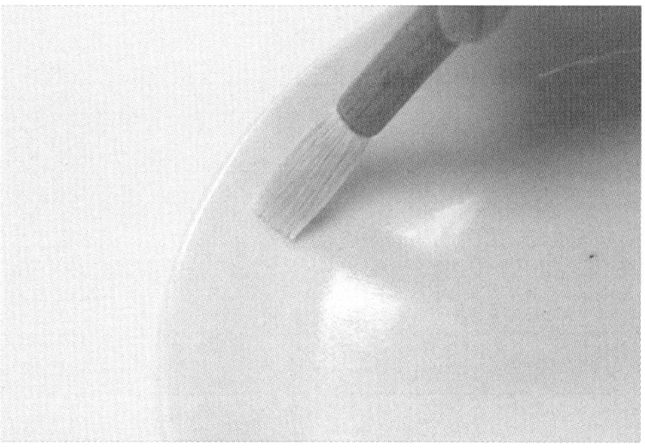</td></tr>
<tr><td>③打底操作图</td><td>④上色操作图</td></tr>
<tr><td>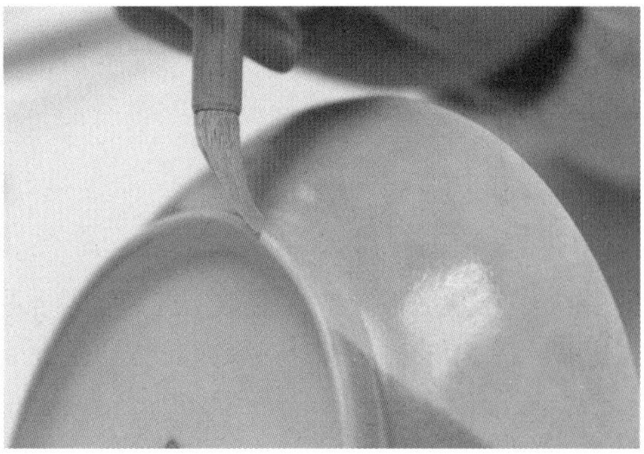</td><td>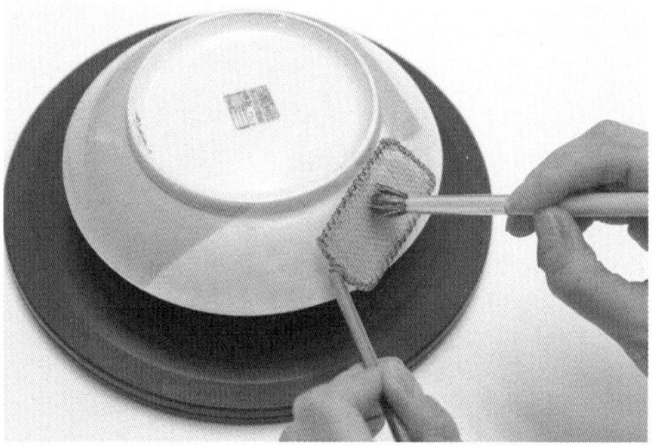</td></tr>
<tr><td colspan="2">④上色操作图</td></tr>
</table>

⑤仿釉操作图
保护修复后

附录二　关于南京博物院馆藏清代官窑瓷器保护修复方案的批复

江苏省文物局文件

苏文物审〔2019〕24号

关于南京博物院馆藏清代官窑瓷器保护修复方案的批复

南京博物院：

你院《关于审批2019年江苏省文物保护专项资金项目方案的请示》（南博发〔2019〕12号）收悉。经组织专家审核论证并研究，原则同意所报方案。请你院认真组织实施，加强监督管理，确保文物安全。并及时上报年度项目结项工作报告。

江苏省文物局

2019年4月2日

江苏省文物局文物综合处　　2019年4月2日印发

— 1 —

附录三　江苏省文物局可移动文物保护项目验收结果通知书

【编号：苏文物博验〔2022〕第 32 号**】**

江苏省文物局
可移动文物保护项目验收结果通知书

南京博物院：

根据你院申请，省文物局已组织专家组对《南京博物院馆藏清代官窑瓷器保护修复项目》(50 件/套）进行结项验收。依据专家组验收意见，经研究，原则同意该项目通过验收。请你院继续发扬文物保护中传承和发展传统技术、通过项目培养人才的好做法，总结该项目的保护修复经验做法，出版相关科学研究论文，为申报行业技术标准积累素材资料。

（盖　章）

2022 年 12 月 12 日

附录四　南京博物院馆藏清代官窑瓷器保护修复项目文物信息总表

序号	登录号	文物名称	图片	年代	级别	质地	收藏单位	具体来源	数量	尺寸（cm）	病害类型	病害评估
1	2:66804	清乾隆景德镇官窑内白外黄釉瓷盘		清乾隆	一般文物	瓷	南京博物院	南迁文物 原箱号：公820	1	口径14.2，底径9.2，高3.1	缺损、伤釉（彩）、附着物、生物损害	重度
2	2:66805	清乾隆景德镇官窑内白外黄釉瓷盘		清乾隆	一般文物	瓷	南京博物院	南迁文物 原箱号：公820	1	口径14.2，底径9.2，高3.1	缺损、伤釉（彩）、附着物、生物损害	重度
3	2:66806	清乾隆景德镇官窑内白外黄釉瓷盘		清乾隆	一般文物	瓷	南京博物院	南迁文物 原箱号：公820	1	口径14.2，底径9.2，高3.1	缺损、伤釉（彩）、附着物、生物损害	重度
4	2:66807	清乾隆景德镇官窑内白外黄釉瓷盘		清乾隆	一般文物	瓷	南京博物院	南迁文物 原箱号：公820	1	口径14.2，底径9.2，高3.1	缺损、伤釉（彩）、附着物、生物损害	重度

续表

序号	登录号	文物名称	图片	年代	级别	质地	收藏单位	具体来源	数量	尺寸（cm）	病害类型	病害评估
5	2:66808	清乾隆景德镇官窑内白外黄釉瓷盘		清乾隆	一般文物	瓷	南京博物院	南迁文物原箱号：公820	1	口径14.2，底径9.2，高3.1	缺损、仿釉（彩）、附着物、生物损害	重度
6	2:66942	清康熙景德镇官窑釉里红团凤纹瓷碗		清康熙	一般文物	瓷	南京博物院	南迁文物原箱号：公820	1	口径9.2，底径4，高5.9	缺损、惊纹、附着物、生物损害、其他病害	重度
7	2:66943	清康熙景德镇官窑釉里红团凤纹瓷碗		清康熙	一般文物	瓷	南京博物院	南迁文物原箱号：公820	1	口径9.2，底径4，高5.9	破碎、裂缝、附着物、生物损害	中度
8	2:66944	清康熙景德镇官窑釉里红团凤纹瓷碗		清康熙	一般文物	瓷	南京博物院	南迁文物原箱号：公820	1	口径9.2，底径4，高5.9	缺损、裂缝、附着物、生物损害、其他病害	重度

续表

序号	登录号	文物名称	图片	年代	级别	质地	收藏单位	具体来源	数量	尺寸（cm）	病害类型	病害评估
9	2:66945	清康熙景德镇官窑釉里红团凤纹瓷碗		清康熙	一般文物	瓷	南京博物院	南迁文物原箱号：公820	1	口径9.2，底径4，高5.9	缺损、附着物、生物损害	重度
10	2:66946	清康熙景德镇官窑釉里红团凤纹瓷碗		清康熙	一般文物	瓷	南京博物院	南迁文物原箱号：公820	1	口径9.2，底径4，高5.9	破碎、缺损、裂缝、附着物、生物损害	重度
11	2:66947	清康熙景德镇官窑釉里红团凤纹瓷碗		清康熙	一般文物	瓷	南京博物院	南迁文物原箱号：公820	1	口径9.2，底径4，高5.9	破碎、缺损、惊纹、附着物、生物损害	重度
12	2:66948	清康熙景德镇官窑釉里红团凤纹瓷碗		清康熙	一般文物	瓷	南京博物院	南迁文物原箱号：公820	1	口径9.2，底径4，高5.9	缺损、毛边、裂缝、附着物、生物损害	重度

续表

序号	登录号	文物名称	图片	年代	级别	质地	收藏单位	具体来源	数量	尺寸（cm）	病害类型	病害评估
13	2:66949	清康熙景德镇官窑釉里红团凤纹瓷碗		清康熙	一般文物	瓷	南京博物院	南迁文物 原箱号：公820	1	口径9.2，底径4，高5.9	破碎、缺损、附着物、生物损害、其他病害	重度
14	2:66950	清康熙景德镇官窑釉里红团凤纹瓷碗		清康熙	一般文物	瓷	南京博物院	南迁文物 原箱号：公820	1	口径9.2，底径4，高5.9	破碎、缺损、附着物、生物损害	重度
15	2:71922	清雍正景德镇官窑内白外黄釉暗刻缠枝花卉龙纹瓷碗		清雍正	一般文物	瓷	南京博物院	南迁文物 原箱号：公401	1	口径14.9，底径5.5，高7.4	破碎、缺损、附着物、生物损害	中度
16	2:71974	清雍正景德镇官窑内白外黄釉暗刻云龙纹瓷碗		清雍正	一般文物	瓷	南京博物院	南迁文物 原箱号：公1741	1	口径14.6，底径5.8，高6.6	破碎、缺损、附着物、生物损害、其他病害	重度

续表

序号	登录号	文物名称	图片	年代	级别	质地	收藏单位	具体来源	数量	尺寸（cm）	病害类型	病害评估
17	2:76645	清乾隆景德镇官窑黄地绿彩云龙纹瓷碗		清乾隆	一般文物	瓷	南京博物院	南迁文物 原箱号：公590	1	口径10.3，底径4.7，高5.2	破碎、缺损、伤釉（彩）、惊纹、附着物、生物损害	重度
18	2:76646	清乾隆景德镇官窑黄地绿彩云龙纹瓷碗		清乾隆	一般文物	瓷	南京博物院	南迁文物 原箱号：公590	1	口径10.3，底径4.7，高5.2	破碎、缺损、伤釉（彩）、惊纹、附着物、生物损害	重度
19	2:76647	清乾隆景德镇官窑黄地绿彩云龙纹瓷碗		清乾隆	一般文物	瓷	南京博物院	南迁文物 原箱号：公590	1	口径10.3，底径4.7，高5.2	破碎、缺损、伤釉（彩）、裂缝、附着物、生物损害	重度
20	2:76648	清乾隆景德镇官窑黄地绿彩云龙纹瓷碗		清乾隆	一般文物	瓷	南京博物院	南迁文物 原箱号：公590	1	口径10.3，底径4.7，高5.2	破碎、缺损、伤釉（彩）、附着物、生物损害	重度

续表

序号	登录号	文物名称	图片	年代	级别	质地	收藏单位	具体来源	数量	尺寸（cm）	病害类型	病害评估
21	2:76649	清乾隆景德镇官窑黄地绿彩云龙纹瓷碗		清乾隆	一般文物	瓷	南京博物院	南迁文物 原箱号：公590	1	口径10.3，底径4.7，高5.2	破碎、缺损、伤釉（彩）、惊纹、裂缝、附着物、生物损害	重度
22	2:76650	清乾隆景德镇官窑黄地绿彩云龙纹瓷碗		清乾隆	一般文物	瓷	南京博物院	南迁文物 原箱号：公590	1	口径10.3，底径4.7，高5.2	破碎、缺损、伤釉（彩）、裂缝、附着物、生物损害、其他病害	重度
23	2:76651	清乾隆景德镇官窑黄地绿彩云龙纹瓷碗		清乾隆	一般文物	瓷	南京博物院	南迁文物 原箱号：公590	1	口径10.3，底径4.7，高5.2	破碎、缺损、伤釉（彩）、惊纹、附着物、生物损害	重度
24	2:76652	清乾隆景德镇官窑黄地绿彩云龙纹瓷碗		清乾隆	一般文物	瓷	南京博物院	南迁文物 原箱号：公590	1	口径10.3，底径4.7，高5.2	缺损、伤釉（彩）、裂缝、附着物、生物损害、其他病害	重度

续表

序号	登录号	文物名称	图片	年代	级别	质地	收藏单位	具体来源	数量	尺寸（cm）	病害类型	病害评估
25	2:76736	清乾隆景德镇官窑内白外黄釉暗刻云龙纹瓷碗		清乾隆	一般文物	瓷	南京博物院	南迁文物 原箱号：沪2007	1	口径15.4，底径6.3，高7.2	破碎、附着物、生物损害	轻度
26	2:76874	清康熙景德镇官窑内白外黄釉暗刻云龙纹瓷碗		清康熙	一般文物	瓷	南京博物院	南迁文物 原箱号：公562	1	口径15，底径6，高6.5	破碎、缺损、伤釉（彩）、附着物、生物损害、其他病害	中度
27	2:76875	清康熙景德镇官窑内白外黄釉暗刻云龙纹瓷碗		清康熙	一般文物	瓷	南京博物院	南迁文物 原箱号：公562	1	口径15，底径6，高6.5	破碎、伤釉（彩）、附着物、生物损害、其他病害	轻度
28	2:76876	清康熙景德镇官窑内白外黄釉暗刻云龙纹瓷碗		清康熙	一般文物	瓷	南京博物院	南迁文物 原箱号：公562	1	口径15，底径6，高6.5	破碎、伤釉（彩）、附着物、生物损害、其他病害	中度

续表

序号	登录号	文物名称	图片	年代	级别	质地	收藏单位	具体来源	数量	尺寸（cm）	病害类型	病害评估
29	2:76883	清康熙景德镇官窑内白外黄釉暗刻云龙纹瓷碗		清康熙	一般文物	瓷	南京博物院	南迁文物 原箱号：公562	1	口径15，底径6，高6.5	破碎、伤釉（彩）、附着物、生物损害、其他病害	轻度
30	2:77251	清同治景德镇官窑内白外紫釉暗刻云龙纹瓷碗		清同治	一般文物	瓷	南京博物院	南迁文物 原箱号：公1162	1	口径15，底径5.7，高6.7	缺损、伤釉（彩）、附着物、生物损害	重度
31	2:77252	清咸丰景德镇官窑内白外紫釉暗刻云龙纹瓷碗		清咸丰	一般文物	瓷	南京博物院	南迁文物 原箱号：公1162	1	口径15.5，底径5.6，高6.7	破碎、伤釉（彩）、附着物、生物损害	中度
32	2:77253	清同治景德镇官窑内白外紫釉暗刻云龙纹瓷碗		清同治	一般文物	瓷	南京博物院	南迁文物 原箱号：公1162	1	口径15，底径5.7，高6.7	破碎、伤釉（彩）、附着物、生物损害、其他病害	中度

续表

序号	登录号	文物名称	图片	年代	级别	质地	收藏单位	具体来源	数量	尺寸（cm）	病害类型	病害评估
33	2:77254	清同治景德镇官窑内白外紫釉暗刻云龙纹瓷碗		清同治	一般文物	瓷	南京博物院	南迁文物原箱号：公1162	1	口径15，底径5.7，高6.7	破碎、伤釉（彩）、附着物、生物损害	重度
34	2:77255	清同治景德镇官窑内白外紫釉暗刻云龙纹瓷碗		清同治	一般文物	瓷	南京博物院	南迁文物原箱号：公1162	1	口径15，底径5.7，高6.7	破碎、缺损、伤釉（彩）、附着物、生物损害、其他病害	重度
35	2:77256	清同治景德镇官窑内白外紫釉瓷碗		清同治	一般文物	瓷	南京博物院	南迁文物原箱号：公1162	1	口径15，底径5.7，高6.7	缺损、伤釉（彩）、附着物、生物损害、其他病害	重度
36	2:77507	清康熙景德镇官窑黄釉瓷碗		清康熙	一般文物	瓷	南京博物院	南迁文物原箱号：公830	1	口径16，底径6.9，高7.4	破碎、伤釉（彩）、毛边、附着物、生物损害、其他病害	中度

续表

序号	登录号	文物名称	图片	年代	级别	质地	收藏单位	具体来源	数量	尺寸（cm）	病害类型	病害评估
37	2:77508	清康熙景德镇官窑黄釉暗刻云龙纹瓷碗		清康熙	一般文物	瓷	南京博物院	南迁文物 原箱号：公830	1	口径16，底径6.9，高7.4	破碎、裂缝、毛边、附着物、生物损害、其他病害	重度
38	2:77509	清康熙景德镇官窑黄釉暗刻云龙纹瓷碗		清康熙	一般文物	瓷	南京博物院	南迁文物 原箱号：公830	1	口径16，底径6.9，高7.4	破碎、缺损、附着物、生物损害	重度
39	2:80963	清康熙景德镇官窑蓝地黄彩云龙纹瓷碗		清康熙	一般文物	瓷	南京博物院	南迁文物 原箱号：沪2152	1	口径14，底径5.9，高6.5	破碎、伤釉（彩）、惊纹、毛边、附着物、生物损害	中度
40	2:81349	清雍正景德镇官窑内白外祭红釉瓷碗		清雍正	一般文物	瓷	南京博物院	南迁文物 原箱号：公1074	1	口径15.1，底径5.3，高6.1	破碎、缺损、附着物、生物损害、其他病害	中度

序号	登录号	文物名称	图片	年代	级别	质地	收藏单位	具体来源	数量	尺寸（cm）	病害类型	病害评估
41	2:81371	清雍正景德镇官窑内白外黄釉瓷碗		清雍正	一般文物	瓷	南京博物院	南迁文物原箱号：公1583	1	口径15.1，底径6，高7	破碎、缺损、伤釉（彩）、裂缝、附着物、生物损害	重度
42	2:81566	清雍正景德镇官窑内白外黄釉暗刻花卉龙纹瓷碗		清雍正	一般文物	瓷	南京博物院	南迁文物原箱号：公1949	1	口径14.9，底径5.8，高6.8	破碎、伤釉（彩）、附着物、生物损害、其他病害	重度
43	2:83703	清康熙景德镇官窑黄釉瓷碗		清康熙	一般文物	瓷	南京博物院	南迁文物原箱号：沪2169	1	口径14，底径7.2，高7	缺损、附着物、生物损害、其他病害	重度
44	2:83713	清康熙景德镇官窑黄釉暗刻云龙云鹤纹瓷碗		清康熙	一般文物	瓷	南京博物院	南迁文物原箱号：沪2169	1	口径14.1，底径6.2，高6.7	破碎、惊纹、附着物、生物损害、其他病害	中度

续表

序号	登录号	文物名称	图片	年代	级别	质地	收藏单位	具体来源	数量	尺寸（cm）	病害类型	病害评估
45	2:84373	清道光景德镇官窑黄地绿彩折枝寿桃纹瓷碗		清道光	一般文物	瓷	南京博物院	南迁文物 原箱号：沪2026	1	口径12.3，底径5.3，高6.3	缺损、伤釉（彩）、附着物、生物损害、其他病害	重度
46	2:84689	清康熙景德镇官窑黄釉瓷碗		清康熙	一般文物	瓷	南京博物院	南迁文物 原箱号：公871	1	口径11.9，底径4.5，高6	破碎、附着物、生物损害	轻度
47	2:84718	清康熙景德镇官窑黄釉暗刻云龙纹瓷碗		清康熙	一般文物	瓷	南京博物院	南迁文物 原箱号：公871	1	口径12.5，底径5.1，高6	破碎、缺损、伤釉（彩）、附着物、生物损害、其他病害	重度
48	2:84931	清康熙景德镇官窑酱釉瓷碗		清康熙	一般文物	瓷	南京博物院	南迁文物 原箱号：公1163	1	口径12.3，底径7，高6	破碎、伤釉（彩）、附着物、生物损害	轻度

续表

序号	登录号	文物名称	图片	年代	级别	质地	收藏单位	具体来源	数量	尺寸（cm）	病害类型	病害评估
49	2:85104	清乾隆景德镇官窑青花御题诗纹瓷烛台		清乾隆	一般文物	瓷	南京博物院	南迁文物原箱号：公1656	1	口径4.2，底径9.5，腹径10，高15.5	破碎、缺损、附着物、生物损害	中度
50	2:85242	清乾隆景德镇官窑黄地绿彩寿桃花鸟纹瓷碗		清乾隆	一般文物	瓷	南京博物院	南迁文物原箱号：公2981	1	口径12.4，底径5.3，高6.4	破碎、伤釉（彩）、附着物、生物损害	中度

后记

本书是在2019年江苏省文物保护专项资金项目“南京博物院馆藏清代官窑瓷器保护修复项目”成果基础上撰写的。从项目的开展，到书稿的完成，不仅有来自领导的信任与支持，更有来自专家组、同事以及同行朋友全方位的技术支撑和学术指导。在此致以诚挚的谢意！

感谢江苏省文物局和南京博物院相关领导和同仁的大力支持，使得项目得以顺利开展和结项。感谢南京博物院徐森副院长、张金萍副院长（时任文保所所长）、扬州中国大运河博物馆徐飞副馆长（原南京博物院文保所副所长）在行政程序上的协调指导和在业务工作上的充分鼓励，推动保护修复工作扎实有效开展。感谢郑冬青所长多次莅临一线，指导和把控保护修复尺度，提升了我对保护修复中真实性理念和最小干预原则的认识。感谢范陶峰研究馆员编制文物保护修复方案，为项目的实施奠定了基础。感谢我可爱的同事王晓燕、时宇慧、张诺、云悦等，在文物检测分析、材料筛选实验设计以及影像记录等方面给予的大力协助和无私帮助，使我的研究更深入、内容更充实、资料更完善。

感谢南京艺术学院文物保护与修复系杨夏薇老师在专业上的诚挚建议以及文物鉴赏与修复专业研究生雷千蕊在资料整理、材料实验等方面给予的协助。

感谢江苏凤凰文艺出版社编辑为本书出版付出的心血和努力。

囿于作者的学识水平，不妥之处在所难免，欢迎各位专家学者、同行、读者予以批评指正。

作者

2024年1月

保护修复前

清康熙景德镇官窑釉里红团凤纹瓷碗（2:66945）

保护修复后

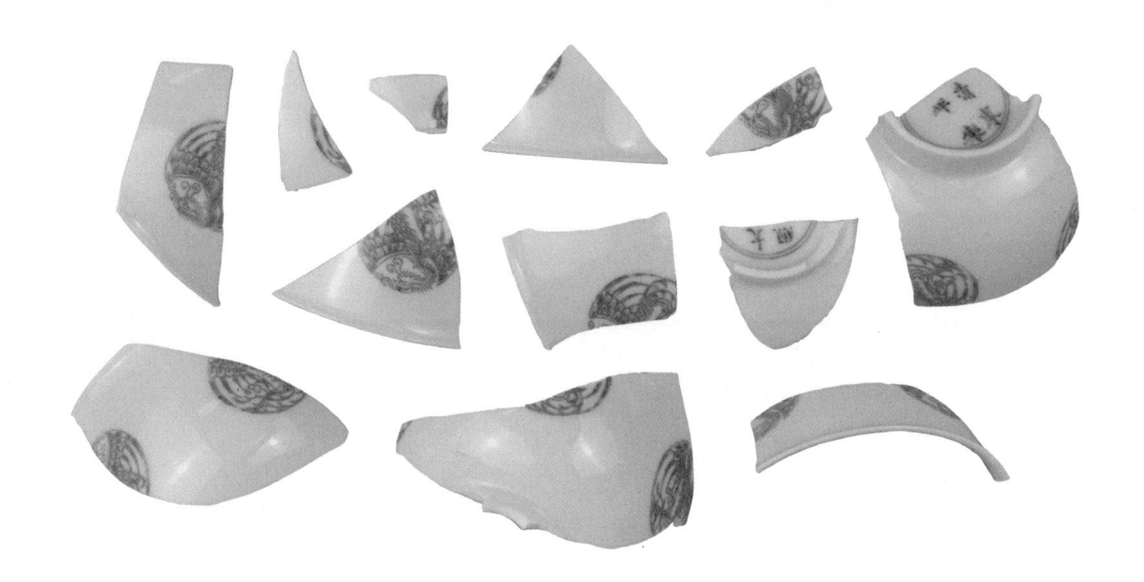

保护修复前

清康熙景德镇官窑釉里红团凤纹瓷碗（2:66946）

保护修复后

保护修复前

清康熙景德镇官窑釉里红团凤纹瓷碗（2:66948）

保护修复后

保护修复前

清康熙景德镇官窑黄釉瓷碗（2:83703）

保护修复后

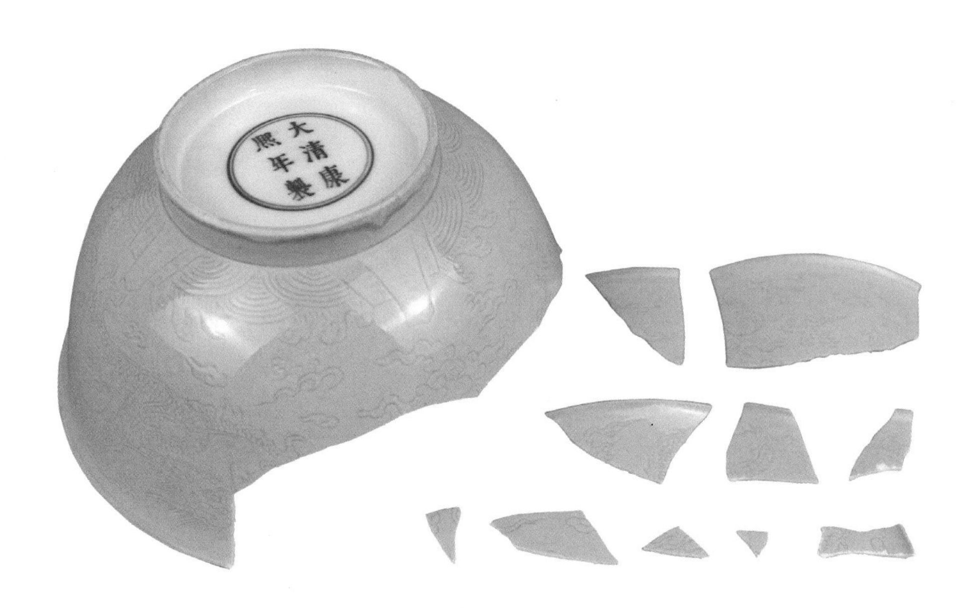

保护修复前

清康熙景德镇官窑黄釉暗刻云龙纹瓷碗（2:77508）

保护修复后

保护修复前

清康熙景德镇官窑内白外黄釉暗刻云龙纹瓷碗（2:76876）

保护修复后

保护修复前

清康熙景德镇官窑蓝地黄彩云龙纹瓷碗（2:80963）

保护修复后

保护修复前

清雍正景德镇官窑内白外祭红釉瓷碗（2:81349）

保护修复后

保护修复前

清雍正景德镇官窑内白外黄釉暗刻缠枝花卉龙纹瓷碗（2:71922）

保护修复后

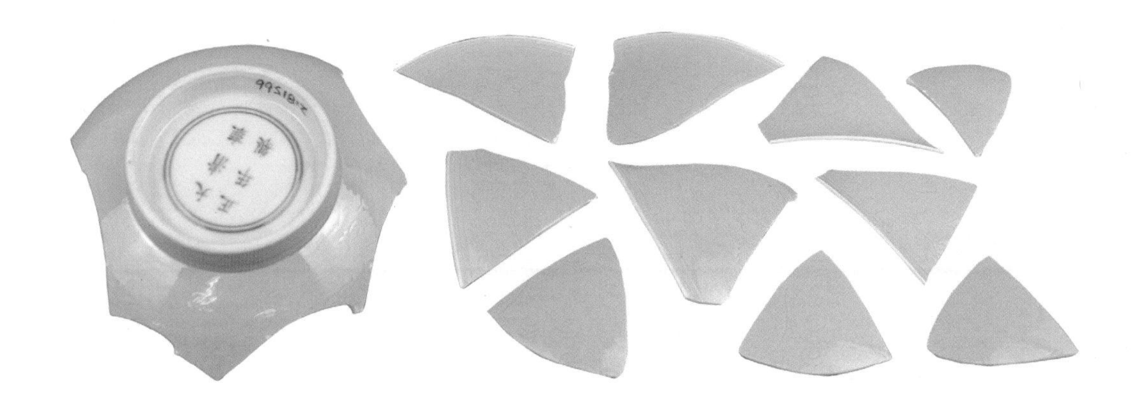

保护修复前

清雍正景德镇官窑内白外黄釉暗刻花卉龙纹瓷碗（2:81566）

保护修复后

保护修复前

清雍正景德镇官窑内白外黄釉瓷碗（2:81371）

保护修复后

保护修复前

清乾隆景德镇官窑青花御题诗纹瓷烛台（2:85104）

保护修复后

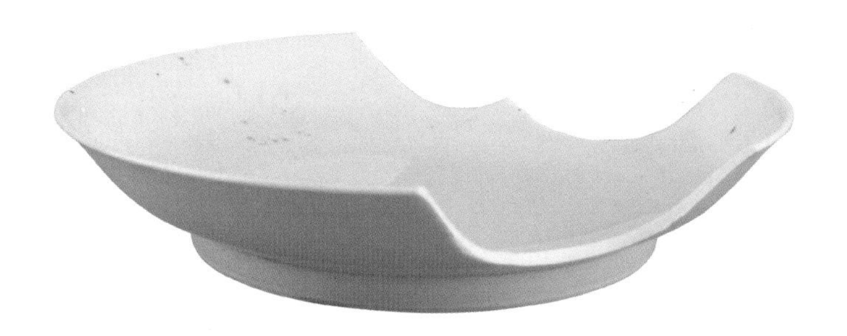

保护修复前

清乾隆景德镇官窑内白外黄釉瓷盘（2:66805）

保护修复后

保护修复前

清乾隆景德镇官窑内白外黄釉瓷盘（2:66807）

保护修复后

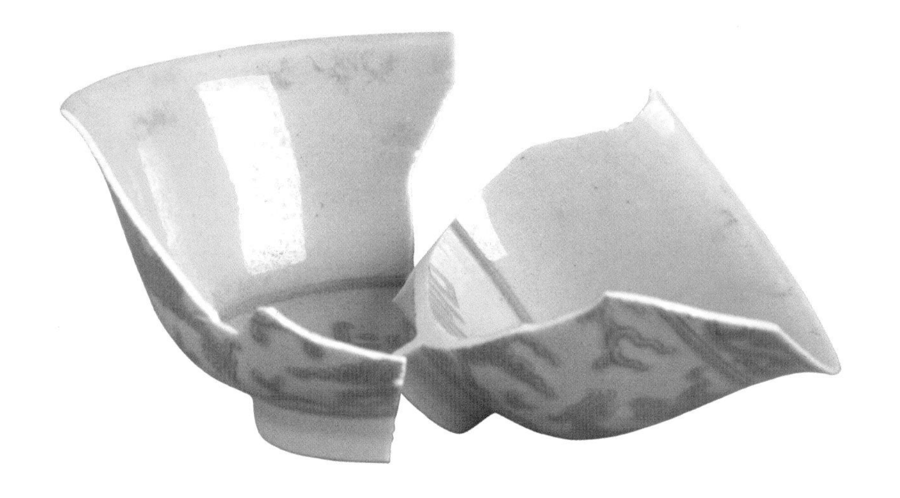

保护修复前

清乾隆景德镇官窑黄地绿彩云龙纹瓷碗（2:76647）

保护修复后

保护修复前

清乾隆景德镇官窑黄地绿彩云龙纹瓷碗（2:76649）

保护修复后

保护修复前

清乾隆景德镇官窑黄地绿彩云龙纹瓷碗（2:76651）

保护修复后

保护修复前

清道光景德镇官窑黄地绿彩折枝寿桃纹瓷碗（2:84373）

保护修复后

保护修复前

清同治景德镇官窑内白外紫釉暗刻云龙纹瓷碗（2:77254）

保护修复后

保护修复前

清同治景德镇官窑内白外紫釉瓷碗（2:77256）

保护修复后